張文治編

國學治要

第六編

詩詞治要

中華書局印行

詩詞治要卷一序

詩十五家

吾國詩總集今存者三百篇外首以玉臺新詠爲古其後唐宋名人頗有纂錄下至清代種類尤繁其通行較便誦讀者世多稱漁洋歸愚諸人所選然案以今日學校生徒所求論者尚病其未盡善焉蓋前人選詩之蔽約有二端一曰標新則好立門戶故所錄必隘二曰逞博逞博則意在兼收故每流於雜雖其間亦有能執中者別裁至當又或限於一代僅及數家未能溯源窮流觀其會通至近代湘鄉曾氏始力矯前代選家之蔽甄錄歷朝詩作者而爲十八家詩鈔經之以五七古律之體而緯之以各家專長之篇行之於今羣推善本然吾嘗三復其書獨謂其所取詩家尙覺有闕漏未當之處又嫌其所鈔篇數過多其經緯亦未安便用是考之歷代選本及各大家別集斟酌損益務求不雜不隘以公論爲歸故有此詩十五家之選所選之人並爲詩學大宗源流相承世代全備其纂錄之例略如本書前編所選之古文十七家槪以作者時代先後爲序每家之詩衆體並錄各以類聚都計爲篇八百有餘古辭樂府連附錄古諺在內計算以視曾鈔及各選本雖其精其博未敢自詡有得要之取舍審愼詳略適中以應今日學校生徒誦讀之求俾之能溯源窮流觀其會通未始非一便也

詩詞治要卷一目錄

詩十五家

詩詞治要卷二　序

國學治要六

詞九家　附錄一家

詞一名詩餘其體蓋出於古樂府而成於唐之玄蕭嗣後作者繼興至宋稱爲極盛其時雖帝王道學武人女子皆能創調倚聲爲世傳誦元明以還詞衍爲曲曲盛而詞之名家轉稀然亦未嘗斷絕考之淸四庫書目著錄歷代詞集最爲謹嚴核其家數亦將近六十而選本所載皆不與焉是書題名治要於吾國詩家祇取十有五人今於詞當益加愼審以便同類共觀無病濫雜爰參稽先儒之公論定爲九家託始於唐之溫庭筠而畫斷於宋元間之張炎附錄女子一人大率皆歷代詞家之大宗不拘限於派別凡歐秦婉約之辭蘇辛豪邁之篇苟傳誦藝苑不傷輕豔不流鄙俗而有合乎詩人言志之義者無分奴主一例編錄約計百數十篇雖其中所取家數揆之四庫著錄缺漏蓁多不能溯窮源委兼具衆美然鄙語有之嘗鼎一臠全味可知則是編纇幸藉此而自解耳

詩詞治要卷二目錄

詞九家 附錄一家

詩詞治要卷三序

歷代論詩名著 附論詞

詩與文同源而異流相輔以爲用。稽諸古代經傳。惟虞書言志數語論語可以與一章其言
最爲簡要包括無遺迨漢魏六朝之際評論滋繁然多附詩於文通論大體如陸機之賦擧虞
之論其尤昭著者矣迨梁鍾嶸作詩品特取歷代詩家討其源流斷其優劣實爲論詩專篇
之冠冕唐宋而還詩道大盛其見之評論者則多散在詩話卷帙充棟最爲紛雜求其篇章
完美足以上續鍾作者寥寥無幾豈其由於善詩者之不尚文與今之所錄即託始鍾氏以
後謹擇其持論通達於詩道頗有推闡而便於誦覽者計數十首皆循時代編次論詞之作。
所取尤少。故隨附其中不更析出大要以不違於虞書論語所言爲本若其門戶詬爭之辭。
穿鑿虛憍之論既不勝錄亦無裨於初學則皆黜之弗載焉。

詩詞治要卷三目錄

詩十五家

曹植　魏譙郡人字子建漢丞相操之幼子年十餘善屬文援筆立成甚為操所寵愛操卒兄丕嗣位尋纂漢自立因忌植而疏之封陳王植每欲求別見幸冀試用終不能得悵然絕望逐發疾卒年四十一諡曰思世稱陳思王有曹子建集案吾國之詩導源於唐虞而莫盛於三百篇惟其時作者多無姓氏留傳其文句氣體亦與後世所謂詩者頗異漢興蘇李有河梁唱和之篇校氏有西北高樓等作而後詩體始正矣至建安之際王粲劉楨等七子並時繼起著作繁富學者之以詩名家者實盛於此而植獨以八斗之才抒其鬱軒之思文情斐然高出當時故其後梁鍾嶸作詩品特列之上卷稱其卓爾不羣譬人倫之有周孔近代湘鄉曾氏之十八家詩鈔專取歷代詩家鉅子亦託始於植識者皆以為至當而不可易焉

箜篌引　樂府詩集題曰黃雀行

置酒高殿上親友從我遊中廚辦豐膳烹羊宰肥牛秦箏何慷慨齊瑟和且柔陽阿奏奇舞京洛出名謳樂飲過三爵緩帶傾庶羞主稱千金壽賓奉萬年酬久要不可忘薄義所尤謙謙君子德磬折欲何求驚風飄白日光景馳西流盛時不可再百年忽我遒生存華屋處零落歸山邱先民誰不死知命復何憂

鰕𩽵篇

鰕𩽵游潢潦。不知江海流。燕雀戲藩柴。安識鴻鵠遊。世士此誠明。大德固無儔。駕言登五嶽。然後小陵邱。俯觀上路人。勢利惟自謀。雛螯念皇家。遠懷柔九州。撫劍而雷音。猛氣縱橫浮。汎泊徒嗷嗷。誰知壯士憂。

吁嗟篇

吁嗟此轉蓬。居世何獨然。長去本根逝。宿夜無休閒。東西經七陌。南北越九阡。卒遇回風起。吹我入雲閒。自謂終天路。忽然下沈淵。驚飆接我出。故歸彼中田。當南而更北。謂東而反西。宕宕當何依。忽亡而復存。飄颻周八澤。連翩歷五山。流轉無恆處。誰知吾苦艱。願為中林草。秋隨野火燔。糜滅豈不痛。願與根荄連。

怨歌行

為君既不易。為臣良獨難。忠信事不顯。乃有見疑患。周公佐成王。金縢功不刊。推心輔王室。二叔反流言。待罪居東國。泫涕常流連。皇靈大動變。震雷風且寒。拔樹偃秋稼。天威不可干。素服開金縢。感悟求其端。公旦事既顯。成王乃哀歎。吾欲竟此曲。此曲悲且長。今日樂相樂。別後莫相忘。

名都篇

名都多妖女，京洛出少年。寶劍直千金，被服麗且鮮。鬥雞東郊道，走馬長楸閒。馳騁未能半，雙兔過我前。攬弓捷鳴鏑，長驅上南山。左輓因右發，一縱兩禽連。餘巧未及展，仰手接飛鳶。觀者咸稱善，眾工歸我妍。歸來宴平樂，美酒斗十千。膾鯉臇胎鰕，炮鼈炙熊蹯。鳴儔嘯匹侶，列坐竟長筵。連翩擊鞠壤，巧捷惟萬端。白日西南馳，光景不可攀。雲散還城邑，清晨復來還。

美女篇

美女妖且閑，採桑歧路閒。柔條紛冉冉，落葉何翩翩。攘袖見素手，皓腕約金環。頭上金爵釵，腰佩翠琅玕。明珠交玉體，珊瑚閒木難。羅衣何飄飄，輕裾隨風還。顧盼遺光彩，長嘯氣若蘭。行徒用息駕，休者以忘餐。借問女安居，乃在城南端。青樓臨大路，高門結重關。容華耀朝日，誰不希令顏。媒氏何所營，玉帛不時安。佳人慕高義，求賢良獨難。眾人徒嗷嗷，安知彼所觀。盛年處房室，中夜起長歎。

白馬篇

白馬飾金羈，連翩西北馳。借問誰家子，幽幷遊俠兒。少小去鄉邑，揚聲沙漠垂。宿昔秉良弓，楛矢何參差。控絃破左的，右發摧月支。仰手接飛猱，俯身散馬蹄。狡捷過猴猿，勇剽若豹螭。邊城多警急，胡虜數遷移。羽檄從北來，厲馬登高隄。長驅蹈匈奴，左顧陵鮮卑。棄身鋒刃端，性命安可懷。父母且不顧，何言子與妻。名編壯士籍，不得中顧私。捐軀赴國難，視死忽如歸。

遠遊篇

遠遊臨四海。俯觀洪波。大魚若曲陵。承浪相經過。靈鼇戴方丈。神岳儼嵯峨。仙人翔其隅。玉女戲其阿。瓊蕊可療飢。仰首吸朝霞。崑崙本吾宅。中州非我家。將歸謁東父。一舉超流沙。鼓翼舞時風。長嘯激清歌。金石固易敝。日月同光華。齊年與天地。萬乘安足多。

種葛篇

種葛南山下。葛藟自成陰。與君初婚時。結髮恩義深。歡愛在枕席。宿昔同衣衾。竊慕棠棣篇。好樂和瑟琴。行年將晚暮。佳人懷異心。恩紀曠不接。我情逐抑沈。出門當何顧。徘徊步北林。下有交頸獸。仰見雙棲禽。攀枝長歎息。淚下沾羅襟。良馬知我悲。延頸代我吟。昔為同池魚。今為商與參。往古皆歡遇。我獨困於今。棄置委天命。悠悠安可任。

棄婦篇

石榴植前庭。綠葉搖縹青。丹華灼烈烈。璀彩有光榮。光榮曄流離。可以處淑靈。有鳥飛來集。拊翼以悲鳴。悲鳴夫何為。丹華實不成。拊心長歎息。無子當歸寧。有子月經天。無子若流星。天月相終始。流星沒無精。棲遲失所宜。下與瓦石并。憂懷從中來。歎息通雞鳴。反側不能寐。逍遙於前庭。踟躕還入房。肅肅帷幕聲。摛帶撫弦調鳴箏。慷慨有餘音。要妙悲且清。收淚長歎息。何以負神靈。招搖待霜露。何必春夏成。晚穫為良實。願君且安寧。

贈徐幹

驚風飄白日，忽然歸西山。圓景光未滿，衆星燦以繁。志士營世業，小人亦不閒。聊且夜行遊，遊彼雙闕間。文昌鬱雲興，迎風高中天。春鳩鳴飛棟，流猋激櫺軒。顧念蓬室士，貧賤誠足憐。薇藿弗充虛，皮褐猶不全。慨慨有悲心，興文自成篇。寶棄怨何人，和氏有其愆。彈冠俟知己，知己誰不然。良田無晚歲，膏澤多豐年。亮懷璠璵美，積久德逾宣。親交義在敦，申章復何言。

贈丁儀

初秋涼氣發，庭樹微銷落。凝霜依玉除，清風飄飛閣。朝雲不歸山，霖雨成川澤。黍稷委疇隴，農夫安所穫。在貴多忘賤，爲恩誰能博。狐白足禦冬，焉念無衣客。思慕延陵子，寶劍非所惜。子其寧爾心，親交義不薄。

贈王粲

端坐苦愁思，攬衣起西游。樹木發春華，清池激長流。中有孤鴛鴦，哀鳴求匹儔。我願執此鳥，惜哉無輕舟。欲歸忘故道，顧望但懷愁。悲風鳴我側，羲和逝不留。重陰潤萬物，何懼澤不周。誰令君多念，自使懷百憂。

贈白馬王彪七首

序曰黃初四年正月，白馬王任城王與余俱朝京師，會節氣。到洛陽，任城王薨。至七

月與白馬王還國後有司以二王歸蕃道路宜異宿止意每恨之。蓋以大別在數日。
是用自剖與王辭焉憤而成篇。

謁帝承明廬逝將歸舊疆清晨發皇邑日夕過首陽伊洛廣且深欲濟川無梁汎舟越洪濤

怨彼東路長顧瞻戀城闕引領情內傷

太谷何寥廓山樹鬱蒼蒼霖雨泥我塗流潦浩縱橫中逵絕無軌改轍登高岡修坂造雲日

我馬玄以黃

玄黃猶能進我思鬱以紆紆鬱將何念親愛在離居本圖相與偕中更不克俱鴟梟鳴衡軛

豺狼當路衢蒼蠅間白黑讒巧令親疏欲還絕無蹊攬轡止踟躕

踟躕亦何留相思無終極秋風發微涼寒蟬鳴我側原野何蕭條白日忽西匿歸鳥赴喬林

翩翩厲羽翼孤獸走索羣草不遑食感物傷我懷撫心長太息

太息將何為天命與我違奈何念同生一往形不歸孤魂翔故域靈柩寄京師存者忽復過

亡沒身自衰人生處一世去若朝露晞年在桑榆間影響不能追自顧非金石咄唶令心悲

心悲動我神棄置莫復陳丈夫志四海萬里猶比鄰恩愛苟不虧在遠分日親何必同衾幬

然後展慇懃憂思成疾疹無乃兒女仁倉卒骨肉情能不懷苦辛

苦辛何慮思天命信可疑虛無求列仙松子久吾欺變故在斯須百年誰能持離別永無會

執手將何時。王其愛玉體俱享黃髮期收淚即長路援筆從此辭。

送應氏詩二首

步登北邙阪遙望洛陽山洛陽何寂寞宮室盡燒焚垣牆皆頓擗荊棘上參天不見舊耆老
但覩新少年側足無行徑荒疇不復田遊子久不歸不識陌與阡中野何蕭條千里無人烟
念我平常居氣結不能言

清時難屢得嘉會不可常天地無終極人命若朝霜願得展燕婉我友之朔方親昵並集送
置酒此河陽中饋豈獨薄賓飲不盡觴愛至望苦深豈不愧中腸山川阻且迴別促會日長

願為比翼鳥施翮起高翔

雜詩六首

高臺多悲風朝日照北林之子在萬里江湖迴且深方舟安可極離思故難任孤雁飛南遊
過庭長哀吟翹思慕遠人願欲託遺音形影忽不見翩翩傷我心

轉蓬離本根飄颻隨長風何意迴飇舉吹我入雲中高高上無極天路安可窮類此遊客子
捐軀遠從戎毛褐不掩形薇藿常不充去去莫復道沈憂令人老

西北有織婦綺縞何繽紛明晨秉機杼日昃不成文太息終長夜悲嘯入青雲妾身守空閨
良人行從軍自期三年歸今已歷九春飛鳥繞樹翔噭噭鳴索羣願為南流景馳光見我君

七哀詩

南國有佳人容華若桃李朝遊江北岸夕宿瀟湘沚時俗薄朱顏誰爲發皓齒俛仰歲將暮榮耀難久恃

僕夫早嚴駕吾將遠行遊遠行欲何之吳國爲我仇將騁萬里途東路安足由江介多悲風淮泗馳急流願欲一輕濟惜哉無方舟閒居非吾志甘心赴國憂飛觀百餘尺臨牖御櫺軒遠望周千里朝夕見平原烈士多悲心小人媮自閒國讐亮不塞甘心思喪元拊劍西南望思欲赴太山絃急悲聲發聆我慷慨言

七哀詩

明月照高樓流光正徘徊上有愁思婦悲歎有餘哀借問歎者誰言是蕩子妻君行踰十年孤妾常獨棲君若清路塵妾若濁水泥浮沈各異勢會合何時諧願爲西南風長逝入君懷君懷良不開賤妾當何依

七步詩世說新語云、文帝嘗令東阿王七步中作詩不成者行大法、王應聲便爲詩、帝有慚色。案其詩有二本、一作六句、一作四句、略有異同、今並錄於後。

煮豆持作羹漉豉以爲汁其向釜中然豆在釜中泣本是同根生相煎何太急

煮豆燃豆其豆在釜中泣本是同根生相煎何太急

當牆欲高行

龍欲升天須浮雲人之仕進待中人衆口可以鑠金讒言三至慈母不親憤憤俗間不辨僞

。眞願欲披心自說陳君門以九重道遠河無津。

當事君行

人生有所貴尙出門各異情朱紫更相奪色雅鄭異音聲好惡隨所愛增追舉逐虛名百心可事一君巧詐寧拙誠

當車已駕行

坐玉殿會諸貴客侍者行觴主人離席顧視東西箱絲竹與鞞鐸不醉無歸來明燈以繼夕

詩詞治要卷一

詩十五家

阮籍

阮籍　三國魏尉氏人字嗣宗父瑀為建安七子之一籍容貌瓌傑志氣宏放博覽羣書尤好老莊嗜酒善鼓琴曹爽召為參軍以疾辭及爽誅時人服其遠識司馬懿命為從事郎中封關內侯從騎常侍屬天下多故不與聞世事以酣飲為常司馬昭初欲為子炎求婚於籍籍沈醉六十日不得言而止後為步兵校尉景元中卒年五十四籍能為青白眼見禮俗之士以白眼對之時率意獨駕不由徑路車轍所窮輒痛哭而返作詠懷詩八十餘首反覆零亂興寄無端和愉哀怨雜集於中論者以為其源自離騷來後世惟唐陳子昂張九齡感遇等作頗能得其旨趣有阮步兵集

詠懷二十首

夜中不能寐起坐彈鳴琴薄帷鑒明月清風吹我衿孤鴻號外野翔鳥鳴北林徘徊將何見憂思獨傷心

二妃遊江濱逍遙順風翔交甫懷環珮婉孌有芬芳猗靡情歡愛千載不相忘傾城迷下蔡容好結中腸感激生憂思萱草樹蘭房膏沐為誰施其雨怨朝陽如何金石交一日更離傷

嘉樹下成蹊東園桃與李秋風吹飛藿零落從此始繁華有憔悴堂上生荊杞驅馬舍之去

去上西山趾一身不自保何況戀妻子凝霜雜野草歲暮亦云已。

天馬出西北由來從東道春秋非有託富貴為常保清露被皋蘭凝霜霑野草朝為媚少年。

夕暮成醜老自非王子晉誰能常美好。

半生少年時輕薄好絃歌西遊咸陽中趙李相經過娛樂未終極白日忽蹉跎驅馬復來歸。

反顧望三河黃金百鎰盡貲用常苦多北臨太行道失路將如何。

楊朱泣路歧墨子悲染絲揖讓長離別飄颻難與期豈徒燕婉情存亡誠有之蕭索人所悲。

禍釁不可辭趙女媚中山謙柔愈見欺嗟嗟塗上士何用自保持。

自然有成理生死道無常智萬端出大要不易方如何夸毗子作色懷驕腸乘軒驅良馬。

憑几向膏粱被服纖羅衣深榭設閒房不見日夕華翩翩飛路旁。

河上有丈人緯蕭棄明珠甘彼藜藿食樂是蓬蒿廬豈效纖紛子良馬騁龍輿朝生衢路傍。

夕斃橫術隅歡笑不終宴俛仰復欷歔鑒茲二三者憒憒從此舒。

儒者通六藝立志不可干達禮不為動非法不肯言渴飲清泉流飢食并一簞歲時無以祀。

衣服常苦寒屢履詠南風縕袍笑華軒信道守詩書義不受一餐烈烈褰貶辭老氏用長歎。

少年學擊刺妙伎過曲城英風捷雲霓超世發奇聲揮劍臨沙漠飲馬九野坰旗幟何翩翩。

但聞金鼓鳴軍旅令人悲烈烈有哀情念我平常時悔恨從此生。

修塗馳軒車長川載輕舟性命豈自然勢路有所繇高名令志惑重利使心憂親昵懷反側

骨肉還相讐更希毀珠玉可用登遨遊

猗歟上世士恬淡志安貧季葉道陵遲馳騖紛垢塵寧子豈不類揚歌誰肯殉樓樓非我偶

皇皇非己倫咄嗟榮辱事去來味道眞道眞信可娛清潔存精神巢由抗高節從此適河濱

昔聞東陵瓜近在青門外連畛距阡陌子母相鉤帶五色曜朝日嘉賓四面會膏火自煎熬

多財爲患害布衣可終身寵祿豈足賴

炎暑惟茲夏三旬將欲移芳樹垂綠葉青雲自逶迤四時更代謝日月遞參差徘徊空堂上

刉悒莫我知願觀卒歡好不見悲別離

灼灼西隤日餘光照我衣迴風吹四壁寒鳥相因依周周尚銜羽蛩蛩亦念飢如何當路子

磬折忘所歸豈爲誇譽名憔悴使心悲寧與燕雀翔不隨黃鵠飛黃鵠遊四海中路將安歸

步出上東門北望首陽岑下有采薇士上有嘉樹林良辰在何許凝霜霑衣襟寒風振山岡

玄雲起重陰鳴雁飛南征鶗鴂發哀音素質游商聲悽愴傷我心

北里多奇舞濮上有微音輕薄閒遊子俯仰乍浮沈捷徑從狹路窘僶趨荒淫焉見王子喬

乘雲翔鄧林獨有延年術可以慰我心

湛湛長江水上有楓樹林皋蘭被徑路青驪逝駸駸遠望令人悲春氣感我心三楚多秀士

朝雲進荒淫朱華振芳芳高蔡相追尋。一爲黃雀哀下誰能禁。

昔日繁華子安陵與龍陽。夭夭桃李花灼灼有輝光。悅懌若九春。磬折似秋霜流盼發姿媚。

言笑吐芬芳攜手等歡愛宿夕同衣裳願爲雙飛鳥比翼共翺翔。丹青著明誓永世不相忘。

登高臨四野北望青山阿松柏翳岡岑飛鳥鳴相過感慨懷辛酸。怨毒常苦多李公悲東門。

蘇子狹三河求仁自得仁豈復歎咨嗟。

明月耀清暉晨雞鳴高樹命駕起旋歸。

開秋兆涼氣蟋蟀鳴牀幃感物懷殷憂悄悄令心悲多言焉所告繁辭將訴誰微風吹羅袂。

昔年十四五志尚好書詩被褐懷珠玉顏閔相與期開軒臨門野登高望所思邱墓蔽山岡。

薰蕕同一時千秋萬歲後榮名安所之乃悟羨門子噭嗽令自嗤。

徘徊蓬池上還顧望大梁綠水揚洪波曠野莽茫茫走獸交橫馳飛鳥相隨翔是時鶉火中。

日月正相望朔風厲嚴寒陰氣下微霜羈旅無儔匹俛仰懷哀傷小人計其功君子道其常。

豈惜終憔悴詠言著斯章。

獨坐空堂上誰可與歡者出門臨永路不見行車馬登高望九州悠悠分曠野孤鳥西北飛。

離獸東南下日暮思親友晤言用自寫。

若花燿西海扶桑翳瀛洲日月經天塗明暗不相讎窮達自有常得失又何求豈效路上童。

攜手共遨遊。陰陽有變化。誰云沈不浮。朱鼈躍飛泉。夜飛過吳洲。俯仰運天地。再撫四海流。

繁累名利場。鴛鴦同一翰。豈若遺耳目。升遐去殷憂。

駕言發魏都。南向望吹臺。簫管有遺音。梁王安在哉。戰士食糟糠。賢者處蒿萊。歌舞曲未終。

秦兵已復來。夾林非吾有。朱宮生塵埃。軍敗華陽下。身竟為土灰。

朝陽不再盛。白日忽西幽。去此若俯仰。如何似九秋。人生若塵露。天道邈悠悠。齊景升邱山。

涕泗紛交流。孔聖臨長川。惜逝忽若浮。去者余不及。來者吾不留。願登太華山。上與松子遊。

漁父知世患。乘流泛輕舟。

一日復一夕。一夕復一朝。顏色改平常。精神自損消。胸中懷湯火。變化故相招。萬事無窮極。

知謀苦不饒。但恐須臾間。魂氣隨風飄。終身履薄冰。誰知我心焦。

一日復一朝。一昏復一晨。容色改平常。精神自飄淪。臨觴多哀楚。思我故時人。對酒不能言。

悽愴懷酸辛。願耕東皋陽。誰與守其真。愁苦在一時。高行傷微身。曲直何所為。龍蛇為我鄰。

世務何繽紛。人道苦不遑。壯年以時逝。朝露待太陽。願攬羲和轡。白日不移光。天階路殊絕。

雲漢邈無梁。濯髮暘谷濱。遠遊崑岳旁。登彼列仙岨。探此秋蘭芳。時路烏足爭。太極可翱翔。

詩詞治要卷一

詩十五家

陶潛

陶潛　晉潯陽人侃曾孫本名淵明字元亮入宋後始改名潛性高尚簡貴嘗著五柳先生傳以自況家貧親老起為州祭酒不堪吏職自解歸後為彭澤令在官八十餘日郡遣督郵至縣吏白應束帶見之潛曰吾不能為五斗米折腰向鄉里小兒即日解綬去職賦歸去來辭義熙末徵著作郎不就元嘉初卒年六十三世稱靖節先生潛博學善屬文尤工於詩其所為詩冲穆淡遠而妙造自然不獨高出當時一埽兩晉綺麗浮誕之習即唐之王孟韋柳皆學焉而得其一體遂以名家而終未有能及之者有陶淵明集搜神後記

形影神三首

形影之苦言神辨自然以釋之好事君子共取其心焉

形贈影

天地長不沒山川無改時草木得常理霜露榮悴之謂人最靈智獨復不如茲適見在世中奄去靡歸期奚覺無一人親識豈相思但餘平生物舉目情悽洏我無騰化術必爾不復疑願君取吾言得酒莫苟辭

影答形

存生不可言衛生每苦拙。誠願游崑華。邈然茲道絕。與子相遇來。未嘗異悲悅。憩蔭若暫乖。
止日終不別。此同既難常。黯爾俱時滅。身沒名亦盡。念之五情熱。立善有遺愛。胡為不自竭。
酒云能消憂。方此詎不劣。

神釋

大鈞無私力。萬理自森著。人為三才中。豈不以我故。與君雖異物。生而相依附。結託善惡同。
安得不相語。三皇大聖人。今復在何處。彭祖愛永年。欲留不得住。老少同一死。賢愚無復數。
日醉或能忘。將非促齡具。立善常所欣。誰當為汝譽。甚念傷吾生。正宜委運去。縱浪大化中。
不喜亦不懼。應盡便須盡。無復獨多慮。

九日閒居

余閒居愛重九之名。秋菊盈園而持醪靡由。空服九華寄懷於言。
世短意常多。斯人樂久生。日月依辰至。舉俗愛其名。露淒暄風息。氣徹天象明。往燕無遺影。
來雁有餘聲。酒能祛百慮。菊解制頹齡。如何蓬廬士。空視時運傾。塵爵恥虛罍。寒華徒自榮。
斂襟獨閒謠。緬焉起深情。棲遲固多娛。淹留豈無成。

歸園田居五首

少無適俗韻性本愛邱山誤落塵網中一去三十年羈鳥戀舊林池魚思故淵開荒南野際

守拙歸園田方宅十餘畝草屋八九間榆柳蔭後檐桃李羅堂前曖曖遠人村依依墟里煙

狗吠深巷中雞鳴桑樹巔戶庭無塵雜虛室有餘閒久在樊籠裏復得返自然

野外罕人事窮巷寡輪鞅白日掩荊扉虛室絕塵想時復墟曲中披草共來往相見無雜言

但道桑麻長桑麻日已長我土日已廣常恐霜霰至零落同草莽

種豆南山下草盛豆苗稀晨興理荒穢帶月荷鋤歸道狹草木長夕露霑我衣衣霑不足惜

但使願無違

乞食

久去山澤游浪莽林野娛試攜子姪輩披榛步荒墟徘徊邱壟間依依昔人居井竈有遺處

桑竹殘朽株借問採薪者此人皆焉如薪者向我言死沒無復餘一世異朝市此語真不虛

人生似幻化終當歸空無

悵恨獨策還崎嶇歷榛曲山澗清且淺可以濯吾足漉我新熟酒隻雞招近屬日入室中闇

荊薪代明燭歡來苦夕短已復至天旭

飢來驅我去不知竟何之行行至斯里叩門拙言辭主人解余意遺贈豈虛來談諧終日夕

觴至輒傾杯情欣新知歡言詠賦詩感子漂母惠愧我非韓才衘戢知何謝冥報以相貽

答龐參軍

三復來貺。欲罷不能。自爾鄰曲。冬春再交。欵然良對。忽成舊遊。俗諺云。數面成親舊，況情過此者乎。人事好乖。便當語離。楊公(楊朱)所歎。豈惟長悲。吾抱疾多年。不復為文。本不豐復。老病繼之。輒依周禮往復之義。且為別後相思之資。

相知何必舊。傾蓋定前言。有客賞我趣。每每顧林園。談諧無俗調。所說聖人篇。或有數斗酒。閒飲自歡然。我實幽居士。無復東西緣。物新人惟舊。弱毫多所宣。情通萬里外。形跡滯江山。君其愛體素。來會在何年。

連雨獨飲

運生會歸盡。終古謂之然。世間有松喬。於今定何間。故老贈余酒。乃言飲得仙。試酌百情遠。重觴忽忘天。天豈去此哉。任真無所先。雲鶴有奇翼。八表須臾還。自我抱茲獨。僶俛四十年。形骸久已化。心在復何言。

移居二首

昔欲居南村。非為卜其宅。聞多素心人。樂與數晨夕。懷此頗有年。今日從茲役。敝廬何必廣。取足蔽牀席。鄰曲時時來。抗言談在昔。奇文共欣賞。疑義相與析。
春秋多佳日。登高賦新詩。過門更相呼。有酒斟酌之。農務各自歸。閒暇輒相思。相思則披衣。

言笑無厭時此理將不勝無為忽去茲衣食當須幾
一作 力耕不吾欺
紀

和劉柴桑

山澤久相招胡事乃躊躇直為親舊故未忍言索居良辰入奇懷挈杖還西廬荒塗無歸人
時時見廢墟茅茨已就治新疇復應畬谷風轉淒薄春醪解飢劬弱女雖非男慰情良勝無
摟摟世中事歲月共相疏耕織稱其用過此奚所須去去百年外身名同翳如

和郭主簿

藹藹堂前林中夏貯清陰凱風因時來回飆開我襟息交遊閒臥坐起弄書琴
一作息交遊閒業臥起弄
琴、園疏有餘滋舊穀猶儲今營己良有極過足非所欽春秫作美酒酒熟吾自斟弱子戲我
側學語未成音此事真復樂聊用忘華簪遙遙望白雲懷古一何深

始作鎮軍參軍經曲阿

弱齡寄事外委懷在琴書被褐欣自得屢空常晏如時來苟冥會宛轡憩通衢投策命晨裝
暫與田園疏眇眇孤舟逝綿綿歸思紆我行豈不遙登陟千里餘目倦川塗異心念山澤居
望雲慚高鳥臨水愧游魚真想初在襟誰謂形跡拘聊且憑化遷終返班生廬

辛丑歲七月赴假還江陵夜行塗口

閒居三十載遂與塵事冥詩書敦宿好林園無俗情如何舍此去遙遙至西荊叩枻新秋月

臨流別友生涼風起將夕。夜景湛虛明。昭昭天宇闊。晶晶川上平。懷役不遑寐。中宵尙孤征。

商歌非吾事。依依在耦耕。投冠旋舊墟。不爲好爵縈。養眞衡茅下。庶以善自名。

庚戌歲九月中於西田穫早稻

人生歸有道。衣食固其端。孰是都不營。而以求自安。開春理常業。歲功聊可觀。晨出肆微勤。

日入負未還。山中饒霜露。風氣亦先寒。田家豈不苦。弗獲辭此難。四體誠乃疲。庶無異患干。

盥濯息簷下。斗酒散襟顏。遙遙沮溺心。千載乃相關。但願長如此。躬耕非所歎。

飲酒六首

余閒居寡歡。兼比夜已長。偶有名酒。無夕不飲。顧影獨盡。忽焉復醉。既醉之後。輒題

數句自娛。紙墨遂多。辭無詮次。聊命故人書之。以爲歡笑爾。

結廬在人境。而無車馬喧。問君何能爾。心遠地自偏。採菊東籬下。悠然見南山。山氣日夕佳。

飛鳥相與還。此中有眞意。欲辯已忘言。

秋菊有佳色。裛露掇其英。汎此忘憂物。遠我遺世情。一觴雖獨進。杯盡壺自傾。日入羣動息。

歸鳥趨林鳴。嘯傲東軒下。聊復得此生。

清晨聞叩門。倒裳往自開。問子爲誰歟。田父有好懷。壺漿遠見候。疑我與時乖。繿縷茅簷下。

未足爲高棲。一世皆尙同。願君汩其泥。深感父老言。稟氣寡所諧。紆轡誠可學。違己詎非迷。

且共歡此飲吾駕不可回

顏生稱為仁榮公言有道屢空不獲年長飢至於老雖留身後名一生亦枯槁死去何所知

稱心固為好客養千金軀臨化消其寶裸葬何必惡人當解意表

故人賞我趣挈壺相與至班荊坐松下數斟已復醉父老雜亂言觴酌失行次不覺知有我

安知物為貴悠悠迷所留酒中有深味

子雲性嗜酒家貧無由得時賴好事人載醪祛所惑觴來為之盡是諮無不塞有時不肯言

豈不在伐國仁者用其心何嘗失顯默

羲農去我久舉世少復真汲汲魯中叟彌縫使其淳鳳鳥雖不至禮樂暫得新洙泗輟微響

漂流逮狂秦詩書復何罪一朝成灰塵區區諸老翁為事誠殷勤如何絕世下六籍無一親

終日馳車走不見所問津若復不快飲空負頭上巾但恨多謬誤君當恕醉人

擬古四首

迢迢百尺樓分明望四荒暮作歸雲宅朝為飛鳥堂山河滿目中平原獨茫茫古時功名士

慷慨爭此場一旦百歲後相與還北邙松柏為人伐高墳互低昂頹基無遺主遊魂在何方

榮華誠足貴亦復可憐傷

東方有一士被服常不完三旬九遇食十年著一冠辛苦無此比常有好容顏我欲觀其人

晨去越河關。青松夾路生。白雲宿簷端。知我故來意。取琴為我彈。上絃驚別鶴。下絃操孤鸞。

願留就君住。從今至歲寒。

日暮天無雲。春風扇微和。佳人美清夜。達曙酣且歌。歌竟長歎息。持此感人多。皎皎雲間月。

灼灼葉中華。豈無一時好。不久當如何。

種桑長江邊。三年望當採。枝條始欲茂。忽值山河改。柯葉自摧折。根株浮滄海。春蠶既無食。

寒衣欲誰待。本不植高原。今日復何悔。

詠貧士四首

萬族各有託。孤雲獨無依。曖曖空中滅。何時見餘暉。朝霞開宿霧。眾鳥相與飛。遲遲出林翮。

未夕復來歸。量力守故轍。豈不寒與飢。知音苟不存。已矣何所悲。

榮叟老帶索。欣然方彈琴。原生納決履。清歌暢商音。重華去我久。貧士世相尋。敝襟不掩肘。

黎羹常乏斟。豈忘襲輕裘。苟得非所欽。賜也徒能辯。乃不見吾心。

安貧守賤者。自古有黔婁。好爵吾不縈。厚饋吾不酬。一旦壽命盡。斂服仍不周。豈不知其極。

非道故無憂。從來將千載。未復見斯儔。朝與仁義生。夕死復何求。

仲蔚愛窮居。遶宅生蒿蓬。翳然絕交游。賦詩頗能工。舉世無知者。止有一劉龔。此士胡獨然。

實由罕所同。介焉安其業。所樂非窮通。人事固以拙。聊得長相從。

詠荊軻

燕丹善養士志在報強嬴招集百夫良歲暮得荊卿君子死知已提劍出燕京素驥鳴廣陌
慷慨送我行雄髮指危冠猛氣衝長纓飲餞易水上四坐列羣英漸離擊悲筑宋意唱高聲
蕭蕭哀風逝淡淡寒波生商音更流涕羽奏壯士驚心知去不歸且有後世名登車何時顧
飛蓋入秦庭淩厲越萬里逶迤過千城圖窮事自至豪主正怔營惜哉劍術疏奇功遂不成
其人雖已沒千載有餘情

讀山海經

孟夏草木長遶屋樹扶疏衆鳥欣有託吾亦愛吾廬既耕亦已種時還讀我書窮巷隔深轍
頗迴故人車歡然酌春酒摘我園中蔬微雨從東來好風與之俱汎覽周王傳流觀山海圖
俯仰終宇宙不樂復何如

擬輓歌辭三首

有生必有死早終非命促昨暮同為人今旦在鬼錄魂氣散何之枯形寄空木嬌兒索父啼
良友撫我哭得失不復知是非安能覺千秋萬歲後誰知榮與辱但恨在世時飲酒不得足
在昔無酒飲今但湛空觴春醪生浮蟻何時更能嘗殽案盈我前親舊哭我旁欲語口無音
欲視眼無光昔在高堂寢今宿荒草鄉一朝出門去歸來良未央

荒草何茫茫白楊亦蕭蕭嚴霜九月中送我出遠郊四面無人居高墳正嶕嶢馬為仰天鳴

風為自蕭條幽室一已閉千年不復朝千年不復朝賢達無奈何向來相送人各自還其家

親戚或餘悲他人亦已歌死去何所道託體同山阿

桃花源詩

嬴氏亂天紀賢者避其世黃綺之商山伊人亦云逝往迹浸復湮來逕遂蕪廢相命肆農耕

日入從所憩桑竹垂餘蔭菽稷隨時藝春蠶收長絲秋熟靡王稅荒路曖交通雞犬互鳴吠

俎豆猶古法衣裳無新製童孺縱行歌斑白歡游詣草榮識節和木衰知風厲雖無紀曆誌

四時自成歲怡然有餘樂於何勞智慧奇蹤隱五百一朝敞神界淳薄既異源旋復還幽蔽

借問遊方士焉測塵囂外願言躡輕風高舉尋吾契

勸農六章

悠悠上古厥初生民傲然自足抱樸含眞智巧既萌資待靡因誰其贍之實賴哲人

哲人伊何時為后稷贍之伊何實曰播殖舜既躬耕禹亦稼穡遠若周典八政始食

熙熙令德猗猗原陸卉木繁榮和風清穆紛紛士女趣時競逐桑婦宵興農夫野宿

氣節易邁和澤難久冀缺攜儷沮溺結耦相彼賢達猶勤壟畝矧伊衆庶曳裾拱手

民生在勤勤則不匱宴安自逸歲暮奚冀儋石不儲飢寒交至顧爾儔列能不懷愧

孔眈道德。樊須是鄙。董樂琴書。田園不履。若能超然。投迹高軌。敢不斂衽。敬讚德美。

詩十五家

鮑照

南北朝宋東海人字明遠文辭贍逸文帝時爲中書舍人帝好文章自謂人莫及照悟其旨爲文多鄙言累句人咸謂照才盡實不然也臨海王子頊爲荆州照爲前軍參軍子頊敗照爲亂軍所殺有鮑參軍集案南朝詩家自來多推顏謝然二子雕琢過甚殊少眞意照作亦時不免而氣勢特盛故杜工部有俊逸之稱其樂府則奇調獨創擬行路難梅花落諸作實開唐人李白樂府之先更非顏謝諸子所能爲矣

代車門行

傷禽惡弦驚倦客惡離聲離聲斷客情賓御皆涕零涕零心斷絕將去復還訣一息不相知何況異鄉別遙遙征駕遠杳杳白日晚居人掩閨臥行子夜中飯野風吹草木行子心腸斷食梅常苦酸衣葛常苦寒絲竹徒滿座憂人不解顏長歌欲自慰彌起長恨端

代放歌行

蓼蟲避葵菫習苦不言非小人自齷齪安知曠士懷雞鳴洛城裏禁門平旦開冠蓋縱橫至車騎四方來素帶曳長颷華纓結遠埃日中安能止鐘鳴猶未歸夷世不可逢賢君信愛才明廬自天斷不受外嫌猜一言分珪爵片善辭草萊豈伊白璧賜將起黃金臺今君有何疾

臨路獨遲迴

代輓歌

獨處重冥下　憶昔登高臺　傲岸平生中　不爲物所裁　挺門只復閉　白蟻相將來　生時芳蘭體
小蟲今爲災　玄鬢無復根　枯髏依靑苔　憶昔好飲酒　素盤進靑梅　彭韓及廉藺　疇昔已成灰
壯士皆死盡　餘人安在哉

代白頭吟

直如朱絲繩　淸如玉壺冰　何慚宿昔意　猜恨坐相仍　人情賤恩舊　世議逐衰興　毫一爲瑕
邱山不可勝　食苗實碩鼠　點白信蒼蠅　鳧鵠遠成美　薪芻前見陵　申黜褒女進　班去趙姬升
周王日淪惑　漢帝益嗟稱　心賞難恃貌　豈易憑古來　共如此非君獨撫膺

代東武吟

主人且勿諠　賤子歌一言　僕本寒鄉士　出身蒙漢恩　始隨張校尉　召募到河源　後逐李輕車
追虜窮塞垣　密塗萬里寧　歲猶七奔肌　力盡鞍甲心　思歷涼溫將　軍旣下世部　曲亦罕存
時事一朝異　孤績誰復論　少壯辭家去　窮老還入門　腰鐮刈葵藿　倚杖牧雞豚　昔如韝上鷹
今似檻中猿　徒結千載恨　空貧百年怨　棄席思君幄　疲馬戀君軒　願垂晉主惠　不愧田子魂

代出自薊北門行

羽檄起邊亭。烽火入咸陽。徵騎屯廣武。分兵救朔方。嚴秋筋竿勁。虜陣精且彊。天子按劍怒。
使者遙相望。雁行緣石徑。魚貫度飛梁。簫鼓流漢思。旌甲被胡霜。疾風衝塞起。沙礫自飄揚。
馬毛縮如蝟。角弓不可張。時危見臣節。世亂識忠良。投軀報明主。身死為國殤。

代結客少年場行

驄馬金絡頭。錦帶佩吳鉤。失意杯酒閒。白刃起相讎。追兵一日至。負劍遠行遊。去鄉三十載。
復得還舊邱。升高臨四關。表裏望皇州。九衢平若水。雙闕似雲浮。扶宮羅將相。夾道列王侯。
日中市朝滿。車馬若川流。擊鐘陳鼎食。方駕自相求。今我獨何為。昭壈懷百憂。

代邊居行

少年遠京陽。遙遙萬里行。陌巷絕人徑。茅屋摧山岡。不覩車馬迹。但見麋鹿場。長松何落落。
邱隴無復行。邊地無高木。蕭蕭多白楊。盛年日月盡。一去萬恨長。悠悠世中人。爭此錐刀忙。
不憶貧賤時。富貴輒相忘。紛紛徒滿目。何關慨予傷。不如一飲中。高會挹清漿。遇樂便作樂。
莫使候朝光

與伍侍郎別

民生如野鹿。知愛不知命。飲酖具攢聚。翹陸欻驚迸。傷我慕類心。感爾食萃性。漫漫鄙郢途。
泯泯淮海逕。子無金石質。吾有犬馬病。憂樂安可言。離會孰能定。欽哉慎所宜。砥德乃為盛。

貧游不可忘久交念敦敬。

贈傅都曹別

輕鴻戲江潭孤雁集洲沚邂逅兩相親緣念共無已風雨好東西一隔頓萬里追憶樓宿時

聲容滿心耳落日川渚寒愁雲繞天起短翮不能翔徘徊煙霧裏

行京口至竹里

高歌危且竦鋒石橫復仄復澗隱松聲重崖伏雲色冰閉寒方壯風動鳥傾翼斯志逢淒嚴

孤遊值曛逼澗兼塗無憩鞍半菽不遑食君子樹令名細人效命力不見長河水清濁俱不息

詠史

五都矜財雄三川養聲利百金不市死明經有高位京城十二衢飛甍各鱗次仕子彯華纓

游客竣輕轡明星晨未晞軒蓋已雲至賓御紛颯沓鞍馬光照地寒暑在一時繁華及春媚

君平獨寂寞身世兩相棄

擬古五首

蠡客事楚王懷金襲丹素旣荷主人恩又蒙令尹顧日宴罷朝歸鞍馬塞衢路宗黨生光輝

賓僕遠傾慕富貴人所欲道德亦何懼南國有儒生迷方獨淪誤伐木清江湄設置守罠兔

十五諷詩書篇翰靡不通弱冠參多士飛步游秦宮側覩君子論預見古人風兩說窮舌端

五車攤筆鋒。羞當白璧睨。恥受聊城功。晚節從世務。乘障遠和戎。解佩襲犀渠。卷表奉盧弓。
始願力不及。安知今所終

幽并重騎射。少年好馳逐。氈帶佩雙鞬。象弧插雕服。獸肥春草短。飛鞚越平陸。朝遊雁門上。暮還樓煩宿。石梁有餘勁。驚雀無全目。漢虜方未和。邊城屢翻覆。留我一白羽。將以分虎竹。

瑟瑟涼海風。竦竦寒山木。紛紛羇思盈。慊慊夜絃促。訪言山海路。千里歌別鵠。絃絕空咨嗟。

形音誰賞錄。辛苦異人狀。美貌改如玉。徒畜巧言鳥。不解心欵曲
暖歲節物早。萌迎春達春。風夜嬝娟春。霧晻靄頓蘭葉。可朵柔桑條。易捋怨咽對風景
悶瞀守閨闥。天賦愁民命。舍生但契闊。憂來無行伍。歷亂如覃葛。

夢歸鄉

銜淚出郭門。撫劍無人邊。沙風暗空起。離心眷鄉畿。夜分就孤枕。夢想暫言歸。嬬婦當戶歎。縷絲復鳴機。慊款論久別。相將還綺闥。歷歷榰下涼。朧朧帷裏暉。刈蘭爭芬芳。採菊競葳蕤。開匳奪香蘇。探袖解纓徽。夢中長路近。覺後大江遠。驚起空歎息。恍惚神魂飛。白水漫浩浩。高山壯巍巍。波瀾異往復。風霜改榮衰。此土非吾土。悵慨當告誰

翫月城西門廨中

始出西南樓。纖纖如玉鈎。末映東北墀。娟娟似娥眉。娥眉蔽珠櫳。玉鈎隔鎖窗。三五二八時。

千里與君同夜移衡漢落徘徊帷戶中歸華先委露別葉早辭風客遊厭苦辛仕子倦飄塵。

休澣自公日宴慰及私辰蜀琴抽白雪郢曲發陽春肴乾酒未闋金壺啟夕淪迴軒駐輕蓋

留酌待情人

望水

刷鬢垂秋日登高觀水長千潯無別源萬壑共一廣流駛巨石轉湍迴急沫上茗茗嶺岸高

照照寒洲爽東歸難忖測日逝誰與賞臨川憶古事目屠千載想河伯自矜大海若沈渺莽

擬行路難十首

奉君金卮之美酒瑇瑁玉匣之雕琴七綵芙蓉之羽帳九華葡萄之錦衾紅顏零落歲將暮

寒光宛轉時欲沈願君裁悲且減思聽我抵節行路吟不見柏梁銅雀上寧聞古時清吹音

洛陽名工鑄爲金博山千斲萬鏤上刻秦女攜手仙承君清夜之歡娛列置幃裏明燭前外

發龍鱗之丹綵內含蘭芬之紫煙如今君心一朝異對此長歎終百年

璇閨玉墀上椒閣文窗繡戶垂綺幕中有一人字金蘭被服纖羅采芳藿春燕參差風散梅

開幃對景弄春爵含歌攬涕恆抱愁人生幾時得爲樂寧作野中之雙鳧不願雲間之別鶴

瀉水置平地各自東西南北流人生亦有命安能行歎復坐愁酌酒以自寬舉杯斷絕歌路

難心非木石豈無感吞聲躑躅不敢言。

君不見河邊草冬時枯死春滿道君不見城上日今暝沒山去明朝復更出今吾何時當得

然一去永滅入黃泉人生苦多歡樂少意氣敷腴在盛年且願得志數相就牀頭恆有沽酒

錢功名竹帛非我事存亡貴賤付皇天。

對案不能食拔劍擊柱長歎息丈夫生世會幾時安能蹀躞垂羽翼棄罷官去還家自休

息朝出與親辭暮還在親側弄兒牀前戲看婦機中織自古聖賢盡貧賤何況吾輩孤且直。

愁思忽而至跨馬出北門舉頭四顧望但見松柏園荊棘鬱蹲蹲中有一鳥名杜鵑言是古

時蜀帝魂聲音哀苦鳴不息羽毛憔悴似人髡飛走樹間啄蟲蟻豈憶往日天子尊念此死

生變化非常理中心惻愴不能言

中庭五株桃一株先作花陽春妖冶二三月從風簸蕩落西家西家思婦見悲惋零淚霑衣

撫心歎初我送君出戶時何言淹留節迴換牀席生塵明鏡垢纖腰瘦削髮蓬亂人生不得

恆稱意憔悵徒倚至夜半

剗藥染黃絲黃絲歷亂不可治我昔與君始相值爾時自謂可君意結帶與我言死生好惡

不相置今日見我顏色衰意中索寞與先異還君金釵玳瑁簪不忍見之益愁思

君不見枯籜走階庭何時復青著故莖君不見亡靈蒙享祀何時傾杯竭壺罌君當見此起

憂思寧得與時人爭人生倏忽如絕電華年盛德幾時見但令縱意存高尚旨酒嘉肴相

胥讒持此從朝竟夕暮差得亡憂消愁怖胡為惆悵不能已難盡此曲令君忤。

代鳴雁行

邕邕鳴鴈鳴始旦齊行命侶入雲漢中夜相失羣離亂留連徘徊不忍散憔悴容儀君不知。
辛苦風霜亦何為

代淮南王

淮南王好長生服食鍊氣讀仙經琉璃作盌牙作盤金鼎玉匕合神丹合神丹戲紫房紫房
綵女弄明璫鸞歌鳳舞斷君腸朱城九重門九闥願逐明月入君懷入君懷結君佩怨君恨
君恃君愛築城思堅劍思利同盛同衰莫相棄。

代春日行

獻歲發吾將行春山茂春日明園中鳥多喜聲梅始發桃始青泛舟艫齊櫂驚奏采菱歌鹿
鳴風微起波微生絃亦發酒亦傾入蓮池折桂枝芳袖動芬葉披兩相思兩不知。

梅花落

中庭雜樹多偏為梅咨嗟問君何獨然念其霜中能作花露中能作實搖蕩春風媚春日念
爾零落逐寒風徒有霜華無霜質。

代北風涼行

北風涼雨雪零京洛女兒多嚴妝遙豔帷中自悲傷沈吟不語若有忘問君何行何當歸若

使妾坐自傷悲慮年至慮顏衰情易復恨難追

代空城雀

雀乳四穀空城之阿朝食野粟夕飲冰阿高飛畏鴟鳶下飛畏網羅辛傷伊何言怵迫良已

多誠不及青鳥遠食玉山禾猶勝吳宮燕無罪得焚窠賦命有厚薄長歎欲如何

詩詞治要卷一

詩十五家

王維　唐祁人字摩詰與弟縉齊名資孝友開元九年進士擢監察御史安祿山反陷京師迫爲給事中維服藥伴瘖賦凝碧池詩以誌悼痛賊平下獄弟縉請削官贖維罪後官至尙書右丞卒年六十一維工詩善畫名盛開元天寶間時謂其詩中有畫畫中有詩其詩大抵出於陶淵明而潔靜精微蓄含不盡實能獨樹一幟爲後世詩家神韻派之始祖維兄弟篤志奉佛食不葷腥衣不文彩有別墅在輞川地奇勝與裴迪同遊處其中賦詩相酬爲樂有王右丞集

藍田山石門精舍

落日山水好漾舟信歸風探奇不覺遠因以緣源窮遙愛雲木秀初疑路不同安知清流轉偶與前山通捨舟理輕策果然愜所適老僧四五人逍遙蔭松柏朝梵林未曙夜禪山更寂道心及牧童世事問樵客暝宿長林下焚香臥瑤席澗芳襲人衣山月映石壁再尋畏迷誤明發更登歷笑謝桃源人花紅復來覿

青谿

言入黃花川每逐青谿水隨山將萬轉趣途無百里聲喧亂石中色靜深松裏漾漾泛菱荇

澄澄映葭葦我心素已閑清川澹如此請留盤石上垂釣將已矣。

春日田園作

屋上春鳩鳴村邊杏花白持斧伐遠楊荷鋤覘泉脈歸燕識故巢舊人看新曆臨觴忽不御。

悵恨遠行客

和使君五郎西樓望遠思歸

高樓望所思目極情未畢枕上見千里牕中窺萬室悠悠長路人曖曖遠郊日惆悵極浦外

迢遞孤煙出能賦屬上才思歸同下秩故鄉不可見雲水空如一。

戲贈張五弟諲

吾弟東山時心尚一何遠日高猶自臥鐘動始能飯領上髮未梳牀頭書不卷清川與悠悠

空林對偃蹇青苔上淨細草松下輭牕外鳥聲閒階前虎心善徒然萬象多澹爾太虛緬

一知與物平自顧為人淺對君忽自得浮念不煩遣。

送別

下馬飲君酒問君何所之君言不得意歸臥南山陲但去莫復問白雲無盡時。

齊州送祖三

相逢方一笑相送還成泣祖帳已傷離荒城復愁入天寒遠山淨日暮長河急解纜君已遙。

望君猶佇立。

宿鄭州

朝與周人辭暮投鄭人宿他鄉絕儔侶孤客親僮僕宛洛望不見秋霖晦平陸田父草際歸村童雨中牧主人東皋上時稼遠茅屋蟲思機杼悲雀喧禾黍熟明當渡京水昨晚猶金谷此去欲何言窮邊徇微祿。

偶然作二首

楚國有狂夫茫然無心想散髮不冠帶行歌南陌上孔子與之言仁義莫能獎未嘗肯問天何事須擊壤復笑採薇人胡爲乃長往田舍有老翁垂白衡門裏有時農事閒斗酒呼鄉里喧聒簹下或坐或復起短褐不爲薄園葵固足美勤則長子孫不曾向城市五帝與三王古來稱天子干戈將揖讓畢竟何者是得意苟爲樂野田安足鄙且當放懷去行行沒餘齒

西施詠

豔色天下重西施寧久微朝爲越谿女暮作吳宮妃賤日豈殊衆貴來方悟稀邀人傅脂粉不自著羅衣君寵益嬌態君憐無是非當時浣紗伴莫得同車歸持謝鄰家子效顰安可希

夷門歌

七雄雄雌猶未分攻城殺將何紛紛秦兵益圍邯鄲急魏王不救平原君公子七十老翁何所求

執轡愈恭意愈下玄爲屠肆鼓刀人嬴乃夷門抱關者非但慷慨有奇謀意氣兼爲嬴身命酬

臨風刎頸送公子七十老翁何所求

隴頭吟

長城少年游俠客夜上戍樓看太白隴頭明月迴臨關隴上行人夜吹笛關西老將不勝愁

駐馬聽之雙淚流身經大小百餘戰麾下偏裨萬戶侯蘇武纔爲典屬國節旄落盡海西頭

老將行

少年十五二十時步行奪取胡馬騎射殺陰山白額虎肯數鄴下黃鬚兒一身轉戰三千里

一劍曾當百萬師漢兵奮迅如霹靂胡騎崩騰畏蒺藜衛靑不敗由天幸李廣無功緣數奇

自從棄置便衰朽世事蹉跎成白首昔時飛箭無全目今日垂楊生左肘路傍時賣故侯瓜

門前學種先生柳蒼茫古木連窮巷寥落寒山對虛牖誓令疏勒出飛泉不似潁川空使酒

賀蘭山下陣如雲羽檄交馳日夕聞節使三河募年少詔書五道出將軍試拂鐵衣如雪色

聊持寶劍動星文願得燕弓射天將恥令越甲鳴吾軍莫嫌舊日雲中守猶堪一戰立功勳

桃源行

漁舟逐水愛山春兩岸桃花夾古津坐看紅樹不知遠行盡靑溪不見人山口潛行始隈隩

山開曠望旋平陸。遙看一處攢雲樹。近入千家散花竹。樵客初傳漢姓名。居人未改秦衣服。居人共住武陵源。還從物外起田園。月明松下房櫳靜。日出雲中雞犬喧。驚聞俗客爭來集。競引還家問都邑。平明閭巷掃花開。薄暮漁樵乘水入。初因避地去人間。及至成仙遂不還。峽裏誰知有人事。世中遙望空雲山。不疑靈境難聞見。塵心未盡思鄉縣。出洞無論隔山水。辭家終擬長游衍。自謂經過舊不迷。安知峯壑今來變。當時只記入山深。青溪幾曲到雲林。春來遍是桃花水。不辨仙源何處尋。

洛陽女兒行

洛陽女兒對門居。纔可顏容十五餘。良人玉勒乘驄馬。侍女金盤膾鯉魚。畫閣朱樓盡相望。紅桃綠柳垂簷向。羅帷送上七香車。寶扇迎歸九華帳。狂夫富貴在青春。意氣驕奢劇季倫。自憐碧玉親敎舞。不惜珊瑚持與人。春窗曙滅九微火。九微片片飛花璅。戲罷曾無理曲時。妝成祇是薰香坐。城中相識盡繁華。日夜經過趙李家。誰憐越女顏如玉。貧賤江頭自浣紗。

酬張少府

晚年惟好靜。萬事不關心。自顧無長策。空知返舊林。松風吹解帶。山月照彈琴。君問窮通理。漁歌入浦深。

輞川閒居贈裴秀才迪

寒山轉蒼翠，　轉顧可久，秋水日潺湲。倚杖柴門外臨風聽暮蟬。渡頭餘落日墟里上孤煙，復

值接輿醉狂歌五柳前。

冬晚對雪憶胡居士家

寒更傳曉箭催唱曉，一作寒更，　清鏡覽衰顏隔牖風驚竹。開門雪滿山灑空深巷靜積素廣庭閑借

問袁安舍儵然尚閉關。

山居秋暝

空山新雨後天氣晚來秋明月松閒照清泉石上流竹喧歸浣女蓮動下漁舟隨意春芳歇

王孫自可留。

終南別業

中歲頗好道晚家南山陲興來每獨往勝事空自知行到水窮處坐看雲起時偶然值林叟

談笑無還期。

歸嵩山作

清川帶長薄清文苑英作晴，　車馬去閒閒流水如有意暮禽相與還荒城臨古渡落日滿秋山迢

遞嵩高下高文苑英作山，　歸來且閉關。

終南山

太乙近天都，連山到海隅。白雲迴望合，青靄人看無。分野中峯變，陰晴衆壑殊。欲投人處宿，

隔水問樵夫。

輞川閒居

一從歸白社，不復到青門。時倚檐前樹，遠看原上村。青菰臨水映，白鳥向山翻。寂寞於陵子，

桔槹方灌園。

送劉司直赴安西

絕域陽關道，胡煙<small>烟顧元緯本淺本文苑</small>與塞塵<small>英華唐詩品彙俱作沙</small>。三春時有鴈，萬里少行人。苜蓿隨天馬，蒲

桃逐漢臣。當令外國懼，不敢覓和親。

送崔三往密州觀省

南陌去悠悠，東郊不少留。同懷扇枕戀，獨念倚門愁。路遠天山雪，家臨海樹秋。魯連功未報，

且莫蹈滄洲。

送邱爲落第歸江東

憐君不得意，況復柳條春。爲客黃金盡，還家白髮新。五湖三畝宅，萬里一歸人。知禰不能薦，

羞稱獻納臣。

登裴迪秀才小臺作

端居不出戶滿目望雲山落日鳥邊下秋原人外閑遙知遠林際不見此簷閒好客多乘月。

應門莫上關。

觀獵

風勁角弓鳴將軍獵渭城草枯鷹眼疾雪盡馬蹄輕忽過新豐市還歸細柳營回看射鵰處。

千里暮雲平

奉和聖製從蓬萊向興慶閣道中留春雨中春望之作應制

渭水自縈秦塞曲黃山舊遶漢宮斜鑾輿迥出千門柳閣道迴看上苑花雲裏帝城雙鳳闕。

雨中春樹萬人家為乘陽氣行時令不是宸遊翫物華

酬郭給事

洞門高閣靄餘暉桃李陰陰柳絮飛禁裏疏鐘官舍晚省中啼鳥吏人稀晨搖玉佩趨金殿。

夕奉天書拜瑣闈強欲從君無那老將因臥病解朝衣

出塞作

居延城外獵天驕白草連天野火燒暮雲空磧時驅馬秋日平原好射鵰護羌校尉朝乘障。

破虜將軍夜渡遼玉靶角弓珠勒馬漢家將賜霍嫖姚

送楊少府貶郴州

明到衡山與洞庭。若爲秋月聽猿聲。愁看北渚三湘遠。惡說南風五兩輕。青草瘴時過夏口。白頭浪裏出滏城。長沙不久留才子。賈誼何須弔屈平

積雨輞川莊作

積雨空林煙火遲。蒸藜炊黍向東菑。漠漠水田飛白鷺。陰陰夏木囀黃鸝。山中習靜觀朝槿。松下清齋折露葵。野老與人爭席罷。海鷗何事更相疑

送別

山中相送罷。日暮掩柴扉。春草年年綠。王孫歸不歸。

臨高臺送黎拾遺

相送臨高臺。川原杳何極。日暮飛鳥還。行人去不息。

崔九弟欲往南山馬上口號與別

城隅一出手。幾日還相見。山中有桂花。莫待花如霰。

息夫人怨

莫以今時寵。而忘舊日恩。看花滿眼淚。不共楚王言。

相思

紅豆生南國。秋來發幾枝。願君多採擷。此物最相思。

鹿柴

空山不見人，但聞人語響。返景入深林，復照青苔上。

竹里館

獨坐幽篁裏，彈琴復長嘯。深林人不知，明月來相照。

辛夷塢

木末芙蓉花，山中發紅萼。澗戶寂無人，紛紛開且落。

欹湖

吹簫凌極浦，日暮送夫君。湖上一迴首，青山多白雲。

鳥鳴澗

人閑桂花落，夜靜春山空。月出驚山鳥，時鳴春澗中。

田園樂

桃紅復含宿雨，柳綠更帶朝煙。花落家僮未埽，鳥啼山客猶眠。

九月九日憶山東兄弟

獨在異鄉為異客，每逢佳節倍思親。遙知兄弟登高處，徧插茱萸少一人。

送元二使安西

渭城朝雨挹輕塵客舍青青柳色新勸君更盡一杯酒西出陽關無故人。

送韋評事

欲逐將軍取右賢沙場走馬向居延遙知漢使蕭關外愁見孤城落日邊。

送沈子歸江東

楊柳渡頭行客稀罟師盪槳向臨圻惟有相思似春色江南江北送君歸。

詩詞治要卷一

詩十五家

李白 唐蜀之昌明人字太白生於青蓮鄉號青蓮居士天才英特然喜縱橫擊劍爲任俠知章見其文歎爲謫仙言於玄宗供奉翰林甚見愛重白常侍帝醉使高力士脫靴力士素恥之摘其清平調詩句以激楊貴妃帝欲官白妃輒阻止白自此盆驁放求還山浮遊四方後至江州永王璘辟爲僚佐璘起兵逃遏璘敗當誅初白遊幷州見郭子儀奇之子儀嘗犯法白爲解免至是子儀請解官以贖詔長流夜郎會赦還代宗立以左拾遺而白巳卒年六十四白所爲詩高妙清逸與杜甫齊名後世評詩者謂李以才勝一氣呵成杜以學勝懺憺淡經營李常放吟於自然之間樂天玩世杜則詠歎時事多存諷刺李擅空虛縹緲之趣杜極沈鬱頓挫之致李號詩仙杜號詩聖蓋詩家之有李杜猶文家之有韓柳未易軒輕云有李太白集

古風五首

大雅久不作吾衰竟誰陳王風委蔓草戰國多荆榛龍虎相啖食兵戈逮狂秦正聲何微茫哀怨起騷人揚馬激頹波開流蕩無垠廢與雖萬變憲章亦已淪自從建安來綺麗不足珍聖代復元古垂衣貴清眞羣才屬休明乘運共躍鱗文質相炳煥衆星羅秋旻我志在刪述垂輝映千春希聖如有立絕筆於獲麟

秦皇埽六合虎視何雄哉飛劍決浮雲諸侯盡西來。明斷自天啟大略駕羣才。收兵鑄金人

函谷正東開銘功會稽嶺騁望瑯琊臺刑徒七十萬起土驪山隈。尚采不死藥茫然使心哀。

連弩射海魚長鯨正崔嵬額鼻象五岳揚波噴雲雷鬐鬣蔽青天何由覩蓬萊徐市載秦女

樓船幾時迴但見三泉下金棺葬寒灰。

莊周夢蝴蝶蝴蝶爲莊周一體更變易萬事良悠悠乃知蓬萊水復作清淺流青門種瓜人

舊日東陵侯富貴固如此營營何所求。

松柏本孤直難爲桃李顏昭昭嚴子陵垂釣滄波間。身將客星隱心與浮雲閒長揖萬乘君

還歸富春山清風灑六合邈然不可攀使我長歎息冥棲巖石間

天津三月時千門桃與李朝爲斷腸花暮逐東流水前水復後水古今相續流新人非舊人

年年橋上遊雞鳴海色動謁帝羅公侯月落西上陽餘輝半城樓衣冠照雲日朝下散皇州

鞍馬如飛龍黃金絡馬頭行人皆辟易志氣橫嵩丘入門上高堂列鼎錯珍羞香風引趙舞

清管隨齊謳七十紫鴛鴦雙雙戲庭幽行樂爭晝夜自言度千秋功成身不退自古多愆尤

黃犬空歎息綠珠成釁讐何如鴟夷子散髮棹扁舟

長干行

妾髮初覆額折花門前劇郎騎竹馬來遶牀弄青梅同居長干里兩小無嫌猜十四爲君婦

羞顏未嘗開低頭向暗壁千喚不一回十五始展眉願同塵與灰常存抱柱信豈上望夫臺

十六君遠行瞿塘灩澦堆五月不可觸猿聲天上哀門前送行跡一一生綠苔苔深不能掃

落葉秋風早八月蝴蝶黃雙飛西園草感此傷妾心坐愁紅顏老早晚下三巴預將書報家

相迎不道遠直至長風沙

姜薄命

漢帝寵阿嬌貯之黃金屋咳唾落九天隨風生珠玉籠極愛還歇妒深情卻疏長門一步地

不肯暫迴車雨落不上天水覆難再收君情與妾意各自東西流昔日芙蓉花今成斷根草

以色事他人能得幾時好

春思

燕草如碧絲秦桑低綠枝當君懷歸日是妾斷腸時春風不相識何事入羅幃

月下獨酌

花間一壺酒獨酌無相親舉杯邀明月對影成三人既不解飲影徒隨我身暫伴月將影

行樂須及春我歌月裴回我舞影零亂醒時同交歡醉後各分散永結無情遊相期邈雲漢

春日醉起言志

處世若大夢胡爲勞其生所以終日醉頹然臥前楹覺來盼庭前一鳥花間鳴借問此何時

春風語流鶯感之欲歡息對酒還自傾浩歌待明月曲盡已忘情。

望終南山寄紫閣隱者

出門見南山引領意無限秀色難爲名蒼翠日在眼有時白雲起天際自舒卷心亦與之然。

託興每不淺何當造幽人滅跡棲絕巘。

下終南山過斛斯山人宿置酒

暮從碧山下山月隨人歸卻顧所來徑蒼蒼橫翠微相攜及田家童稚開荊扉綠竹入幽徑青蘿拂行衣歡言得所憩美酒聊共揮長歌吟松風曲盡河星稀我醉君復樂陶然共忘機

尋陽紫極宮感秋作

何處聞秋聲翛翛北窗竹迴薄萬古心攬之不盈掬靜坐觀衆妙浩然媚幽獨白雲南山來就我簷下宿嬾從唐生決羞訪季主卜四十九年非一往不可復野情轉蕭散世道有翻覆

陶令歸去來田家酒應熟

贈何七判官昌浩

有時忽惆悵匡坐至夜分平明空嘯咤思欲解世紛心隨長風去吹散萬里雲羞作濟南生

九十誦古文不然拂劍起沙漠收奇勳老死阡陌間何因揚清芬夫子今管樂英才冠三軍

終與同出處豈將沮溺羣

蜀道難

噫吁戲危乎高哉蜀道之難難於上青天蠶叢及魚鳧開國何茫然爾來四萬八千歲不與秦塞通人煙西當太白有鳥道可以橫絕峨眉巔地崩山摧壯士死然後天梯石棧相鉤連上有六龍迴日之高標下有衝波逆折之迴川黃鶴之飛尚不得過猿猱欲度愁攀緣青泥何盤盤百步九折縈巖巒捫參歷井仰脅息以手撫膺坐長歎問君西遊何時還畏途巉巖不可攀但見悲鳥號古木雄飛雌從繞林間又聞子規啼夜月愁空山蜀道之難難於上青天使人聽此凋朱顏連峰去天不盈尺枯松倒掛倚絕壁飛湍瀑流爭喧豗砯崖轉石萬壑雷其險也如此嗟爾遠道之人胡爲乎來哉劍閣崢嶸而崔嵬一夫當關萬夫莫開所守或非親化爲狼與豺朝避猛虎夕避長蛇磨牙吮血殺人如麻錦城雖云樂不如早還家蜀道之難難於上青天側身西望長咨嗟

戰城南

去年戰桑乾源今年戰蔥河道洗兵條支海上波放馬天山雪中草萬里長征戰三軍盡衰老匈奴以殺戮爲耕作古來惟見白骨黃沙田秦家築城避胡處漢家還有烽火然烽火然不息征戰無已時野戰格鬥死敗馬嘶鳴向天悲烏鳶啄人腸銜飛上挂枯樹枝士卒塗草莽將軍空爾爲乃知兵者是凶器聖人不得已而用之

箜篌謠

攀天莫登龍走山莫騎虎。貴賤結交心不移。唯有嚴陵及光武周公稱大聖管蔡寧相容漢

謠一斗粟不與淮南春兄弟尚路人吾心安所從他人方寸閒山海幾千重輕言託朋友對

面九嶷峯多花必早落桃李不如松管鮑久已死何人繼其蹤

日頭吟

錦水東流碧波蕩雙鴛鴦雄巢漢宮樹雌弄秦草芳相去蜀謁武帝赤車駟馬生輝光一

朝再覽大人作萬乘忽欲凌雲翔道阿嬌失恩寵千金買賦要君王相如不憶貧賤日官

高金多聘私室茂陵姝子皆求見文君歡愛從此畢涙如雙泉水行墮紫羅襟五起雞三唱

清晨白頭吟長吁不整綠雲鬟仰訴青天哀怨深城崩杞梁妻誰道土無心東流不作西歸

水落花辭枝羞故林頭上玉燕釵是姜嫁時物贈君表相思羅袖幸時拂莫卷龍鬚席從他

生網絲且留琥珀枕還有夢來時鸚鵡裘在錦屏上自君一挂無由披妾有秦樓鏡照心勝

照井願持照新人雙對可憐影覆水卻收不滿杯相如還謝文君回古來得意不相貟祇今

唯有青陵臺

烏夜啼

黃雲城邊烏欲棲歸飛啞啞枝上啼機中織錦秦川女碧紗如煙隔窗語停梭悵然憶遠人

獨宿空房淚如雨。

將進酒

君不見黃河之水天上來奔流到海不復回君不見高堂明鏡悲白髮朝如青絲暮成雪人生得意須盡歡莫使金樽空對月天生我材必有用千金散盡還復來烹羊宰牛且爲樂會須一飲三百杯岑夫子丹邱生進酒君莫停與君歌一曲請君爲我傾耳聽鐘鼓饌玉不足貴但願長醉不用醒古來聖賢皆寂寞唯有飲者留其名陳王昔時宴平樂斗酒十千恣歡謔主人何爲言少錢徑須沽酒對君酌五花馬千金裘呼兒將出換美酒與爾同銷萬古愁

行路難三首

金罇清酒斗十千玉盤珍羞直萬錢停杯投筯不能食拔劍四顧心茫然欲渡黃河冰塞川將登太行雪暗天一作閑來垂釣坐碧溪上忽復乘舟夢日邊行路難行路難多歧路今安在長風破浪會有時直挂雲帆濟滄海

大道如青天我獨不得出羞逐長安社中兒赤雞白狗雄一作賭梨栗彈劍作歌奏苦聲曳裾王門不稱情淮陰市井笑韓信漢朝公卿忌賈生君不見昔時燕家重郭隗擁篲折節無嫌猜劇辛樂毅感恩分輸肝剖膽效英才昭王白骨縈蔓草誰人更埽黃金臺行路難歸去來

有耳莫洗潁川水有口莫食首陽蕨含光混世貴無名何用孤高比雲月吾觀自古賢達人

功成不退皆殞身子胥既棄吳江上屈原終投湘水濱陸機雄才豈自保李斯稅駕苦不早

華亭鶴唳詎可聞上蔡蒼鷹何足道君不見吳中張翰稱達生秋風忽憶江東行且樂生前

一杯酒何須身後千載名

江上吟

木蘭之枻沙棠舟玉簫金管坐兩頭美酒尊中置千斛載妓隨波任去留仙人有待乘黃鶴

海客無心隨白鷗屈平詞賦懸日月楚王臺榭空山丘與酣落筆搖五嶽詩成笑傲凌滄洲

功名富貴若長在漢水亦應西北流

白雲歌送劉十六還山

秦山楚山皆白雲白雲處處常隨君君入楚山裏雲亦隨君渡湘水湘水上女蘿衣白雲堪

臥君早歸

夢遊天姥吟留別

海客談瀛洲煙濤微茫信難求越人語天姥雲霓明滅或可覩天姥連天向天橫勢拔五岳

掩赤城天台一萬八千丈對此欲倒東南傾我欲因之夢吳越一夜飛度鏡湖月湖月照我

影送我至剡溪謝公宿處今尚在綠水蕩漾清猿啼腳著謝公屐身登青雲梯半壁見海日

空中聞天雞千巖萬壑路不定迷花倚石忽已暝熊咆龍吟殷巖泉慄深林兮驚層巔雲青

青兮欲雨水澹澹兮生烟列缺霹靂丘巒崩摧洞天石扇訇然中開青冥浩蕩不見底日月

照耀金銀臺霓爲衣兮風爲馬雲之君兮紛紛而來下虎鼓瑟兮鸞廻車仙之人兮列如麻

忽魂悸以魄動怳驚起而長嗟惟覺時之枕席失向來之煙霞世間行樂亦如此古來萬事

東流水別君去兮何時還且放白鹿青崖間須行即騎訪名山安能摧眉折腰事權貴使我

不得開心顏

答王十二寒夜獨酌有懷

昨夜吳中雪子猷佳興發萬里浮雲卷碧山青天中道流孤月孤月滄浪河漢清北斗錯落

長庚明懷余對酒夜霜白玉牀金井冰崢嶸人生飄忽百年內且須酣暢萬古情君不能狸

膏金距學鬭雞坐令鼻息吹虹霓君不能學哥舒橫行青海夜帶刀西屠石堡取紫袍吟詩

作賦北窗裏萬言不直一杯水世人聞此皆掉頭有如東風射馬耳魚目亦笑我請與明月

同驊騮拳跼不能食蹇驢得志鳴春風折楊黃華合流俗晉君聽琴枉清角巴人誰肯和陽

春楚地由來賤奇璞黃金散盡交不成白首爲儒身被輕一談一笑失顏色蒼蠅貝錦喧謗

聲曾參豈是殺人者讒言三及慈母驚與君論心握君手榮辱於余亦何有孔聖猶聞傷鳳

麟董龍更是何雞狗一生傲岸苦不諧恩疏媒勞志多乖嚴陵高揖漢天子何必長劍拄頤

事玉階達亦不足貴窮亦不足悲韓信羞將絳灌比禰衡恥逐屠沽兒君不見李北海英風

豪氣今何在君不見裴尙書土墳三尺蒿棘居少年早欲五湖去見此彌將鐘鼎疏。

宣州謝朓樓餞別校書叔雲

棄我去者昨日之日不可留亂我心者今日之日多煩憂長風萬里送秋雁對此可以酣高樓蓬萊文章建安骨中間小謝又清發俱懷逸興壯思飛欲上青天覽日月抽刀斷水水更流舉杯消愁愁復愁人生在世不稱意明朝散髮弄扁舟。

贈孟浩然

吾愛孟夫子風流天下聞紅顏棄軒冕白首臥松雲醉月頻中聖迷花不事君高山安可仰。徒此揖清芬。

贈崔秋浦二首

吾愛崔秋浦宛然陶令風門前一作 五楊柳。井上一作 二梧桐山鳥下廳事簷花落酒中懷君未忍去惆悵意無窮。

崔令學陶令北窗常晝眠抱琴時弄月取意任無絃見客但傾酒爲官不愛錢東皋多種黍。勸爾早歸田一作東皋春事起種黍早歸田。

渡荆門

遠渡荆門外來從楚國遊山隨平野盡江入大荒流月下飛天鏡雲生結海樓仍憐故鄉水。

送友人

青山橫北郭白水繞東城此地一為別孤蓬萬里征浮雲遊子意落日故人情揮手自茲去

蕭蕭班馬鳴

送友人入蜀

見說蠶叢路崎嶇不易行山從人面起雲傍馬頭生芳樹籠秦棧春流繞蜀城升沈應已定

不必問君平

尋雍尊師隱居

羣峭碧摩天逍遙不記年撥雲尋古道倚樹聽流泉花煖青牛臥松高白鶴眠語來江色暮

獨自下寒煙

夜泊牛渚懷古

牛渚西江夜青天無片雲登舟望秋月空憶謝將軍余亦能高詠斯人不可聞明朝挂帆去

楓葉落紛紛

金陵二首

地擁金陵勢城迴江水流當時百萬戶夾道起朱樓亡國生春草離宮沒古丘空餘後湖月

萬里送行舟。

波上對瀛洲。

六代興亡國三杯爲爾歌苑方秦地少山似洛陽多古殿吳花草深宮晉綺羅併隨人事滅。

東逝與滄波。

塞下曲二首

五月天山雪無花只有寒笛中聞折柳春色未曾看曉戰隨金鼓宵眠抱玉鞍願將腰下劍。

直爲斬樓蘭。

駿馬似風飆鳴鞭出渭橋彎弓辭漢月插羽破天驕陣解星芒盡營空海霧消功成畫麟閣。

獨有霍嫖姚。

登金陵鳳凰臺

鳳凰臺上鳳凰遊鳳去臺空江自流吳宮花草埋幽徑晉代衣冠成古丘三山半落青天外

二水中分白鷺洲總爲浮雲能蔽日長安不見使人愁。

送賀監歸四明應制

久辭榮祿遂初衣曾向長生說息機真訣自從茅氏得恩波應許洞庭歸瑤臺含露星辰滿。

仙嶠浮空島嶼微借問欲樓珠樹鶴何年卻向帝城飛。

別中都兄明府

吾兄詩酒繼陶君試宰中都天下聞東樓喜奉連枝會南陌愁爲落葉分城隅綠水明秋日。

海上青山隔暮雲取醉不辭留夜月雁行中斷惜離羣

玉階怨

玉階生白露夜久侵羅襪却下水精簾玲瓏望秋月。

夜思

牀前明月光疑是地上霜舉頭望明月低頭思故鄉。

敬亭獨坐

衆鳥高飛盡孤雲去獨閒相看兩不厭只有敬亭山

勞勞亭

天下傷心處勞勞送客亭春風知別苦不遣柳條靑

下江陵

朝辭白帝彩雲間千里江陵一日還兩岸猿聲啼不住輕舟已過萬重山。

望天門山

霜落荊門煙樹空布帆無恙挂秋風此行不爲鱸魚膾自愛名山入剡中。

天門中斷楚江開碧水東流向北迴兩岸青山相對出孤帆一片日邊來

陪族叔刑部侍郎曄及中書賈舍人至遊洞庭二首

洞庭西望楚江分水盡南天不見雲日落長沙秋色遠不知何處弔湘君

南湖秋水夜無煙耐可乘流直上天且就洞庭賒月色將船買酒白雲邊

送孟浩然之廣陵

故人西辭黃鶴樓煙花三月下揚州孤帆遠影碧空盡惟見長江天際流

巴陵贈賈舍人

賈生西望憶京華湘浦南遷莫怨嗟聖主恩深漢文帝憐君不遣到長沙

聞王昌齡左遷龍標遙有此寄

楊花落盡子規啼聞道龍標過五溪我寄愁心與明月隨風直到夜郎西

春夜雒陽聞笛

誰家玉笛暗飛聲散入東風滿洛城此夜曲中聞折柳何人不起故園情

越中懷古

越王句踐破吳歸戰士還家盡錦衣宮女如花滿春殿祇今惟有鷓鴣飛

蘇臺覽古

舊苑荒臺楊柳新。菱歌清唱不勝春。只今惟有西江月。曾照吳王宮裏人。

山中答俗人

問余何意事一作棲碧山笑而不答心自閑。桃花流水窅然去。別有天地非人間。

山中與幽人對酌

兩人對酌山花開一杯一杯復一杯。我醉欲眠卿且去。明朝有意抱琴來。

長門怨二首

天迴北斗挂西樓金屋無人螢火流月光欲到長門殿別作深宮一段愁。

桂殿長愁不記春黃金四屋起秋塵夜懸明鏡青天上獨照長門宮裏人。

清平調詞三首

雲想衣裳花想容春風拂檻露華濃若非羣玉山頭見會向瑤臺月下逢。

一枝紅豔露凝香雲雨巫山枉斷腸借問漢宮誰得似可憐飛燕倚新妝。

名花傾國兩相歡長得君王帶笑看解釋春風無限恨沈香亭北倚闌干。

詩詞治要卷一

詩十五家

杜甫　唐襄陽人字子美居杜陵自稱杜陵布衣又稱少陵野老少貧舉進士不第玄宗時以獻賦待制集賢院安祿山作亂玄宗入蜀肅宗立甫自鄜州走鳳翔上謁拜右拾遺房琯敗陳濤斜罷相甫疏救出為華州司功參軍關輔饑輒棄官去客秦州流落劍南依嚴武武表為檢校工部員外郎大曆中避亂荊楚遊衡山寓居耒陽一夕大醉卒年五十九甫博極羣書善為詩歌渾涵汪洋千態萬狀大抵以憂國念亂弔古傷今為本旨世人謂之詩史元稹為作墓誌銘稱詩人以來未有如子美者至今以為確論有杜工部集

贈衛八處士

人生不相見動如參與商今夕復何夕共此燈燭光少壯能幾時鬢髮各已蒼訪舊半為鬼驚呼熱中腸焉知二十載重上君子堂昔別君未婚兒女忽成行怡然敬父執問我來何方問答乃未已兒女羅酒漿夜雨翦春韭新炊間黃粱主稱會面難一舉累十觴十觴亦不醉感子故意長明日隔山岳世事兩茫茫

自京赴奉先縣詠懷五百字

杜陵有布衣老大意轉拙許身一何愚竊比稷與契居然成濩落白首甘契闊蓋棺事則已

此志常觀豁窮年憂黎元歎息腸內熱。取笑同學翁浩歌彌激烈非無江海志蕭灑送日月。

生逢堯舜君不忍便永訣當今廊廟具構廈豈云缺葵藿傾太陽物性固莫奪顧惟螻蟻輩。

但自求其穴胡爲慕大鯨輒擬偃溟渤以茲悟生理獨恥事干謁兀兀遂至今忍爲塵埃沒。

終愧巢與由未能易其節沈飲聊自適放歌頗愁絕歲暮百草零疾風高岡裂天衢陰崢嶸。

客子中夜發霜嚴衣帶斷指直不得結凌晨過驪山御榻在嵽嵲蚩尤塞寒空蹴踏崖谷滑。

瑤池氣鬱律羽林相摩戞君臣留懽娛樂動殷膠嶱賜浴皆長纓與宴非短褐形分帛。

本自寒女出鞭撻其夫家聚斂貢城闕聖人筐篚恩欲邦國活臣如忽至理君豈棄此物。

多士盈朝廷仁者宜戰慄況聞內金盤盡在衞霍室中堂舞神仙煙霧散玉質煖客貂鼠裘。

悲管逐清瑟勸客駝蹄羹霜橙壓香橘朱門酒肉臭路有凍死骨榮枯咫尺異惆悵難再述。

北轅就涇渭官渡又改轍羣冰從西下極目高崒兀疑是崆峒來恐觸天柱折河梁幸未坼。

枝撐聲窸窣行旅相攀援川廣不〔一作可〕越老妻寄異縣十口隔風雪誰能久不顧庶

往共飢渴入門聞號咷幼子飢已卒吾寧捨一哀里巷亦嗚咽所愧爲人父無食致夭折豈

知秋未登貧窶有倉卒生常免租稅名不隸征伐撫迹猶酸辛平民固騷屑默思失業徒因

念遠成卒憂端齊終南頹洞不可掇。

述懷

去年潼關破妻子隔絕久今夏草木長脫身得西走麻鞋見天子衣袖露兩肘朝廷愍生還

親故傷老醜涕淚授拾遺流離主恩厚柴門雖得去未忍即開口寄書問三川不知家在否

比聞同罹禍殺戮到雞狗山中漏茅屋誰復依戶牖摧頹蒼松根地冷骨未朽幾人全性命

盡室豈相偶嶔岑猛虎場鬱結迴我首自寄一封書今已十月後反畏消息來寸心亦何有

漢運初中興生平老耽酒沈思懽會處恐作窮獨叟

彭衙行

憶昔避賊初北走經險艱夜深彭衙道月照白水山盡室久徒步逢人多厚顏參差谷鳥吟

不見遊子還癡女飢咬我啼畏虎狼聞懷中掩其口反側聲愈嗔小兒強解事故索苦李餐

一旬半雷雨泥濘相攀牽既無禦雨備徑滑衣又寒有時經契闊竟日數里間野果充餱糧

卑枝成屋椽早行石上水暮宿天邊煙少留周家窪欲出蘆子關故人有孫宰高義薄曾雲

延客已曛黑張燈啟重門煖湯濯我足剪紙招我魂從此出妻孥相視涕闌干衆雛爛漫睡

喚起沾盤飧誓將與夫子永結爲弟昆遂空所坐堂奉我懽誰肯艱難際豁達露心肝

羌村三首

別來歲月周羯胡仍搆患何當有翅翎飛去墮爾前

崢嶸赤雲西日腳下平地柴門鳥雀噪歸客千里至妻孥怪我在驚定還拭淚世亂遭飄蕩

生還偶然遂鄰人滿牆頭感歎亦歔欷夜闌更秉燭相對如夢寐。

晚歲迫偸生還家少歡趣嬌兒不離膝畏我復卻去憶昔好追涼故繞池邊樹蕭蕭北風勁。

撫事煎百慮賴知禾黍收已覺糟牀注如今足斟酌且用慰遲暮。

羣雞正亂叫客至雞鬭爭驅雞上樹木始聞扣柴荊父老四五人問我久遠行手中各有攜

傾榼濁復清苦辭酒味薄黍地無人耕兵革既未息兒童盡東征請爲父老歌艱難愧深情

歌罷仰天歎四座淚縱橫

石壕吏

暮投石壕村有吏夜捉人老翁踰牆走老婦出門看〔蘇潤公本作，老婦出看門〕吏呼一何怒婦啼一何苦。

聽婦前致詞三男鄴城戍一男附書至二男新戰死〔陳浩然本作二男新戰死〕存者且偸生死者長已矣室中更無人

惟有乳下孫有孫母未去〔陳浩然本作孫有母未去〕出入無完裙老嫗力雖衰請從吏夜歸急應河陽役

猶得備晨炊夜久語聲絕如聞泣幽咽天明登前途獨與老翁別

新婚別

兔絲附蓬麻引蔓故不長嫁女與征夫不如棄路旁結髮爲妻子席不暖君牀暮婚晨告別。

無乃太忽忙君行雖不遠守邊赴河陽妾身未分明何以拜姑嫜父母養我時日夜令我藏

生女有所歸雞狗亦得將君今往死地沈痛迫中腸誓欲隨君去形勢反蒼黃勿爲新婚念

努力事戎行。婦人在軍中。兵氣恐不揚。自嗟貧家女。久致羅襦裳。羅襦不復施。對君洗紅妝。仰視百鳥飛。大小必雙翔。人事多錯迕。與君永相望。

無家別

寂寞天寶後。園廬但蒿藜。我里百餘家。世亂各東西。存者無消息。死者為塵泥。賤子因陣敗。歸來尋舊蹊。久行見空巷。日瘦氣慘悽。但對狐與狸。豎毛怒我啼。四鄰何所有。一二老寡妻。宿鳥戀本枝。安辭且窮棲。方春獨荷鋤。日暮還灌畦。縣吏知我至。召令習鼓鞞。雖從本州役。內顧無所攜。近行止一身。遠去終轉迷。家鄉既盪盡。遠近理亦齊。永痛長病母。五年委溝谿。生我不得力。終身兩酸嘶。人生無家別。何以為烝黎。

佳人

絕代有佳人。幽居在空谷。自云良家子。零落依草木。關中昔喪敗。兄弟遭殺戮。官高何足論。不得收骨肉。世情惡衰歇。萬事隨轉燭。夫壻輕薄兒。新人美如玉（一作如玉）。合昏尚知時。鴛鴦不獨宿。但見新人笑。那聞舊人哭。在山泉水清。出山泉水濁。侍婢賣珠迴。牽蘿補茅屋。摘花不插髮。采柏動盈掬。天寒翠袖薄。日暮倚修竹。

夢李白二首

死別已吞聲。生別常惻惻。江南瘴癘地。逐客無消息。故人入我夢。明我長相憶。恐非平生魂。

路遠不可測魂來楓葉林一作青魂夢一作返關塞黑君今在羅網何以有羽翼落月滿屋梁猶

疑照顏色水深波浪闊無使蛟龍得

浮雲終日行遊子久不至三夜頻夢君情親見君意告歸常局促苦道來不易江湖多風波

舟楫恐失墜出門搔白首若苦一作負平生志冠蓋滿京華斯人獨顦顇孰云網恢恢將老身

才一作反累千秋萬歲名寂寞身後事

前出塞二首

磨刀鳴咽水水赤刃傷手欲輕腸斷聲心緒亂已久丈夫誓許國憤怨復何有功名圖麒麟

戰骨當速朽

挽弓當挽強用箭當用長射人先射馬擒賊先擒王殺人亦有限列立一作國自有疆苟能制

侵陵豈在多殺傷

後出塞二首

男兒生世閒及壯當封侯戰伐有功業焉能守舊邱召募赴薊門軍動不可留千金買馬鞭

百金裝刀頭閭里送我行親戚擁道周斑白居上列酒酣進庶羞少年別有贈含笑看吳鈎

朝進東門營暮上河陽橋落日照大旗馬鳴風蕭蕭平沙列萬幕部伍各見招中天懸明月

令嚴夜寂寥悲笳數聲動壯士慘不驕借問大將誰恐是霍嫖姚

寫懷二首

勞生共乾坤何處異風俗舟自趨競行行見羈束不悲無富貴亦足萬古一骸骨。
鄰家遞歌哭鄙夫到巫峽三歲如轉燭全命甘留滯忘情任榮辱朝班及暮齒日給還脫粟。
編蓬石城東採藥山北谷用心霜雪閒不必蔓綠非關故安排曾是順幽獨達士如弦直。
小人似鉤曲曲直我不知貪暄候樵牧
夜深坐南軒明月照我膝風翻河漢梁棟已出日 一作日已出
驅其兒營營為私實晉 作 天寒行旅稀歲暮日月疾榮名忽忽 一云 中人世亂如蠻古者三
皇前滿腹志願畢胡為有結繩陷此膠與漆禍首燧人氏厲階董狐筆君看燈燭張轉使飛
蛾密放神八極外俯仰俱蕭瑟終契如往還 契一云
眞如 終然得匪合仙術金仙術

兵車行

車轔轔馬蕭蕭行人弓箭各在腰耶孃妻子走相送塵埃不見咸陽橋牽衣頓足攔道哭哭
聲直上干雲霄道傍過者問行人行人但云點行頻或從十五北防河便至四十西營田去
時里正與裹頭歸來頭白還成邊亭 庭一作 流血成海水武 我一作 皇開邊意未已君不聞漢
家山東二百州千村萬落生荊杞縱有健婦把鋤犁禾生隴畝無東西況復秦兵耐苦戰被
驅不異犬與雞長者雖有問役夫敢申恨且如今年冬未休關隴 一作 西卒如今縱得休, 遠為

隴西

縣官急索租租稅從何出信知生男惡反是生女好生女猶是得一作 嫁比鄰生男埋沒

隨百草君不見青海頭古來白骨無人收新鬼煩冤舊鬼哭天陰雨溼聲悲一作 啾啾。

醉時歌 贈廣文館博士鄭虔

諸公袞袞登臺省廣文先生官獨冷。甲第紛紛厭梁肉廣文先生飯不足先生有道出羲皇

先生有才過屈宋德尊一代常坎軻名垂萬古知何用杜陵野客人更嗤被褐短窄鬢如絲

日糴太倉五升米時赴鄭老同襟期得錢卽相覓沽酒不復疑忘形到爾汝痛飲眞吾師清

夜沈沈動春酌燈前細雨檐花落一作檐前細 但覺高歌有鬼神焉知餓死塡溝壑相

如逸才親滌器子雲識字終投閣先生早賦歸去來石田茅屋荒蒼苔儒術於我何有哉孔

邱盜跖俱塵埃不須聞此意慘愴生前相遇且銜杯

哀江頭

少陵野老吞聲哭春日潛行曲江曲江頭宮殿鎖千門細柳新蒲爲誰綠憶昔霓旌下南苑

苑中萬物生顏色昭陽殿裏第一人同輦隨君侍君側輦前才人帶弓箭白馬嚼齧黃金勒

翻身向天仰射雲一箭考異作 正墜雙飛翼明眸皓齒今何在血污遊魂歸不得清渭

東流劍閣深去往彼此無消息人生有情淚沾臆江水江花豈終極黃昏胡騎塵滿城欲往

城南忘南北。城北一云望

長安城頭白烏夜飛延秋門上呼又向人家啄大屋屋底達官走避胡。金鞭斷折九馬死，骨肉不待（一作得）同馳驅腰下寶玦青珊瑚可憐王孫泣路隅問之不肯道姓名但道困苦乞為奴已經百日竄荊棘身上無有完肌膚高帝子孫盡隆準龍種自與常人殊豺狼在邑龍在野王孫善保千金軀不敢長語臨交衢且為王孫立斯須昨夜東春（一作風）吹血腥東來橐駞滿舊都朔方健兒好身手昔何勇銳今何愚竊聞天子已傳位聖德北服南單于花門剺面請雪恥慎勿出口他人狙哀哉王孫慎勿疏五陵佳氣無時無。

洗兵馬

中興諸將收山東捷書夜報清晝同河廣傳聞一葦過胡危命在破竹中祇殘鄴城不日得。獨任朔方無限功京師皆騎汗血馬回紇餧肉葡萄宮已喜皇威清海岱常思仙仗過崆峒。三年笛裏關山月萬國兵前草木風成王功大心轉小郭相謀深（一作謀猶）古來少司徒清鑒懸明鏡尚書氣與秋天杳二三豪俊為時出整頓乾坤濟時了東走無復憶鱸魚南飛覺有安巢烏青春復隨冠冕入紫禁正耐煙花繞鶴駕通霄鳳輦備雞鳴問寢龍樓曉攀龍附鳳勢莫當天下盡化為侯王汝等豈知蒙帝力時來不得誇身強關中既留蕭丞相幕下復用張子房張公一生江海客身長九尺鬚眉蒼徵起適遇風雲會扶顛始知籌策良青袍白

馬更何有後漢今周喜再昌寸地尺天皆入貢奇祥豈瑞爭來送。不知何國致白環復道諸

山得銀甕隱士休歌紫芝曲詞人解撰河清頌田家望望惜雨乾布穀處處催春種淇上健

兒歸莫嬾城南思婦愁多夢安得壯士挽天河淨洗甲兵長不用

乾元中寓居同谷縣作歌七首

有客有客字子美白頭亂髮垂過耳歲拾橡栗隨狙公天寒日暮山谷裏中原無

書一作歸不得手腳凍皴皮肉死嗚呼一歌兮歌已哀悲風爲我從天來

長鑱長鑱白木柄我生託子以爲命黃精無苗山雪盛短衣數挽不掩脛此時與子空歸來

男呻女吟四壁靜嗚呼二歌兮歌始放鄰里爲我色惆悵

有弟有弟在遠方三人各瘦何人強生別展轉不相見胡塵暗天道路長東飛駕鵝後鶖鶬

安得送我置汝旁嗚呼三歌兮歌三發汝歸何處收兄骨

有妹有妹在鍾離良人早歿諸孤癡長淮浪高蛟龍怒十年不見來何時扁舟欲往箭滿眼

杳杳南國多旌旗嗚呼四歌兮歌四奏林猿爲我嘯清晝

四山多風溪水急寒雨颯颯枯樹溼黃蒿古城雲不開白狐跳梁黃狐立我生何爲在窮谷

中夜起坐萬感集嗚呼五歌兮歌正長魂招不來歸故鄉

南有龍兮在山湫古木巃嵸枝相樛木葉黃落龍正蟄蝮蛇東來水上遊我行怪此安敢出

拔劍欲斬且復休嗚呼六歌兮歌思遲溪壑爲我迴春姿。

男兒生不成名身已老三一作年飢走荒山道長安卿相多少年富貴應須致身早山中儒

生舊相識但話宿昔傷懷抱嗚呼七歌兮悄終曲仰視皇天白日速。

百憂集行

憶年十五心尚孩健如黃犢走復來庭前八月梨棗熟一日上樹能千迴即今倏忽已五十

坐臥只多少行立強將笑語供主人悲見生涯百憂集入門依舊四壁空老妻覩我顏色同

癡兒未知父子禮叫怒索飯啼門東。

茅屋爲秋風所破歌

八月秋高風怒號卷我屋上三重茅茅飛渡江灑江郊高者挂罥長林梢下者飄轉沈塘坳

南村羣童欺我老無力忍能對面爲盜賊公然抱茅入竹去脣焦口燥呼不得歸來倚杖自

歎息俄頃風定雲墨色秋天漠漠向昏黑布衾多年冷似鐵嬌兒惡臥踏裏裂牀牀屋漏無

乾處雨腳如麻未斷絕自經喪亂少睡眠長夜沾溼何由徹安得廣廈千萬間大庇天下寒

士俱歡顏風雨不動安如山嗚呼何時眼前突兀見此屋吾廬獨破受凍死亦足

短歌行 贈王郎司直

王郎酒酣拔劍斫地歌莫哀我能拔爾抑塞磊落之奇才豫樟翻風白日動鯨魚跋浪滄溟

開且脫佩劍休徘徊西得諸侯櫂錦水欲向何門踏珠履仲宣樓頭春色深靑眼高歌望吾

子眼中之人吾老矣

丹青引 贈曹將軍霸

將軍魏武之子孫於今爲庶爲淸門英雄割據雖[皆 一作已矣]文彩風流猶[作今尙]存學書初

學衞夫人但恨無過王右軍丹靑不知老將至富貴於我如浮雲開元之中嘗引見承恩數

上南薰殿凌煙功臣少顏色將軍下筆開生面良相頭上進賢冠猛將腰間大羽箭褒公鄂

公毛髮動英姿颯爽來酣戰先帝天馬玉花驄畫工如山貌不同是日牽來赤墀下迥立閶

闔生長風詔謂將軍拂絹素意匠慘澹經營中斯須九重眞龍出一洗萬古凡馬空玉花卻

在御榻上榻上庭前屹相向至尊含笑催賜金圉人太僕皆惆悵弟子韓幹早入室亦能畫

馬窮殊相幹惟畫肉不畫骨忍使驊騮氣凋喪將軍善畫蓋有神必[一作偶]逢佳士亦寫眞卽

今飄泊干戈際屢貌尋常行路人途窮反遭俗眼白世上未有如公貧但看古來盛名下終

日坎壈纏其身

古柏行

孔明廟前有老柏柯如靑銅根如石霜皮溜雨四十圍黛色參天二千尺君臣已與時際會

樹木猶爲人愛惜雲來氣接巫峽長月出寒通雪山白憶昨路遶錦亭東先主武侯同閟宮

崔嵬枝榦郊原古，窈窕丹青戶牖空。落落盤踞雖得地，冥冥孤高多烈風。扶持自是神明力，正直原因造化功。大廈如傾要梁棟，萬牛迴首丘山重。不露文章世已驚，未辭翦伐誰能送。苦心豈免容螻蟻，香葉終經宿鸞鳳。志士幽人莫怨嗟，古來材大難為用。

房兵曹胡馬

胡馬大宛名，鋒稜瘦骨成。竹批雙耳峻，風入四蹄輕。所向無空闊，真堪託死生。驍騰有如此，萬里可橫行。

春日憶李白

白也詩無敵，飄然思不羣。清新庾開府，俊逸鮑參軍。渭北春天樹，江東日暮雲。何時一樽酒，重與細論文。

重過何氏

落日平臺上，春風啜茗時。石欄斜點筆，桐葉坐題詩。翡翠鳴衣桁，蜻蜓立釣絲。自今幽興熟，來往亦無期。

月夜

今夜鄜州月，閨中祇獨看。遙憐小兒女，未解憶長安。香霧雲鬟濕，清輝玉臂寒。何時當（一作倚）虛幌，雙照淚痕乾。

春望

國破山河在城春草木深。感時花濺淚恨別鳥驚心。烽火連三月家書抵萬金。白頭搔

更短渾欲不勝簪。

月夜憶舍弟

戍鼓斷人行邊秋一雁聲。露從今夜白月是故鄉明。有弟皆分散無家問死生。寄書長

不達況乃未休兵。

天末懷李白

涼風起天末君子意如何。鴻雁幾時到江湖秋水多。文章憎命達魑魅喜人過。應共冤魂語

投詩贈汨羅

遺意二首

囀枝黃鳥近泛渚白鷗輕。一逕野花落孤村春水生。衰年催釀黍細雨更移橙。漸喜交遊絕

幽居不用名

檐影微微落津流脈脈斜。野船明細火宿鷺起_{舊作}圓沙。雲掩初弦月香傳小樹花。鄰人有

美酒稚子夜能賒

江亭

坦腹江亭暖長吟野望時水流心不競雲在意俱遲寂寂春將晚欣欣物自私江東猶苦戰。

回首一顰眉、錢本作故林歸末、得、排悶強裁詩。

旅夜書懷

細草微風岸危檣獨夜舟星垂平野闊月湧大江流名豈文章著官應老病休飄零一作何所似天地一沙鷗。

秋野

易識浮生理難教一物違水深魚極樂林茂鳥知歸衰老甘貧病榮華有是非秋風吹几杖不厭北山薇。

登岳陽樓

昔聞洞庭水今上岳陽樓吳楚東南坼乾坤日夜浮親朋無一字老病有孤舟戎馬關山北憑軒涕泗流。

題張氏隱居

春山無伴獨相求伐木丁丁山更幽澗道餘寒歷冰雪石門斜日到林邱不貪夜識金銀氣遠害朝看麋鹿遊乘興杳然迷出處對君疑是泛虛舟。

曲江二首

一片花飛減卻春風飄萬點正愁人且看欲盡花經眼莫厭傷多酒入脣江上小堂巢翡翠

苑邊高冢臥麒麟細推物理須行樂何事浮榮絆此身

朝回日日典春衣每日浦云,恐、向江頭盡醉歸酒債尋常行處有人生七十古來稀穿花蛺

蝶深深見一作點水蜻蜓款款飛傳語風光共流轉暫時相賞莫相違

蜀相

蜀相丞一作祠堂何處尋錦官城外柏森森映階碧草自春色隔葉黃鸝空好音三顧頻煩天

下計兩朝開濟老臣心出師未捷身先死長使英雄淚滿襟

江村

清江一曲抱村流長夏江村事事幽自去自來堂上燕相親相近水中鷗老妻畫紙爲棋局

稚子敲鍼作釣鈎多病所須惟藥物微軀此外更何求

恨別

洛城一別四千里作四三胡騎長驅五六七作草木變衰行劍外兵戈阻絕老江邊思家步

月清宵立憶弟看雲白日眠聞道河陽近乘勝司徒急爲破幽燕

南鄰

錦里先生烏角巾園收芋栗未全貧慣看賓客兒童戲得食階除鳥雀馴秋水纔深四五尺

野航恰受兩三人白沙翠竹江村暮相送柴門月色新。

客至<small>公自注，喜崔
至明府相過</small>

舍南舍北皆春水但見羣鷗日日來。花徑不曾緣客埽蓬門今始爲君開盤飧市遠無兼味。

樽酒家貧只舊醅肯與鄰翁相對飲隔籬呼取盡餘杯。

聞官軍收河南河北<small>薊一作冀</small>

劍外忽傳收薊北初聞涕淚滿衣裳卻看妻子愁何在漫卷詩書喜欲狂白首<small>白首一作放</small>

歌須縱酒青春作伴好還鄉即從巴峽穿巫峽便下襄陽向洛陽<small>公自注，余田園在東京</small>

登樓

花近高樓傷客心萬方多難此登臨錦江春色來天地玉壘浮雲變古今北極朝廷終不改

西山寇盜莫相侵可憐後主還祠廟日暮聊爲梁甫吟

宿府

清秋幕府井梧寒獨宿江城蠟炬殘永夜角聲悲自語中天月色好誰看風塵荏苒音書絕

關塞蕭條行路難已忍伶俜十年事強移棲息一枝安

詠懷古跡五首

支離東北風塵際漂泊西南天地間三峽樓臺淹日月五溪衣服共雲山羯胡事主終無賴。

詞客哀時且未還。庾信生平最蕭瑟，暮年詩賦動江關。搖落深知宋玉悲，風流儒雅亦吾師，悵望千秋一灑淚，蕭條異代不同時，江山故宅空文藻。雲雨荒臺豈夢思，最是楚宮俱泯滅，舟人指點到今疑。羣山萬壑赴荊門，生長明妃尚有村，一去紫臺連朔漠，獨留青冢向黃昏，畫圖省識春風面。環珮空歸月夜魂，千載琵琶作胡語，分明怨恨曲中論。蜀主窺吳幸三峽，崩年亦在永安宮，翠華想像空山裏，玉殿虛無野寺中，古廟杉松巢水鶴。歲時伏臘走村翁，武侯祠屋長鄰近，一體君臣祭祀同。諸葛大名垂宇宙，宗臣遺像肅清高，三分割據紆籌策，萬古雲霄一羽毛，伯仲之閒見伊呂。指揮若定失蕭曹，運移漢祚終難復，志決身殲軍務勞。

小寒食舟中作

佳辰強飲（一作食）食猶寒，隱几蕭條戴鶡冠，春水船如天上坐，老年花似霧中看，娟娟戲蝶過閒幔，片片輕鷗下急湍，雲白山青萬餘里，愁看直（一作西）北是長安。

歸鴈

八陣圖

春來萬里客，亂定幾年歸，腸斷江城雁，高高向北飛。

功蓋三分國名成^{一作}八陣圖江流石不轉遺恨失吞吳。

絕句漫興

腸斷江春欲盡頭杖藜徐步立芳洲顛狂柳絮隨風去輕薄桃花逐水流。

江畔獨步尋花

江深竹靜兩三家多事紅花映白花報答春光知有處應須美酒送生涯。

贈花卿

錦城絲管日紛紛半入江風半入雲此曲祇應天上有人閒能得幾回聞。

承聞河北諸道節度入朝歡喜口號絕句

英雄見事若通神聖哲為心小一身燕趙休矜出佳麗宮闈不擬選才人。

江南逢李龜年

岐王宅裏尋常見崔九堂前幾度聞正是江南好風景落花時節又逢君。

詩詞治要卷一

詩十五家

白居易　唐下邽人字樂天貞元中進士拔萃元和初入翰林為學士遷左拾遺奏凡十餘上後對殿中論執強鯁罷拜左贊善大夫出為江州司馬累遷杭蘇二州刺史文宗立遷刑部侍郎二李黨事與居易恥綠黨入升乃移病分司東都以太子少傅進馮翊侯會昌初以刑部尚書致仕與香山僧如滿結香火社自稱香山居士卒年七十五諡文居易文章精切尤工詩其詠歎時事多存諷刺與杜甫相似惟措辭平易老嫗都解世稱雞林行買魯其國相率篇易一金間有偽作者亦能辨之初與元稹倡和號元白又與劉禹錫齊名號劉白然其後張為作詩人主客圖獨推居易為廣大教化主元劉皆在堂室之列後世皆以張氏為知言著有白氏長慶集

秦中吟十首　錄六首

重賦

貞元元和之際予在長安聞見之間有足悲者因直歌其事命為秦中吟

厚地植桑麻所要濟生民生民理布帛所求活一身身外充征賦上以奉君親國家定兩稅本意在憂人厥初防其淫明敕內外臣稅外加一物皆以枉法論奈何歲月久貪吏得因循浚我以求寵斂索無冬春織絹未成疋繰絲未盈斤里胥迫我納不許暫逡巡歲暮天地閉

陰風生破村夜深煙火盡瑞雪白紛紛幼者形不蔽老者體無溫悲端與寒氣併入鼻中辛

昨日輸殘稅因窺官庫門繒帛如山積絲絮如雲屯號爲羨餘物隨月獻至尊奪我身上煖

買爾眼前恩進入瓊林庫歲久化爲塵

傷宅

誰家起甲第朱門大道邊豐屋中櫛比高牆外迴環纍纍六七堂簷宇相連延一堂費百萬

鬱鬱起青煙洞房溫且清寒暑不能忏高亭虛且迴坐臥見南山繞廊紫藤架夾砌紅藥闌

攀枝摘櫻桃帶花移牡丹主人此中坐十載爲大官廚有臭敗肉庫有貫朽錢誰能將我語

問爾骨肉間豈無窮賤者忍不救飢寒如何奉一身直欲保千年不見馬家宅今作奉誠園

傷友

陋巷孤寒士出門苦棲棲雖云志氣在豈免顏色低平生同門友通籍在金閨儻者膠漆契

邇來雲雨睽正逢下朝歸軒騎五門西是時天久陰三日雨淒淒飈避路立肥馬當風嘶

迴頭忘相識占道上沙隄昔年洛陽社貧賤相提攜今日長安道對面隔雲泥近日多如此

非君獨慘悽死生不變者惟聞任與黎

輕肥

意氣驕滿路鞍馬光照塵借問何爲者人稱是內臣朱紱皆大夫紫綬或將軍誇赴軍中宴

走馬去如雲。罇罍溢九醞。水陸羅八珍。果擘洞庭橘。膾切天池鱗。食飽心自若。酒酣氣益振。

是歲江南旱。衢州人食人

歌舞

秦中歲云暮。大雪滿皇州。雪中退朝者。朱紫盡公侯。貴有風雲興。富無飢寒憂。所營惟第宅。所務在追遊。朱輪車馬客。紅燭歌舞樓。歡酣促密坐。醉煖脫重裘。秋官為主人。廷尉居上頭。日中一為樂。夜半不能休。豈知閿鄉獄中有凍死囚。

買花

帝城春欲暮。喧喧車馬度。共道牡丹時。相隨買花去。貴賤無常價。酬值看花數。灼灼百朵紅。戔戔五束素。上張幄幕庇。旁織笆籬護。水灑復泥封。移來色如故。家家習為俗。人人迷不悟。有一田舍翁。偶來買花處。低頭獨長歎。此歎無人諭。一叢深色花。十戶中人賦。

燕詩示劉叟

叟有愛子背叟逃去叟少年時亦嘗如是故作燕詩以諭之

梁上有雙燕。翩翩雄與雌。銜泥兩椽間。一巢生四兒。四兒日夜長。索食聲孜孜。青蟲不易捕。黃口無飽期。嘴爪雖欲弊。心力不知疲。須臾十來往。猶恐巢中飢。辛勤三十日。母瘦雛漸肥。喃喃教言語。一一刷毛衣。一旦羽翼成。引上庭樹枝。舉翅不回顧。隨風四散飛。雌雄空中鳴。

聲盡呼不歸卻入空巢裏啁啾終夜悲燕燕爾勿悲爾當反自思思爾爲雛日高飛背母時

當時父母念今日爾應知

放魚

曉日提竹籃家童買春蔬青青芹蕨下疊臥雙白魚無聲但呀呀以氣相煦濡傾籃寫地上

撥剌長尺餘豈惟刀机憂坐見螻蟻圖脫泉雖已久得水猶可蘇放之小池中且用救乾枯

水小池窄狹動尾觸四隅一時幸苟活久遠將何如憐其不得所移放於南湖南湖連西江

好去勿踟躕施恩卽望報吾非斯人徒不須泥沙底辛苦覓明珠

觀刈麥　自注時爲盩厔縣尉

田家少閒月五月人倍忙夜來南風起小麥覆隴黃婦姑荷簞食童稚攜壺漿相隨餉田去

丁壯在南岡足蒸暑土氣背灼炎天光力盡不知熱但惜夏日長復有貧婦人抱子在其傍

右手秉遺穗左臂懸敝筐聽其相顧言聞者爲悲傷家田輸稅盡拾此充飢腸今吾何功德

曾不事農桑吏祿三百石歲宴有餘糧念此私自媿盡日不能忘

翫止水

動者樂流水靜者樂止水利物不如流鑒形不如止淒淸早霜降淅瀝微風起中面紅葉開

四隅綠萍委廣狹八九丈灣環有涯涘淺深三四尺洞徹無表裏淨分鶴翹足澄見魚掉尾

迎眸洗眼塵隔胸蕩心滓定將禪不別明與誠相似清能律貪夫澹可交君子豈唯空猊瓿

亦取相倫擬欲識靜者心心源只如此

池上篇

都城風土水木之勝。在東南偏。東南之勝。在履道里。里之勝。在西北隅。西開北垣第
一第。即白氏叟樂天退老之地。地方十七畝。屋室三之一。水五之一。竹九之一。而島
樹橋道閒之。初樂天旣爲主。喜且曰。雖有臺。無粟不能守也。乃作池東粟廩。又曰雖
有子弟無書不能訓也。乃作池北書庫。又曰。雖有賓朋。無酒不能娛也。乃作池西
琴亭。加石樽焉。樂天罷杭州刺史時。得天竺石一華亭鶴二以歸。始作中高橋。開環
池路罷蘇州刺史時。得太湖石白蓮折腰菱青板舫以歸。作中高橋通三島逕。罷
刑部侍郎時。有粟千斛書一車。泊臧獲之習。箜篌磬絲歌者指百以歸。先是潁川陳孝
山與釀法酒味甚佳。博陵崔晦叔與琴韻甚清。蜀客姜發授秋思聲甚淡。弘農楊貞
一與青石三方長平滑。可以坐臥太和三年夏。樂天始得請爲太子賓客分秩於洛
下。息躬於池上。凡三任所得。四人所與。泊吾不才。今率爲池中物矣。每至池風春
池月秋水香蓮開之旦。露清鶴唳之夕。拂楊石舉陳酒援崔琴彈姜秋思。頹然自適
不知其他。酒酣琴罷。又命樂童登中島亭。合奏霓裳散序。聲隨風飄。或凝或散悠揚

於竹煙波月之際者久之曲未竟而樂天陶然已醉睡於石上矣睡起偶詠非詩非
賦阿龜握筆因題石間視其粗成韻章命爲池上篇云爾

十畝之宅五畝之園有水一池有竹千竿勿謂土狹勿謂地偏足以容膝足以息肩有堂有
亭有橋有船有書有酒有絃有叟在中白鬚飄然識分知足外無求焉如鳥擇木姑務
巢安如龜居坎不知海寬靈鶴怪石紫菱白蓮皆吾所好盡在吾前時飲一杯或吟一篇妻
孥熙熙雞犬閒閒優哉游哉吾將終老乎其間

新樂府五十首 錄十五首

序曰凡九千二百五十二言斷爲五十篇篇無定句句無定字繫於意不繫於文首
句標其目卒章顯其志詩三百之義也其辭質而徑欲見之者易諭也其言直而切
欲聞之者深誠也其事覈而實使采之者傳信也其體順而律可以播於樂章歌曲
也總而言之爲君爲臣爲民爲物爲事而作不爲文而作也

海漫漫　戒求仙也

海漫漫直下無底旁無邊雲濤煙浪最深處人傳中有三神山山上多生不死藥服之羽化
爲天仙秦皇漢武信此語方士年年采藥去蓬萊今古但聞名煙水茫茫無覓處海漫漫風
浩浩眼穿不見蓬萊島不見蓬萊不敢歸童男丱女舟中老徐福文成多誑誕上元太一虛

祈禱君看驪山頂上茂陵頭畢竟悲風吹蔓草何況玄元聖祖五千言不言藥不言仙不言

白日昇青天。

上陽白髮人　愍怨曠也。

上陽人紅顏暗老白髮新綠衣監使守宮門一閉上陽多少春玄宗末歲初選入時十六今六十同時採擇百餘人零落年深殘此身憶昔吞悲別親族扶入車中不教哭皆云入內便承恩臉似芙蓉胸似玉未容君王得見面已被楊妃遙側目妬令潛配上陽宮一生遂向空房宿秋夜長夜長無寐天不明耿耿殘燈背壁影蕭蕭暗雨打窗聲春日遲遲獨坐天難暮宮鶯百囀愁厭聞梁燕雙棲老休妬鶯歸燕去長悄然春往秋來不記年唯向深宮望明月東西四五百迴圓今日宮中年最老大家遙賜尚書號小頭鞵履窄衣裳青黛點眉眉細長外人不見見應笑天寶末年時世樣　一作樣　妝上陽人苦最多少亦苦老亦苦少苦兩如何君不見昔時呂向美人賦又不見今日上陽白髮歌。

胡旋女　戒近習也。

胡旋女。胡旋女。心應絃手應鼓。絃鼓一聲雙袖舉迴雪飄颻轉蓬舞。左旋右轉不知疲千帀萬周無已時人閒物類無可比奔車輪緩旋風遲曲終再拜謝天子天子為之微啟齒胡旋女出康居徒勞東來萬里餘中原自有胡旋者鬥妙爭能爾不如天寶季年時欲變臣妾人

人學圓轉中有太眞外祿山二人最能胡旋梨花園中册作妃金雞障下養爲兒祿山胡
旋迷君眼兵過黃河疑未反貴妃胡旋惑君心死棄馬嵬念更深從茲地軸天維轉五十年
來制不禁胡旋女莫空舞數唱此歌悟明主

新豐折臂翁　戒邊功也

新豐老翁八十八頭鬢眉鬚皆似雪玄孫扶向店前行左（一作右）臂憑肩右（一作左）臂折問翁臂
折來幾年兼問致折何因緣翁云貫屬新豐縣生逢聖代無征戰慣聽梨園歌管聲不識旗
槍與弓箭無何天寶大徵兵戶有三丁點一丁點得驅將何處去五月萬里雲南行聞道雲
南有瀘水椒花落時瘴煙起大軍徒涉水如湯未過十（一作戰）人二三死邨南邨北哭聲哀兒
別耶孃夫別妻皆云前後征蠻者千萬人行無一回是時翁年二十四兵部牒中有名字夜
深不致使人知偸將一把大石槌折臂張弓簸旗俱不堪從茲始免征雲南骨碎筋傷非不
苦且圖揀退歸鄉土此臂折來六十年一肢雖廢一身全至今風雨陰寒夜直到天明痛不
眠痛不眠終不悔且喜老身今獨在不然當時瀘水頭身死魂飛骨不收應作雲南望鄉鬼
萬人家上哭呦呦老人言君聽取君不聞開元宰相宋開府不賞邊功防黷武又不聞天寶
宰相楊國忠欲求恩幸立邊功邊功未立生民怨請問新豐折臂翁

道州民　美賢臣遇明主也

道州民多侏儒長者不過三尺餘市作矮奴年進奉號爲道州任土貢任土貢寧若斯不聞

使人生別離老翁哭孫母哭兒一自陽城來守郡不進矮奴頻詔問城云臣按六典書任土

貢有不貢無道州水土所生者只有矮民無矮奴吾君感悟璽書下歲貢矮奴宜悉罷道州

民老者幼者何欣欣父子兄弟始相保從此得作良人身道州民民到于今受其賜欲說使

君先下淚仍恐兒孫忘使君生男多以陽爲字

縛戎人　達窮民之情也

縛戎人縛戎人耳穿面破驅入秦天子矜憐不忍殺詔徙東南吳與越黃衣小使錄姓名領

出長安乘遞行身被金瘡面多瘢扶病徒行日一驛朝飡飢渴費杯盤夜臥腥臊汚牀席忽

逢江水憶交河垂手齊聲唱〔一作嗚咽歌〕其中一虜語諸虜苦非多我苦多同伴行人因借

問欲說喉中氣憤憤自云鄉管〔一作貫〕本涼原大曆年中沒落蕃一落蕃中四十載身著皮裘

繫毛帶唯許正朝服漢儀斂衣整巾潛淚垂誓心密定歸鄉計不使審中妻子知暗思幸有

殘筋骨更恐年衰歸不得蕃候嚴兵鳥不飛脫身冒死奔逃歸晝伏宵行經大漠雲陰月黑

風沙惡驚藏青冢寒草疏偷度黃河夜冰薄忽聞漢軍鼙鼓聲路旁走出再拜迎游騎不聽

能漢語將軍遂縛作蕃生配向江南卑濕地睪無存卹空防備念此吞聲仰訴天若爲辛苦

度殘年涼原鄉井不得見胡地妻兒虛棄捐沒蕃被囚思漢土歸漢被劫爲蕃虜早知如此

悔歸來。兩地寧如一處苦縛戎人戎人之中我苦辛自古此寃應未有漢心漢語吐蕃身。

青石　　激忠烈也

青石出自藍田山兼車運載來長安工人磨琢欲何用我代言不願作人家墓前
神道碣墳土未乾名已滅不願作官家道旁德政碑不鐫實錄虛辭願爲顏氏段氏碑雕
鏤太尉與太師刻此兩片堅貞質彼二人忠烈姿義心若石石不轉死節名流確不移如
觀奮擊朱泚日似見叱呵希烈時各於其上題名誌一置高山一沈水陵谷雖遷碑獨存骨
化爲塵名不死長使不忠不烈臣觀碑改節慕爲人慕爲人勸事君

西涼伎　　刺封疆之臣也

西涼伎假面胡人假獅子刻木爲頭絲作尾金鍍眼睛銀帖齒奮迅毛衣擺雙耳如從流沙
來萬里紫髯深目兩胡兒鼓舞跳梁前致辭應似涼州陷沒時須臾云得
新消息安西路絕歸不得泣向獅子涕雙垂涼州陷日知不知獅子回頭向西望哀吼一聲
觀者悲貞元邊將愛此曲醉坐笑看看不足享賓犒士宴三軍獅子胡兒長在目有一征夫
年七十見弄涼州低面泣泣罷斂手白將軍主憂臣辱昔所聞自從天寶兵戈起犬戎日夜
吞西鄙涼州陷來四十年河隴侵將七千里平時安西萬里疆今日邊防在鳳翔緣邊空屯
十萬卒飽食溫衣閑過日遺民腸斷在涼州將卒相看無意收天子每思常痛惜將軍欲說

合慚羞奈何仍看西涼伎取笑資歡無所媿縱無智力未能收忍取西涼弄爲戲

牡丹芳 美天子憂農也

牡丹芳牡丹芳黃金蘂綻紅玉房千片赤英霞爛爛百枝絳熖燈煌煌照地初開錦繡段當
風不結蘭麝囊仙人琪樹白無色王母桃花小不香宿露輕盈汎紫豔朝陽照耀生紅光紅
紫二色間深淺向背萬態隨低昂映葉多情隱羞面臥叢無力含醉妝低嬌笑容疑掩口凝
思怨人如斷腸穠姿貴彩信奇絕雜卉亂花無比方石竹金錢何細碎芙蓉芍藥苦尋常遂
使王公與卿相遊花冠蓋日相望庳車輭輿貴公主香衫細馬豪家郎衞公宅靜閉東院西
明寺深開北廊戲蝶雙舞看人久殘鶯一聲春日長共愁日照芳難駐仍張帷幕垂陰涼花
開花落二十日一城之人皆若狂三代以還文勝質人心重華不重實重華直至牡丹芳其
來有漸非今日元和天子憂農桑恤下動天天降祥去歲嘉禾生九穗田中寂寞無人至今
年瑞麥分兩歧君心獨喜無人知無人知可歎息我願暫求造化力減卻牡丹妖豔色少迴
卿士愛花心同似吾君憂稼穡

紅線毯 憂蠶桑之費也

紅線毯擇繭繰絲清水煮揀絲練線紅藍染染爲紅線紅於花織作披香殿上毯披香殿廣
十丈餘紅線織成可殿鋪綵絲茸茸香拂拂線頓花虛不勝物美人蹋上歌舞來羅襪繡鞋

隨步沒太原毾㲪毛縷硬蜀都襪薄錦花冷不如此毾㲪溫且柔年年十月來宣州宣州太守

加樣織自謂爲臣能竭力百夫同擔進宮中線厚絲多卷不得宣州太守知不知一丈毾㲪用

千兩絲地不知寒人要煖少奪人衣作地衣

杜陵叟　傷農夫之困也。

杜陵叟杜陵居歲種薄田一頃餘三月無雨旱風起麥苗不秀多黃死九月降霜秋早寒禾

穗未熟皆靑乾長吏明知不申破急斂暴徵求考課典桑寶地納官租明年衣食將何如剝

我身上帛奪我口中粟虐人害物卽豺狼何必鈎爪鋸牙食人肉不知何人奏皇帝帝心惻

隱知人弊白麻紙上書德音京畿盡放今年稅昨日里胥方到門手持尺牒牓鄉村十家租

稅九家畢虛受吾君蠲免恩

繚綾　念女工之勞也。

繚綾繚綾何所似不似羅綃與紈綺應似天台山上月前四十五尺瀑布泉中有文章又

奇絕地鋪白煙花簇雪織者何人衣者誰越溪寒女漢宮姬去年中使宣口敕天上取樣人

間織織爲雲外秋鴈行染作江南春草色廣裁衫袖長製裙金斗熨波刀翦紋異彩奇文相

隱映轉側看花花不定昭陽舞人恩正深春衣一對直千金汗沾粉汙不再著曳土蹋泥無

惜心繚綾織成費功績莫比尋常繒與帛絲細繰多女手疼扎扎千聲不盈尺昭陽殿裏歌

舞人若見織時應也惜。

賣炭翁　苦宮市也

賣炭翁伐薪燒炭南山中滿面塵灰煙火色兩鬢蒼蒼十指黑賣炭得錢何所營身上衣裳口中食可憐身上衣正單心憂炭賤願天寒夜來城外一尺雪曉駕炭車輾冰轍牛困人飢日已高市南門外泥中歇兩騎翩翩來是誰黃衣使者白衫兒手把文書口稱敕迴車叱牛牽向北一車炭重千餘斤宮使驅將惜不得半匹紅紗一丈綾繫向牛頭充炭直

隋堤柳　憫亡國也

隋堤柳歲久年深盡衰朽風飄飄兮雨蕭蕭三株兩株汴河口老枝病葉愁殺人曾經大業年中春大業年中煬天子種柳成行夾流水西自黃河東至淮綠影一千三百里大業末年春暮月柳色如煙絮如雪南幸江都恣佚遊應將此樹蔭龍舟紫髯郎將護錦纜青蛾御史直迷樓海內財力此時竭舟中歌笑何日休上荒下困勢不久宗社之危如綴旒煬天子自言福祚長無窮豈知皇子封鄴公義旗已入長安宮蕭牆禍生人事變晏駕不得歸秦中土墳數尺何處葬吳公臺下多悲風二百年來汴河路沙草和煙朝復暮後王何以鑒前王請看隋堤亡國樹

采詩官　鑒前王亂亡之由也

采詩官采詩聽歌導人言言者無罪聞者誠下流上通上下泰周滅秦興至隋氏十代采詩
官不置郊廟登歌讚君美樂府豔詞悅君意若求與論規刺言萬句千章無一字不是章句
無規刺漸及朝廷絕諷議謗臣杜口爲完員諫鼓高懸作虛器一人貪展常端默百辟入門
皆自媚夕郎所賀皆德音春官每奏唯祥瑞君之堂兮千里遠君之門兮九重閟君耳唯聞
堂上言君眼不見門前事貪吏害民無所忌奸臣蔽君無所畏君不見厲王胡亥之末年羣
臣有利君無利君兮君兮願聽此欲開壅蔽達人情先向歌詩求諷刺

長恨歌

漢皇重色思傾國御宇多年求不得楊家有女初長成養在深閨人未識天生麗質難自棄
一朝選在君王側迴眸一笑百媚生六宮粉黛無顏色春寒賜浴華清池溫泉水滑洗凝脂
侍兒扶起嬌無力始是新承恩澤時雲鬢花顏金步搖芙蓉帳暖度春宵春宵苦短日高起
從此君王不早朝承歡侍宴無閒暇春從春遊夜專夜後宮佳麗三千人三千寵愛在一身
金屋妝成嬌侍夜玉樓宴罷醉和春姊妹弟兄皆列土可憐光彩生門戶遂令天下父母心
不重生男重生女驪宮高處入青雲仙樂風飄處處聞緩歌縵舞凝絲竹盡日君王看不足
漁陽鞞鼓動地來驚破霓裳羽衣曲九重城闕煙塵生千乘萬騎西南行翠華搖搖行復止
西出都門百餘里六軍不發無奈何宛轉蛾眉馬前死花鈿委地無人收翠翹金雀玉搔頭

一〇〇

君王掩面救不得。回看血淚相和流。黃埃散漫風蕭索。雲棧縈紆登劍閣。峨嵋山下少人行。
旌旗無光日色薄。蜀江水碧蜀山青。聖主朝朝暮暮情。行宮見月傷心色。夜雨聞鈴腸斷聲。
天旋日轉迴龍馭。到此躊躇不能去。馬嵬坡下泥土中。不見玉顏空死處。君臣相顧盡沾衣。
東望都門信馬歸。歸來池苑皆依舊。太液芙蓉未央柳。芙蓉如面柳如眉。對此如何不淚垂。
春風桃李花開日。秋雨梧桐葉落時。西宮南苑多秋草。落葉滿階紅不埽。梨園弟子白髮新。
椒房阿監青娥老。夕殿螢飛思悄然。一作 燈挑盡未成眠。遲遲鐘鼓初長夜。耿耿星河欲
曙天鴛鴦瓦冷霜華重。翡翠衾寒誰與共。悠悠生死別經年。魂魄不曾來入夢。臨邛道士鴻
都客能以精誠致魂魄。為感君王展轉思。遂教方士殷勤覓。排空馭氣奔如電。升天入地求
之遍。上窮碧落下黃泉。兩處茫茫皆不見。忽聞海上有仙山。山在虛無縹緲間。樓閣玲瓏五
雲起。其中綽約多仙子。中有一人字太真。雪膚花貌參差是。金闕西廂叩玉扃。轉教小玉報
雙成。聞道漢家天子使。九華帳裏夢魂驚。攬衣推枕起徘徊。珠箔銀屏迤邐開。雲鬢半偏新
睡覺花冠不整下堂來。風吹仙袂飄颻舉。猶似霓裳羽衣舞。玉容寂寞淚闌干。梨花一枝春
帶雨含情凝睇謝君王。一別音容兩渺茫。昭陽殿裏恩愛絕。蓬萊宮中日月長。回頭下望人
寰處不見長安見塵霧。唯將舊物表深情。鈿合金釵寄將去。釵留一股合一扇。釵擘黃金合
分鈿但教心似金鈿堅天上人間會相見。臨別殷勤重寄詞。詞中有誓兩心知。七月七日長

生殿夜半無人私語時在天願作比翼鳥在地願爲連理枝天長地久有時盡此恨綿綿無盡期。

琵琶行

元和十年予左遷九江郡司馬明年秋送客溢浦口聞舟中夜彈琵琶者聽其音錚錚然有京都聲問其人本長安倡女嘗學琵琶於穆曹二善才年長色衰委身爲賈人婦遂命酒使快彈數曲曲罷憫然自敍少小時歡樂事今漂淪憔悴轉徙於江湖閒予出官二年恬然自安感斯人言是夕始覺有遷謫意因爲長句歌以贈之凡六百一十二言命曰琵琶行

潯陽江頭夜送客楓葉荻花秋瑟瑟主人下馬客在船舉酒欲飲無管絃醉不成歡慘將別別時茫茫江浸月忽聞水上琵琶聲主人忘歸客不發尋聲暗問彈者誰琵琶聲停欲語遲移船相近邀相見添酒回燈重開宴千呼萬喚始出來猶抱琵琶半遮面轉軸撥絃三兩聲未成曲調先有情絃絃掩抑聲聲思似訴平生不得志低眉信手續續彈說盡心中無限事輕攏慢撚抹復挑初爲霓裳後六么大絃嘈嘈如急雨小絃切切如私語嘈嘈切切錯雜彈大珠小珠落玉盤閒關鶯語花底滑幽咽泉流水下灘水泉冷澀絃疑絕疑絕不通聲暫歇別有幽情暗恨生此時無聲勝有聲銀瓶乍破水漿迸鐵騎突出刀槍鳴曲終收撥當心畫

四絃一聲如裂帛。東船西舫悄無言。唯見江心秋月白。沈吟放撥插絃中整頓衣裳起歛容。
自言本是京城女。家在蝦蟆陵下住。十三學得琵琶成名屬教坊第一部曲罷曾教善才伏。
妝成每被秋孃妒。五陵年少爭纏頭。一曲紅綃不知數鈿頭銀箆擊節碎血色羅裙翻酒汚。
今年歡笑復明年。秋月春風等閒度。弟走從軍阿姨死暮去朝來顏色故門前冷落鞍馬稀。
老大嫁作商人婦。商人重利輕別離。前月浮梁買茶去去來江口守空船遶船月明江水寒。
夜深忽夢少年事。夢啼妝淚紅闌干我聞琵琶已歎息又聞此語重唧唧同是天涯淪落人。
相逢何必曾相識我從去年辭帝京謫居臥病潯陽城潯陽地僻無音樂終歲不聞絲竹聲。
住近湓江地低溼黃蘆苦竹遶宅生其閒旦暮聞何物杜鵑啼血猿哀鳴春江花朝秋月夜。
往往取酒還獨傾豈無山歌與村笛嘔啞嘲哳難為聽今夜聞君琵琶語如聽仙樂耳暫明。
莫辭更坐彈一曲為君翻作琵琶行感我此言良久立卻坐促絃絃轉急淒淒不似向前聲。
滿座重聞皆掩泣座中泣下誰最多江州司馬青衫溼。

放旅雁

九江十年冬大雪江水生冰樹枝折百鳥無食東西飛中有旅雁聲最飢雪中啄草冰上宿。
翅冷騰空飛動遲江童持網捕將去手攜入市生賣之我本北人今謫謫人鳥雖殊同是客。
見此客鳥傷客人贖汝放汝飛入雲雁雁汝飛向何處第一莫飛西北去淮西有賊討未平

百萬甲兵久屯聚官軍賊軍相守老食盡兵窮將及汝健兒飢餓射汝喫拔汝翅翎為箭羽

浩歌行

天長地久無終畢昨夜今朝又明日鬢髮蒼浪牙齒疏不覺身年四十七前去五十有幾年
把鏡照面心茫然既無長繩繫白日又無大藥駐朱顏朱顏日漸不如故青史功名在何處
欲留年少待富貴富貴不來年少去今如長河東流赴海無迴波賢愚貴賤同歸盡
北邙家墓高嵯峨古來如此非獨我未死有酒且高歌顏回短命伯夷餓我今所得亦已多
功名富貴須待命命若不來爭奈何

雪中晏起偶詠所懷兼呈張常侍韋庶子皇甫郎中

窮陰蒼蒼雪雰雰雪深沒脛泥埋輪東家典錢歸礑夜南家貰米出淩晨我獨何者無此弊
複帳重衾暖若春怕寒放嬾不肯動日高睡足方頻伸餅中有酒爐中有炭甕中有飯庖有薪
奴溫婢飽身晏起致茲快活良有因上無皋陶伯益廟材既不能匡君輔國活生民下無
巢父許由箕穎操又不能食薇飲水自苦辛君不見南山悠悠多白雲又不見北闕浩浩唯
紅塵紅塵開熱白雲冷好於冷熱中閒安置身三年徵俸忝洛尹兩任優穩為商賓非賢非
愚非智慧不富不貴不賤貧冉冉老去過六十騰騰閒來經七春不知張韋與皇甫私喚我
作何如人。

賦得古原草送別

離離原上草一歲一枯榮野火燒不盡春風吹又生遠芳侵古道晴翠接荒城又送王孫去萋萋滿別情

宴散

小宴追涼散平橋步月回笙歌歸院落鐙火下樓臺殘暑蟬催盡新秋雁帶來將何迎睡興臨臥舉殘杯

久不見韓侍郎戲題四韻贈之

近來韓閣老疏我我心知戶大嫌甜酒才高笑小詩靜吟乘月夜閑醉曠花時還有愁同處春風滿鬢絲

西樓

小郡大江邊危樓夕照前青蕪卑溼地白露寂寥天鄉國此時阻家書何處傳仍聞陳蔡戍轉戰已三年

苦熱

何以消煩暑端居一院中眼前無長物牕下有清風熱散由心靜涼生為室空此時身自得難更與人同

欲與元八卜鄰先有是贈

平生心迹最相親欲隱牆東不爲身明月好同三徑夜綠楊宜作兩家春每因暫出猶思伴

豈得安居不擇鄰何獨終身數相見子孫長作隔牆人

自河南經亂關內阻飢兄弟離散各在一方因望月有感聊書所懷寄上

浮梁大兄於潛七兄烏江十五兄兼示符離及下邽弟妹

時難年荒世業空弟兄羈旅各西東田園寥落干戈後骨肉流離道路中弔影分爲千里雁

辭根散作九秋蓬共看明月應垂淚一夜鄉心五處同

贈楊祕書巨源

早聞一箭取遼城相識雖新有故情清句三朝誰是敵白鬚四海半爲兄貧家薙草時時入

瘦馬尋花處處行不用更敎詩過好折君官職是聲名

錢塘湖春行

孤山寺北賈亭西水面初平雲腳低幾處早鶯爭暖樹誰家新燕啄春泥亂花漸欲迷人眼

淺草纔能沒馬蹄最愛湖東行不足綠楊陰裏白沙隄

春題湖上

湖上春來似畫圖亂峰圍繞水平鋪松排山面千重翠月點波心一顆珠碧毯線頭抽早稻

青蘿裙帶展新蒲　未能拋得杭州去　一半句留是此湖。

病中多雨逢寒食

水國多陰常懶出　老夫饒病愛閒眠　三旬臥度鶯花月　一半春消風雨天。薄暮何人吹觱篥。新晴幾處縛鞦韆採繩芳樹長如舊惟是年年換少年

編集拙詩成一十五卷因題卷末戲贈元九李二十

一篇長恨有風情　十首秦吟近正聲　每被老元偷格律　苦教短李伏歌行世間富貴應無分。身後文章合有名莫怪氣粗言語大新排十五卷詩成

池畔二首

結構池西廊　疏理池東樹此意人不知　欲爲待月處

持刀剔密竹　竹少風來多此意人不會　欲令池有波。

閨怨詞二首

珠箔籠寒月　紗窗背曉燈夜來巾上淚　一半是春冰。

關山征戍遠　閨閣別離難苦戰應顦顇　寒衣不要寬。

同李十一醉憶元九

花時同醉破春愁醉折花枝當酒籌忽憶故人天際去計程今日到梁州。

邯鄲至夜思親

邯鄲驛裏逢冬至。抱膝燈前影伴身。想得家中夜深坐。還應說著遠遊人。

白雲泉

天平山上白雲泉。雲自無心水自閒。何必奔衝山下去。更添波浪向人間。

贈江客

江柳影寒新雨地。塞鴻聲急欲霜天。愁君獨向沙頭宿。水繞蘆花月滿船。

別種東坡花樹

三年留滯在江城。草樹禽魚盡有情。何處殷勤重回首。東坡桃李種新成。

詩詞治要卷一

詩十五家

蘇軾

宋眉山人字子瞻博通經史嘉祐中試禮部歐陽修擢置第二曰吾當避此人出一頭地簽書鳳翔府判官召直史官熙寧中王安石創行新法軾上書論其不便安石怒使御史謝景溫論奏其過窮治無所得軾遂請外通判杭州再徙知湖州言者摭其詩語以爲訕謗逮赴臺獄欲置之死鍛鍊久不决以黃州團練副使安置軾築室於東坡自號東坡居士移汝州元祐中累官翰林學士兼侍讀以龍圖閣學士知杭州召爲翰林承旨歷端明殿翰林侍讀兩學士出知惠州紹聖中累貶瓊州別駕赦還建中靖國初卒年六十六諡文忠軾工古文與父洵弟轍所作並爲大家世稱三蘇又工詩才氣橫溢不主一格於李杜外自闢門庭後世論宋詩者皆首屈一指焉有東坡全集若干種

夜泊牛口

日落江霧生繫舟宿牛口居民偶相聚三四依古柳貧薪出深谷見客喜且售煮蔬爲夜飧安識肉與酒朔風吹茅屋破壁見星斗兒女自咿嚘亦足樂且久人生本無事苦爲世味誘富貴燿吾前貧賤獨難守誰知深山子甘與麋鹿友置身落蠻荒生意不自陋今予獨何者汲汲強奔走

李氏園今為王氏所有。自注。李茂貞園也。

朝游北城東回首見修竹。下有朱門家破牆圍古屋。舉鞭叩其戶。幽響答空谷入門所見夥。

十步九移目異花兼四方。野鳥喧百族。其西引溪水活活轉牆曲東注入深林深牗戶綠。

水光兼竹淨時有獨立鵠。林中百尺松。歲久蒼鱗蠻豈惟此地少意恐關中獨小橋過南圃。

夾道多喬木隱如城百雉。挺若舟千斛陰陰日光淡黯黯秋氣蓄盡東為方池野雁家驚。

紅梨驚合抱映島孤雲馥春光水溶漾雪陣風翻撲其北臨長溪波聲卷平陸北山臥可見。

蒼翠間磽堯我時來周覽問此誰所築云昔李將軍貧險乘衰叔抽錢算閒口但未權羹粥。

當時奪民田失業安敢哭。誰家美園圃籍沒不容贖此亭破千家鬱鬱城之麓。將軍竟何事。自注。俗猶呼皇后園。我今

蠻蝨生刀鞱何嘗載美酒來此駐車轂空使後世人聞名猶縮蓋貞謂其妻也。

官正閒屢至因休沐人生營居止竟為何人卜何當辦一身永與清景逐

潁州初別子由二首

征帆挂西風別淚滴清潁留連知無益惜此須臾景我生三度別此別尤酸冷念子似先君

木訥剛且靜寡辭真吉人介石乃機警至今天下士去莫如子猛嗟我久病狂意行無坎井

有如醉且墜幸未傷輒醒從今得閒暇默坐消日永作詩解子憂持用日三省

近別不改容遠別涕霑胸咫尺不相見實與千里同人生無別離誰知恩愛重始我來宛邱

牽衣舞兒童便知有此恨留我過秋風秋風亦已過別恨終無窮間我何年歸我言歲在東。

離合既循環憂喜迭相攻語此長太息我生如飛蓬多憂髮早白不見六一翁。

過雲龍山人張天驥

郊原雨初足風日清且好病守亦欣然肩輿白門道荒田咽蚓蚓村巷懸梨棗下有幽人居。

閉門空雀噪西風高正厲落葉紛可掃孤童臥斜日病馬放秋草墟里通有無垣牆任摧倒。

君家本冠蓋絲竹鬧鄰保脫身聲利中道德自灌澡躬耕抱羸疾奉養百歲老詩書嘗吻頗。

菽水媚翁嫗饑寒天隨子杞菊自擷芼慈孝董邵南雞狗相乳抱吾生如寄耳歸計失不蚤。

故山豈敢忘但恐迫華皓從君好種秫斗酒時自勞。

雨中過舒教授

疏疏簾外竹瀏瀏竹間雨檣扉靜無塵几硯寒生霧美人樂幽獨有得緣無慕坐依蒲褐禪。

起聽風甌語客來淡無有灑掃涼冠履濃茗洗積昏妙香淨無慮歸來北堂閣一二微螢度。

此生憂患中一飽安閒處飛鳶悔前笑黃犬悲晚悟自非陶靖節誰識此間趣。

梵天寺見僧守詮小詩清婉可愛次韻 杭州圖經云。寺在鳳凰山下。守詮詩。落日寒蟬。獨歸林下寺。柴扉夜未掩。片月隨行屨。惟聞

犬吠聲。又入青蘿去。

但聞煙外鐘不見煙中寺幽人行未已草露霑芒屨惟應山頭月夜夜照來去。

書焦山綸長老壁

法師住焦山。而實未嘗住。我來輒問法。法師了無語。法師非無語。不知所答故。君看頭與足。

本自安冠屨。譬如長鬣人。不以長爲苦。一日或人問。每睡安所措。歸來被上下。一夜著無處。

展轉遂達晨。意欲盡鑷去。此言雖鄙淺。故自有深趣。持此問法師。法師一笑許。

石鼓歌

冬十二月歲辛丑。我初從政見魯叟。舊聞石鼓今見之。文字鬱律蛟蛇走。細觀初以指畫肚。

欲讀嗟如箝在口。韓公好古生已遲。我今況又百年後。強尋偏傍推點畫。時得一二遺八九。

我車既攻馬亦同。（其魚維鱮貫之柳。公自注。其詞云。我車既攻。我馬既同。又云。其魚維何。維楊與柳。惟此六句可讀。餘多不可通。）

古器縱橫猶識鼎。眾星錯落僅名斗。模糊半已似瘢胝。詰曲猶能辨跟肘。娟娟缺月隱雲

霧。濯濯嘉禾秀稂莠。漂流百戰偶然存。獨立千載誰與友。上追軒頡相唯諾。下揖冰斯同鷇

縠。憶昔周宣歌鴻雁。當時籀史變蝌蚪。厭亂人方思聖賢。中興天爲生耆耈。東征徐虜闞虓

虎。北伐犬戎隨指嗾。象胥雜沓貢狼鹿。方召聯翩賜圭卣。遂因鼓鼙思將帥。豈爲考擊煩撾

瞍。何人作頌比崧高。萬古斯文齊岣嶁。勳勞至大不矜伐。文武未遠猶忠厚。欲尋年歲無甲

乙。豈有名字記誰某。自從周衰更七國。竟使秦人有九有。埽除詩書誦法律。投棄俎豆陳

紐。當年何人佐祖龍。上蔡公子牽黃狗。登山刻石頌功烈。後者無繼前無偶。皆云皇帝巡四

取暴君縱欲窮人力神物義不污秦垢是時石皷何處避無乃天公令鬼守興亡百變物自

閒富貴一朝名不朽細思物理坐歎息人生安得如汝壽

石蒼舒醉墨堂

人生識字憂患始姓名麤記可以休何用草書誇神速開卷懍悅令人愁我嘗好之每自笑

君有此病何能瘳自言其中有至樂適意無異逍遙游近者作堂名醉墨如飲美酒銷百憂

乃知柳子語不妄病嗜土炭如珍羞君於此藝亦云至堆牆敗筆如山邱興來一揮百紙盡

駿馬倏忽踏九州我書意造本無法點畫信手煩推求胡爲議論獨見假隻字片紙皆藏收

不減鍾張君自足下方羅趙我亦優不須臨池更苦學完取絹素充衾裯

送安惇秀才失解西歸

舊書不厭百回讀熟讀深思子自知他年名宦恐不免今日棲遲那可追我昔家居斷還往

箸書不復窺園葵朅來東游慕人爵棄去舊學從兒嬉狂謀謬算百不遂惟有霜鬢來如期

故山松柏皆手種行且拱矣歸何時萬事早知皆有命十年浪走寧非癡與君未可較得失

臨別惟有長嗟咨

辛丑十一月十九日既與子由別於鄭州西門之外馬上賦詩一篇寄之

不飲胡爲醉兀兀，此心已逐歸鞍發。歸人猶自念庭闈，今我何以慰寂寞。登高回首坡隴隔，

惟見烏帽出復沒。苦寒念爾衣裘薄，獨騎瘦馬踏殘月。路人行歌居人樂，僮僕怪我苦悽惻。

亦知人生要有別，但恐歲月去飄忽。寒燈相對記疇昔，（自注：嘗有夜雨對牀之言，故云爾。）夜雨何時聽蕭瑟，君知此意不可忘，

愼勿苦愛高官職。

自金山放船至焦山

金山樓觀何耽耽，撞鐘擊鼓聞淮南。焦山何有有修竹，採薪汲水僧兩三。雲霾浪打人迹絕，

時有沙戶祈春蠶。（公自注：吳人謂水中可田者爲沙。）我來金山更留宿，而此不到心懷歉。同游盡返決獨往，

賦命窮薄輕江潭。清晨無風浪自湧，中流歌嘯倚半酣。老僧下山驚客至，迎笑喜作巴人談。

（公自注：焦山長老中江人也。）自言久客忘鄉井，只有彌勒爲同龕。困眠得就紙帳暖，飽食未厭山蔬甘。

林飢臥古亦有，無田不退寧非貪。展禽雖未三見黜，叔夜自知七不堪。行當投劾謝簪組，爲

我佳處留茆庵。

臘日游孤山訪惠勤惠思二僧

天欲雪雲滿湖，樓臺明滅山有無。水清出石，（一作魚）石可數，林深無人鳥相呼。臘日不歸對妻

孥，名尋道人實自娛。道人之居在何許，寶雲山前路盤紆。孤山孤絕誰肯廬，道人有道山不

孤。紙窗竹屋深自暖，擁褐坐睡依團蒲。天寒路遠愁僕夫，整駕催歸及未哺。出山迴望雲木

合。但見野鶻盤浮圖茲遊淡薄歡有餘到家怳如夢蘧蘧作詩火急追亡逋清景一失後難摹。

和蔡準郎中見邀遊西湖

城市不識江湖幽如與螻蛄語春秋試令江湖處城市卻似麋鹿遊汀洲高人無心無不可。得坎且止乘流浮公卿故舊留不得遇所得意終年留君不見拋官彭澤令琴無絃巾有酒。醉欲眠時遣客休。

朱壽昌郎中少不知母所在刺血寫經求之五十年去歲得之蜀中以詩賀之

嗟君七歲知念母憐君壯大心愈苦羨君臨老得相逢喜極無言淚如雨不羨白衣作三公不愛白日昇青天愛君五十著綵服兒嘻卻得償當年烹龍爲炙玉爲酒鶴髮初生千萬壽金馬詔書錦作囊白藤肩輿簾蟄繡感君離合我酸辛此事今無古或聞長陵揭來見大姊仲孺豈意逢將軍開皇苦桃空記面建中天子終不見西河郡守誰復讚潁谷封人羞自薦

寓居定惠院之東雜花滿山有海棠一株土人不知貴也

江城地瘴蕃草木只有名花苦幽獨嫣然一笑竹籬間桃李漫山總粗俗也知造物有深意故遣佳人在空谷自然富貴出天姿不待金盤薦華屋朱脣得酒暈生臉翠袖卷紗紅映肉林深霧暗曉光遲日暖風輕春睡足雨中有淚亦悽愴月下無人更清淑先生食飽無一事

散步逍遙自捫腹不問人家與僧舍拄杖敲門看修竹忽逢絕豔照衰朽歎息無言揩病目
陋邦何處得此花無乃好事移西蜀寸根千里不易致衡子飛來定鴻鵠天涯流落俱可念
為飲一樽歌此曲明朝酒醒還獨來雪落紛紛那忍觸

月夜與客飲杏花下

杏花飛簾散餘春明月入戶尋幽人褰衣步月踏花影炯如流水涵青蘋花間置酒清香發
爭挽長條落香雪山城酒薄不堪飲勸君且吸杯中月洞簫聲斷月明中惟憂月落酒杯空
明朝卷地春風惡但見綠葉栖殘紅

鶴歎

園中有鶴馴可呼我欲呼之立坐隅鶴有難色側睨予豈欲臆對如鵰乎我生如寄良崎孤
三尺長脛閣瘦軀俛啄少許便有餘何至以身為子娛驅之上堂立斯須投以餅餌視若無
戛然長鳴乃下趨難進易退我不如

吳中田婦歎

今年粳稻熟苦遲庶見霜風來幾時霜風來時雨如瀉杷頭出菌鐮生衣眼枯淚盡雨不盡
忍見黃穗臥青泥茅苫一月隴上宿天晴穫稻隨車歸汗流肩頳載入市價賤乞與如糠粞
賣牛納稅坼屋炊慮淺不及明年饑官今要錢不要米西北萬里招羌兒龔黃滿朝人更苦

一一六

不如卻作河伯婦。

書晁說之考牧圖後

我昔在田間但知羊與牛川平牛背穩如駕百斛舟舟行無人岸自移我臥讀書牛不知前
有百尾羊聽我鞭聲如鼓鼙我鞭不妄發視其後者而鞭之澤中草木長草長病牛羊尋山
跨坑谷騰趠筋骨強煙簑雨笠長林下老去而今空見畫世間馬耳射東風悔不長作多牛
翁。

送劉敞倅海陵

君不見阮嗣宗臧否不挂口莫誇舌在齒牙牢是中惟可飲醇酒讀書不用多作詩不須工
海邊無事日日醉夢魂不到蓬萊宮秋風昨夜入庭樹蓴絲未老君先丟君先去幾時回劉
耶應白髮桃花開不開

薄薄酒二首

膠西先生趙明叔家貧好飲不擇酒而醉常云薄薄酒勝茶湯醜醜婦勝空房其言
雖俚而近乎達故推而廣之以補東州之樂府既又以爲未也復自和一篇以娛覽
者以之一噱云爾。

薄薄酒勝茶湯齷齪布勝無裳醜妻惡妾勝空房五更待漏靴滿霜不如三伏日高睡足北

窗涼珠襦玉柙萬人相送歸北邙。不如懸鶉百結獨坐貧朝陽。生前富貴死後文章百年瞬

息萬世忙夷齊盜蹠俱亡羊不如眼前一醉是非憂樂兩都忘。

薄薄酒飲兩鍾麤麤布著兩重美惡雖異醉暖同醜妻惡妾壽乃公隱居求志義之從本不

計較東華塵土北窗風百年雖長要有終富死未必輸生窮但恐珠玉留君容千載不朽遭

樊崇文章自足欺盲聾誰使一朝富貴面發紅達人自達酒何功世間是非憂樂本來空

太白山下早行至橫渠鎮書崇壽院壁

馬上續殘夢不知朝日升亂山橫翠嶂落月淡孤燈奔走煩郵吏安閒愧老僧再遊應眷眷。

聊亦記吾曾

發廣州

朝市日已遠此身良自如三杯頓飽後一枕黑甜餘蒲澗疏鐘外黃灣落木初天涯未覺遠。

處處各樵漁

廣倅蕭大夫見贈復利答之

生還粗勝虞早退不如疏垂死初聞道平生誤信書風濤驚夜半疾病送災餘賴有蕭夫子。

憂懷得少攄

和劉道原寄張師民

仁義大捷徑詩書一旅亭相夸綬若猾誦麥青青腐鼠何勞嚇高鴻本自冥顧狂不用喚。

酒盡漸須醒。

和子由澠池懷舊

人生到處知何似應似飛鴻踏雪泥泥上偶然留指爪鴻飛那復計東西老僧已死成新塔壞壁無由見舊題往日崎嶇還記否路長人困蹇驢嘶。公自注往歲馬死於二陵騎驢至澠池。

病中聞子由得告不赴商州

病中聞汝免來商旅雁何時更著行遠別不知官爵好思歸苦覺歲年長著書多暇真良計從宦無功謾去鄉惟有王城最堪隱萬人如海一身藏

次韻柳子玉過陳絕糧

如我自觀猶可厭非君誰復肯相尋圖書跌宕悲年老燈火青熒語夜深早歲便懷齊物意微官敢有濟時心南行千里成何事一聽秋濤萬鼓音

除夜野宿常州城外

行歌野哭兩堪悲遠火低星漸向微病眼不眠非守歲鄉音無伴苦思歸重衾腳冷知霜重新沐頭輕感髮稀多謝殘燈不嫌客孤舟一夜許相依

雪後書北臺壁

黃昏猶作雨纖纖夜靜無風勢轉嚴但覺衾裯如潑水不知庭院已堆鹽五更曉色來書幌。

半夜寒聲落畫簷試埽北臺看馬耳未隨埋沒有雙尖。

寄題刁景純藏春塢

白首歸來種萬松待看千尺舞霜風年拋造物陶甄外春在先生杖履中楊柳長齊低戶暗

櫻桃爛熟滴階紅何時卻與徐元直共訪襄陽龐德公

初到黃州

自笑平生爲口忙老來事業轉荒唐長江繞郭知魚美好竹連山覺笋香逐客不妨員外置

詩人例作水曹郎祇慚無補絲毫事尚費官家壓酒囊

姪安節遠來夜坐

心衰面改瘦崢嶸相見惟應識舊聲永夜思家在何處殘年知汝遠來情畏人默坐成癡鈍

問舊驚呼半死生夢斷酒醒山雨絕笑看飢鼠上燈檠

正月二十日與潘郭二生出郊尋春忽記去年是日同至女王城作詩乃和前韻

東風未肯入東門走馬還尋去歲村人似秋鴻來有信事如春夢了無痕江城白酒三杯釅

野老蒼顏一笑溫已約年年爲此會故人不用賦招魂

贈善相程傑

心傳異學不謀身自要清時閱搢紳火色上臁雖有數急流勇退豈無人書中苦覓原非訣

醉裏微言卻近眞我似樂天君記取華顚賞遍洛陽春

六月二十日夜渡海

參橫斗轉欲三更苦雨終風也解晴雲散月明誰點綴天容海色本澄清空餘魯叟乘桴意

嚲識軒轅奏樂聲九死南荒吾不恨茲遊奇絕冠平生

至今有廟祀潮州劍關西望七千里乘興眞爲玉局遊

過嶺

暫著南冠不到頭卻隨北雁與歸休平生不作兔三窟今古何殊貉一邱當日無人送臨賀

嘲子由

堆几盡埃簡攻之如蠹蟲誰知聖人意不在古書中

軒窗

東隣多白楊夜作雨聲急窗下獨無眠秋蟲見燈入

湖上移魚子初生不畏人自從識鉤餌欲見更無因

六月二十七日望湖樓醉書二絕

魚

放生魚鼈逐人來。無主荷花到處開。水枕能令山俯仰。風船解與月裴回。

未成小隱聊中隱。可得長閒勝暫閒。我本無家更安往。故鄉無此好湖山。

飲湖上初晴後雨

水光瀲灧晴方好。山色空濛雨亦奇。欲把西湖比西子。淡妝濃抹總相宜。

陌上花　原三首錄一首

云

遊九仙山聞里中兒歌陌上花父老云吳越王妃每歲春必歸臨安王以書遺妃曰

陌上花開可緩緩歸矣吳人用其語為歌含思宛轉聽之淒然而其詞鄙野為易之

陌上花開蝴蝶飛。江山猶是昔人非。遺民幾度垂垂老。遊女長歌緩緩歸。

單同年求德興俞氏聚遠樓詩二首

雲山煙水苦難親。野草幽花各自春。賴有高樓能聚遠。一時收拾與閒人。

無限青山散不收。雲奔浪卷入簾鉤。直將眼力為疆界。何審人間萬戶侯。

望雲樓

陰晴朝暮幾回新。已向虛空付此身。出本無心歸亦好。白雲還似望雲人。

披錦亭

煙紅露綠曉風香。燕舞鶯啼春日長。誰道使君貧且老。繡屏錦帳咽笙簧。

東欄梨花

梨花淡白柳深青。柳絮飛時花滿城。惆悵東欄一株雪。人生看得幾清明。

南堂

堁地燒香閉閣眠。簟紋如水帳如煙。客來夢覺知何處。挂起西窗浪接天。

題西林壁

橫看成嶺側成峯。遠近高低各不同。不識廬山眞面目。只緣身在此山中。

書李世南所畫秋景

野水參差落漲痕。疏林欹倒出霜根。扁舟一棹歸何處。家在江南黃葉村。

──贈劉景文

荷盡已無擎雨蓋。菊殘猶有傲霜枝。一年好景君須記。最是橙黃橘綠時。

臂痛謁告作示四君子

公退清閒如致仕。酒餘歡適似還鄉。不妨更有安心病。臥看縈簾一炷香。

詩詞治要卷一

詩十五家

寄裴仲謨 編

黃庭堅

宋洪州分寧人字魯直號涪翁幼警悟舉進士知太和縣哲宗立詔爲校書郎神宗實錄檢討官遷著作郎擢起居舍人紹聖初知宣州改鄂州章惇蔡卞惡之貶涪州別駕黔州安置徙戎州徽宗初起知太平州復謫宜州卒年六十一私諡文節先生庭堅文章天成與張耒晁補之秦觀俱遊蘇軾門天下稱爲四學士而庭堅尤長於詩世號蘇黃其詩得法杜甫而蒼勁奇巧自出機杼遂別開江西詩派爲後世所祖初遊濡皖山谷寺石牛洞樂其泉石之勝因自號山谷道人有山谷內外集別集詞年譜

古風二首上蘇子瞻

江梅有佳實託根桃李場桃李終不言朝露借恩光孤芳忌晈潔冰雪空自香古來和鼎實此物升廟廊歲月坐成晚煙雨青已黃得升桃李盤以遠初見嘗終然不可口擲置官道傍但使本根在棄捐果何傷

青松出澗壑十里聞風聲上有百尺絲下有千歲苓自性得久要爲人制頹齡小草有遠志相依在平生醫和不並世深根且固蔕人言可醫國何用太早計小大才則殊氣味固相似

交游二十年義等親骨肉風雨漂我巢公亦未有屋寄聲來問安足音到空谷我家鼙鼛下。

薪桂炊白玉在官與影居衣綻髮曲局天機行日月春事動草木念公篤行李野飯中道宿

驚沙卷旂旐烏尾訛城角騷騷家治具夫子且歸沐作書寄後乘爲我遣臣僕起居太夫人

幷問相與睦

次韻秦覯過陳無已書院觀鄙句之作

陳侯大雅姿四壁不治第礫礫盆盎中見此古罍洗薄飯不能羹牆陰老春薺唯有文字工

萬古抱根柢我學少師承坎井可窺底何因蒙賞味相享當牲體試問求志君文章自有體

玄鑰鎖靈台渠當爲公啟

又答斌老次韻遣悶

百痾從中來悟罷本非病西風將小雨涼人居士逕苦竹遠蓮塘自悅魚鳥性紅妝倚翠蓋

不點禪心淨

題李亮功戴嵩牛圖

韓生畫肥馬伏仗有輝光戴老作瘦牛平生千頃荒穀悚告主人實已盡筋力乞我一牧童

林間聽橫笛

顏徒貧樂

衡門低首過環堵容膝坐四旁無給侍百衲自纏裏論事直如絃觀書曲肱臥飢來或乞食。

有道無不可。

晁張和答秦觀五言予亦次韻

山林與心違日月使鬢換儒衣相詬病文字奉娛玩自古非一秦六籍蓋多難詩書或發家。熟念令人愧秦君銳本學驥子已血汗相期驂天衢伯樂嘗一盼士為欲心縛寸勇輒尺懦。要當觀此心日照雲霧散扶疏萬物影宇宙同璀璨道規豈惟君亦自警弛慢。

次韻吳宣義三徑懷友

佳眠未知曉屋角聞晴嘶萬事頗忘懷猶牽故人夢采蘭秋蓬深汲井短綆凍起看冥飛鴻。乃見天宇空甚念故人寒誰省杆與綜在者天一方日月老賓送往者不可言古柏守翁仲。

次韻子瞻題郭熙畫秋山

黃州逐客未賜環江南江北飽看山玉堂臥對郭熙畫發興已在青林間郭熙官畫但荒遠。短紙曲折開秋晚江村煙外雨腳明歸雁行邊餘疊巘坐思黃甘洞庭霜恨身不如雁隨陽。熙今頭白有眼力尚能弄筆映窗光畫取江南好風日慰此將衰鏡中髮但熙肯畫寬作程。

送王郎

十日五日一水石

酌君以蒲城桑落之酒泛君以湘纍秋菊之英贈君以黟川點漆之墨送君以陽關墮淚之

聲酒澆胸中之磊塊菊制短世之頹齡墨以傳千古文章之印歌以寫一家兄弟之情江山

萬里頭將白骨肉十年眼終青連牀夜語雞戒曉書囊無底談未了有功翰墨乃如此何恨

遠別音書少炊沙作縻終不飽鏤冰文字費工巧要須心地收汗馬孔孟行世日杲杲有弟

有弟力持家婦能養姑供珍鮭兒大詩書女絲麻公但讀書黃春茶

雙井茶送子瞻

人間風日不到處天上玉堂森寶書想見東坡舊居士揮毫百斛瀉明珠我家江南摘雲腴

落磑霏霏雪不如為公喚起黃州夢獨載扁舟向五湖

演雅

桑蠶作繭自纏裹蛛蝥結網工遮邏燕無居舍經始忙蝶為風光句引破老鶴銜石宿水飲

稉蜂趨衙供蜜課鵲傳吉語安得閑雞催晨興不敢臥氣陵千里蠅附驥枉過一生蟻旋磨

蟲聞湯沸尚血食雀喜宮成自相賀晴天振羽樂蜉蝣空穴祝成螺蠃蛹轉丸賤蘇合

飛蛾赴燭甘死禍井邊轆苦肥枝頭飲露蟬常餓天螻伏隙錄人語射工含沙須影過

訓狐啄屋真行怪蠛蝟報喜太多可鶻鵃伺魚蝦便白鷺不禁塵土涴絡緯何嘗省機織

布穀未應勤種播五技鼫鼠笑鳩拙百足馬蚿憐躄跛老蚌胎中珠是賊醯雞瓮裏天幾大

螳螂當轍恃長臂熠燿宵行矜照火。提壺猶能勸沽酒黃口只知貪飯顆伯勞饒舌世不問。

鸚鵡纔言便關鎖春蛙夏蜩更嘈雜土蚓壁蟫何碎瑣江南野水碧於天中有狎鷗閑似我。

戲答趙伯充勸莫學書及爲席子澤解嘲

平生飲酒不盡味五鼎饞肉如嚼蠟我醉欲眠便遣客三年窺牆亦面壁空餘小來翰墨場。

松煙兔穎傍明窗偶隨兒戲灑墨汁眾人許在崔杜行晚學長沙小三昧幻出萬物眞成狂。

龍蛇起陸雷破柱自喜奇觀繞繩牀家人罵笑寧有道污染黃素敗粉牆誠不如南鄰席明

府蛛網鎖硯蝸書梁懷中探丸起九死才衡頗似漢太倉感君詩句喚夢覺邯鄲初未熟黃

梁身如朝露無牢強玩此白駒過隙光從此永明書百卷自公退食一爐香。

送石長卿太學秋補

長卿家亦但四壁文君窺之介如石胸中已無少年事骨氣乃有老松格漢文新覽天下圖。

詔山採玉淵獻珠再三可陳治安策第一莫上登封書。

戲詠子舟畫兩竹兩鷓鴣

風晴日暖搖雙竹竹間相語兩鷓鴣鷓鴣之肉不可肴人生不材果爲福子舟之筆利如錐。

千變萬化皆天機未知筆下鷓鴣語何似夢中蝴蝶飛。

次韻文潛

武昌赤壁弔周郎寒溪西山尋漫浪。忽聞天上故人來。呼船淩江不待餉我瞻高明少吐氣。

君亦歡喜失徵恙年來鬼祟覆三豪。詞林根柢頗搖蕩天生大材竟何用只與千古拜圖像。

張侯文章殊不病歷險心膽元自壯汀州鴻雁未安集風雪漏戶當塞向有人出手辦茲事

政可隱几窮諸妄經行東坡眠食地拂拭寶墨生楚愴水清石見君所知此是吾家祕密藏

次韻元實病目

道人常恨未灰心儒士苦愛讀書眼。要須玄覽照鏡空莫作白魚鑽蠹簡閱人朦朧似有昧。

看字昏澀尤宜嬾范侯年少百夫雄言行一一無可柬看君眸子富瞭然乃稱胸次常坦坦

如何有物食明月淚睫隕珠衣袖滿金篦刮膜會有時湯熨取快術誠短君不見岳頭嬾瓚

一生禪鼻涕垂頤渠不管

書磨崖碑後

春風吹船著浯溪扶藜上讀中興碑半世看墨本摩挲石刻鬖成絲明皇不作苞桑計

顛倒四海由祿兒九廟不守乘輿西萬官已作鳥擇栖撫軍監國太子事何乃趣取大物爲

事有至難天幸爾上皇蹢躅還京師內閒張后色可否外閒李父頤指揮南內淒涼幾苟活

高將軍去事尤危臣結春陵二三策臣甫杜鵑再拜詩安知忠臣痛至骨世上但賞瓊琚詞

同來野僧六七輩亦有文士相追隨斷崖蒼蘚對立久凍雨爲洗前朝悲。

答明略並寄無答

可以忘憂唯有酒清聖濁賢皆可口前日過君飲不多明日解醒無五斗古木清陰丹井欄
夜來涼月屋頭還論交撥置形骸外得意相忘樽俎間冰壺不可與夏蟲饗秋月不可與俗
士賞已得樽前兩友生更思一士濟陽城雖無四至九卿之規盡有千秋萬歲之真榮空
名未食太倉米今作斑衣老萊子卿家嗣宗望爾來不獨我聞足音喜西風索寞葉初乾長
鋏歸來亦罷彈窮巷蓬蒿深一尺朱門簾陛高難攀吾儕相逢置是事百世之下仰高山

寄題安福李令愛竹堂

淵明喜種菊子猷喜種竹託物雖自殊心期俱不俗千載得李侯異世等風流爲官恐是陶
彭澤愛竹最如王子猷寒窗對酒聽雨夏簟烹茶臥風月小僧知令不凡材自埽竹根培
老節富貴於我如浮雲安可一日無此君人言愛竹有何好此中難爲俗人道我於此物更
不疏一官窘束何由到

老杜浣花谿圖引

拾遺流落錦官城故人作尹眼爲青碧雞坊西結茅屋百花潭水濯冠纓故衣未補新衣綻
空蟠胸中書萬卷探道欲度羲皇前論詩未覺國風遠干戈崢嶸寓縣杜陵韋曲無雞犬
老妻稚子且眼前弟妹飄零不相見此公樂易真可人圃翁溪友肯卜鄰鄰家有酒邀皆去

得意魚鳥來相親浣花酒船散車騎。野牆無主看桃李宗文守家宗武扶落日甕盧馱醉起。

願聞解鞍脫兜鍪老儒不用千戶侯中原未得平安報醉裏眉攢萬國愁生絹鋪牆粉墨落。

平生忠義今寂寞兒呼不蘇驢失腳猶恐醒來有新作常使詩人拜畫圖煎膠續絃千古無。

薄薄酒二章

蘇密州為趙明叔作薄薄酒二章憤世疾邪其言甚高以予觀趙君之言近乎知足

不辱有馬少游之餘風故代作二章以終其意

薄酒可與忘憂醜婦可與白頭徐行不必駟馬稱身不必狐裘無禍不必受福甘餐不必食

肉富貴於我如浮雲小者譴訶大戮辱一身畏首復畏尾門多賓客飽僮僕美物必甚厚

味生五兵四夫懷璧死百鬼瞰高明醜婦千秋萬歲同室萬金良藥不如無疾薄酒一醆一

笑勝茶萬里封侯不如還家。

薄酒終勝飲茶醜婦不是無家醇醪養生等刀鋸深山大澤生龍蛇秦時東陵千戶食何如

青門五色瓜傳呼鼓吹擁部曲何如春雨一池蛙性剛太傅促和藥何如羊裘釣煙沙綺席

象牀珊玉枕重門夜鼓不停撾何如一身無四壁滿船明月臥蘆花吾聞食人之肉可隨以

鞭朴之戮乘人之車可加以鐵鉞之誅不如薄酒醉眠牛背上醜婦自能搔背痒。

十二月十九日夜中發鄂渚曉泊漢陽親舊攜酒追送聊為短句

接淅報官府敢違王事程睿征江夏縣睡起漢陽城鄰里煩追送杯盤瀉濁清祇應瘴鄉老難答故人情

次韻德孺五丈新居病起

潭潭經略府寂寂閉門居京洛聖賢宅江湖魚鼈瀦官如一夢話勝十年書稍喜過從近扶筇不駕車

和文潛舟中所題

雲橫疑有路天遠欲無門信矣江山美懷哉謫逐魂長波空洊記佳句洗眵昏誰奈離愁得村醪或可尊

次韻崔伯易席上所賦因以贈行

老惜交情別追隨車馬勤臨朝思共理治郡復斯文訟息常休吏民貧更勸分西湖千頃月自比漢封君

次韻柳通叟寄王文通

故人昔有凌雲賦何意陸沈黃綬間頭白眼花行作吏兒婚女嫁望還山心猶未死杯中物春不能朱鏡裏顏寄語諸公肯湔祓割難令得近鄉關

次韻幾復和答所寄

海南海北夢不到會合乃非人力能地褊未堪長袖舞夜寒空對短檠燈相看鬢髮時窺鏡。

曾共詩書更曲肱作個生涯終未是故山松長到天藤。

送顧子敦赴河東

頭白書林二十年印章今領晉山川紫黲可掘宜包貢青鐵無多莫鑄錢勸課農桑誠有道。

折衝樽俎不臨邊要知使者功多少看取春郊處處田

和答元明黔南贈別

萬里相看忘逆旅三聲清淚落離腸朝雲往日攀天夢夜雨何時對榻涼急雪鶺鴒相並影

驚風鴻雁不成行歸舟天際常回首從此頻書慰斷腸

和高仲本喜相見 按東坡集亦載此詩。題云贈仲勉子文。

雨昏南浦曾相對雪滿荊州喜再逢有子才如不羈馬知公心是後彫松閒尋書冊應多味。

老傍人門似更慵何日晴軒觀筆硯一尊相屬要從容

追和東坡題李亮功歸來圖

今人常恨古人少今得見之誰謂無欲學淵明歸作賦先煩摩詰畫成圖小池已築魚千里

際地仍栽芋百區朝市山林俱有累不居京洛不江湖。

次韻答柳通叟求田問舍之詩

少日心期轉繆悠蛾眉見妒且障羞但令有婦如康子安用生兒似仲謀橫笛牛羊歸晚徑

捲簾瓜芋熟西疇功名可致猶回首何況功名不可求。

登快閣

癡兒了卻公家事快閣東西倚晚晴落木千山天遠大澄江一道月分明朱絃已為佳人絕

青眼聊因美酒橫萬里歸船弄長笛此心吾與白鷗盟

喜太守朝散致政

膏火煎熬無妄災就陰息迹信明哉功名富貴兩蝸角險阻艱難一酒杯百體觀來身是幻

萬夫爭處首先回胸中元有不病者記得陶潛歸去來。

初望淮山

風裘雪帽別家林紫燕黃鸝已夏深三釜古人干祿意一年慈母望歸心勞生逆旅何休息

病眼看山力不禁想見夕陽三徑裏亂蟬嘶罷柳陰陰。

答龍門潘秀才見寄

男兒四十未全老便入林泉真自豪明月清風非俗物輕裘肥馬謝兒曹山中是處有黃菊

洛下誰家無白醪想得秋來常日醉伊川清淺石樓高。

贈謝敞王博諭

高哉孔孟如秋月萬古清光仰照臨千里特來求驥馬兩生於此敵南金文章最忌隨人後。

道德無多衹本心廢軫斷弦塵漠漠起予惆悵伯牙琴

和涼軒

打荷看急雨吞月任行雲夜半蚊雷起西風爲解紛。

讀居黔南二首 摘樂天句

相望六千里天地隔江山十書九不到何用一開顏。

冥性齊遠近委順隨南北歸去誠可憐天涯住亦得

鄂州南樓書事

四顧山光接水光憑闌十里菱荷香清風明月無人管并作南樓一味涼。

題小景扇

草色青青柳色黃桃花零落杏花香春風不解吹愁卻春日偏能惹恨長。

雨去登岳陽樓望君山

投荒萬里鬢毛斑生入瞿塘灩澦關未到江南先一笑岳陽樓上對君山。

題東寺柱

竹風松月牢於鎮關閉人心物外情燕雀聞經俱已慣飛來不怕讀書聲。

次韻王稚川客舍

五湖歸夢常苦短。一寸客愁無奈多。慈母每占烏鵲喜閨人應賦屟屧歌。

詩詞治要卷一

詩十五家

陸游

宋山陰人字務觀早有文名以陰補登仕郎舉試薦送屢前列爲秦檜所嫉檜死始爲寧德主簿孝宗稱其力學有聞言論剴切除樞密院編修後知夔嚴二州皆有建白范成大帥蜀奏游爲參議官以文字交不拘禮法人譏其頹放因自號放翁以寶章閣待制致仕卒年八十六游才氣超逸其詩在杜甫白居易之間感時遺興之作本乎性情寄託遙深風骨道上當時與之齊名者雖有范成大楊萬里尤袤諸人而日久論定皆推游爲大宗有渭南文集劍南詩稿放翁詞入蜀記南唐書老學庵筆記

送曾學士赴行在

二月侍燕觴紅杏寒未坼四月送入都杏子已可摘流年不貸人俯仰遂昔事賢要及時感此我心惻欲書加餐字寄之西飛翮念公爲民起我得怨乖隔遙遙跋前旌去去望車軛亭皋鬱將暮落日澹陂澤敢忘國士風涕泣效繾綣敬輸千一慮或取二三策公歸對延英清問方側席民瘼公所知願言寫肝膈向來酷吏橫至今有遺螫織羅士破膽白著民碎魄詔書已屢下宿蠹或未革期公作醫和湯劑窮絡脈士生恨不用得位忍辭責併乞謝諸賢努力光竹帛

觀大散關圖有感

上馬擊狂胡下馬草軍書三十抱此志。五十猶癃儒。大散陳倉間。山川盤鬱紆勁氣鍾義士。
可與共壯圖坡陁咸陽城秦漢之故都王氣浮夕靄宮室生春燕安得從王師汎埽迎皇輿。
黃河與函谷四海通舟車士馬發燕趙將帥來青徐先當營七廟次第盡九衢偏師縛可汗。
傾都觀受俘上壽大安宮復如正觀初大夫畢此願死與螻蟻殊志大浩無期醉膽空滿軀。

古意

緤足飼飢鷹鷹飽意未平。伏櫪豈不安老驥絡悲鳴士生固欲達又懼徒富貴素願有未伸。
五鼎澹無味茅屋秋雨漏稻陂春水深長歌傾濁酒舉世不知心。

書歎

三代藏寶器世守參河圖埋湮則已矣可使列市區文章有廢與蓋與治亂符慶曆嘉祐間。
和氣扇大鑪數公實王盟渾灝配典謨開闢始歐王菑畬逮曾蘇大駕初渡江中原皆避胡。
吾猶及故老清夜陪坐隅論文有脈絡千古著不誣俯仰四十年綠髮霜蓬枯孤生尊所聞。
秉節不敢渝久幽士固有速售理則無世方亂珉玉吾其老江湖。

書志

往年出都門誓墓志已決況今蒲柳姿俛仰及大耋妻孥厭寒餓鄰里笑迂拙悲歌行拾穗。
幽憤臥齧雪千歲埋松根陰風蕩空穴肝心獨不化凝結變金鐵鑄爲上方劍釁以佞臣血。

匣藏武庫中出參旄頭列三尺粲星辰萬里靜妖孽君看此神奇醜虜何足滅。

送子龍赴吉州掾

我老汝遠行知汝非得已駕言當送汝揮涕不能止人誰樂離別坐貧至於此汝行犯胥濤

次第過彭蠡波橫吞舟魚林嘯獨腳鬼野飯何店炊孤榷何岸犧判司比唐時猶幸免笞箠

庭參亦何辱貸職乃可恥汝爲吉州吏但飲吉州水一錢亦分明誰能肆讒毀聚俸嫁阿惜

擇士敎元禮我食可自營勿用念甘旨衣穿露肘履破從見指出門雖被嘲歸舍卻睡美

益公名位重凜若喬嶽峙汝以通家故或許望燕几得見已足榮切勿有所啟又若楊誠齋

清介世莫比一聞俗人言三日洗耳汝但問起居餘事勿挂齒周有世好敬叔乃鄉里

豈惟能文辭實亦堅操履相從勉講學事業在積累仁義本何常蹈之則君子汝去三年歸

我儻未卽死江中有鯉魚頻寄書一紙

文章

文章本天成妙手偶得之粹然無疵瑕豈復須人爲君看古彝器巧拙兩無施漢最近先秦

固已殊淳漓胡部何爲者豪竹雜哀絲后夔不復作千載誰與期

雨霽出遊書事

十日苦雨一日晴拂拭挂杖西村行。清溝泠泠流水細好風習習吹衣輕四鄰蛙聲已閣閣

兩岸柳色爭青青。辛夷先開半委地。海棠獨立方傾城。春工遇物初不擇。亦秀燕麥開蘼菁。蘼花如雪又爛漫。百草紅紫那知名。小魚誰取置道側。紅柳穿頰危將烹。欣然買放寄吾意。草萊無地蘇疲氓。

遊錦屏山謁少陵祠堂

城中飛閣連危亭。處處軒窗臨錦屏。涉江親到錦屏上。卻望城郭如丹青。虛堂奉祠子杜子。眉宇高寒照江水。古來磨滅知幾人。此老至今原不死。山川寂寞客子迷。草木搖落壯士悲。文章垂世自一事。忠義凜凜令人思。夜歸沙頭雨如注。北風吹船橫半渡。亦知此老憤未平。萬竅爭號泄悲怒。

長歌行

人生不作安期生。醉入東海騎長鯨。猶當出作李西平。手梟逆賊清舊京。金印煌煌未入手。白髮種種來無情。成都古寺臥秋晚。落日偏傍僧窗明。豈其馬上破賊手。哦詩長作寒螿鳴。興來買盡市橋酒。大車磊落堆長瓶。哀絲豪竹助劇飲。如鉅野受黃河傾。平時一滴不入口。意氣頓使千人驚。國仇未報壯士老。匣中寶劍夜有聲。何當凱還宴將士。三更雪壓飛狐城。

醉中長歌

闌干斗柄搖天東。人間一夜回春風。沣桃染柳歲相似。惟我衰顏非昔紅。可憐逢春不自感。

更欲使氣驚兒童。煙郊射雉錦臆碎。水亭供膾金盤空歸穿南市萬人看。流星突過連錢驄。

高樓作歌醉自寫墨光燭馘交長虹人生未死貴適意萬里作客原非窮故人夜直金鑾殿

偃臥獨聽宮門鐘。

題明皇幸蜀圖

天寶政事何披猖使典相國胡奴王弄權楊李不足怪阿瞞手自裂紀綱八姨富貴尙有理

何至詔書襃五郎。原註。天寶未下詔。詔書張易之兄弟。盧龍賊騎已洶洶丹鳳神語猶琅琅人知大勢危纍卵

天稔奇禍如崩牆臺省諸公獨耐事歌詠功德卑虞唐一朝殺氣橫天末匹馬西犇幾不脫

向來詔子知幾人賊前稱臣草閒活劍南萬里望秦天行殿春寒聞杜鵑老臣九齡不可作

魚蠹蛛絲金鑑篇

對酒

閒愁如飛雪入酒卽消融好花如故人一笑盃自空流鶯有情亦念我柳邊盡日嘵春風長

安不到十四載酒徒往往成衰翁九環寶帶光照地不如留君雙頰紅

大雪歌

長安城中三日雪潼關道上行人絕黃河鐵牛僵不動承露金盤凍將折。虯鬚豪客狐白裘。

夜來醉眠寶釵樓五更未醒已上馬衝雪卻作南山遊千年老虎獺不得一箭橫穿雪皆赤

翠空爭死作雷吼震動山林裂崖石　曳歸擁路千人觀髑髏作枕皮蒙鞍人間壯士有如此

胡不來歸漢天子

遊諸葛武侯書臺

沔陽道中草離離臥龍往矣空遺祠當時典午稱猾賊氣喪不敢當王師定軍山前寒食路

至今人祠丞相墓松風想像梁父吟尙憶幡然答三顧出師一表千載無遠比管樂蓋有餘

世上俗儒寧辦此高臺當日讀何書

舟中對月

百壺載酒遊淩雲醉中揮袖別故人依依向我不忍別誰似峨帽半輪月月窺船窗挂淒冷

欲到渝州酒初醒江空裊裊釣絲風入靜翾翾葛巾影哦詩不睡月滿船清寒入骨我欲仙

人間更漏不到處時有沙禽背船去

姜命薄　原注：太白作此篇言長門宮事予反之。

姜命薄早入天家侍帷幄君王勤儉省宴遊寶柱朱弦塵漠漠日長別殿承恩稀旰昃猶聞

親萬機宮中雖無珠玉賜塞上不見煙塵飛不須悲傷姜命薄命薄卻令天下樂

隴頭水

隴頭十月天雨霜壯士夜挽綠沈槍臥聞隴水思故鄉三更起坐淚數行我語壯士勉自強

男兒墮地志四方裹尸馬革固其常豈若婦女不下堂生逢和親最可傷歲輦金絮輸胡羌

夜視太白收光芒報國欲死無戰場

隣水延福寺早行

化蝶方酣枕聞雞又著鞭亂山徐吐日積水遠生煙淹泊眞衰矣登臨獨惘然桃花應笑客

無酒到愁邊市酤不可飲。原注:酒偶盡

曉發金牛

客枕何時穩忽忽又束裝快晴生馬影新暖坼花房沮水春流綠嶓山曉色蒼阿瞞狼狽地

千古有遺傷。皆明皇幸蜀路。原注:自金牛以西。

江樓

急雨洗殘瘴江邊閑倚樓日依平野沒水帶斷槎流擣紙荒村晚呼牛古巷秋腐儒憂國意

此際入搔頭

池亭夜賦

池上小亭幽清宵秉燭遊荷盤時瀉露螢火早知秋有感歲時速無聲河漢流殊方不堪住

歸夢繞滄洲

初春雜興

水長鷗初泛山寒茗未芽深林聞社鼓落日照漁家渡遠呼船久橋傾取路斜客愁憫遠眺

不是怯風沙。

村夜

寂寂山村夜悠然醉倚門月昏天有暈風輭水無痕迹爲遭讒遠身由不仕尊敢嗟車馬絕

同社自雞豚

示友

道向虛中得文從實處工淩空一鶚上赴海百川東氣骨眞當勉規模不必同人生易衰老

君等勿恩恩。

度浮橋至南臺

客中多病廢登臨聞說南臺試一尋九軌徐行怒濤上千艘橫繫大江心寺樓鐘鼓催昏曉

墟落雲煙自古今白髮未除豪氣在醉吹橫笛坐榕陰

遊山西村

莫笑農家臘酒渾豐年留客足雞豚山重水複疑無路柳暗花明又一村簫鼓追隨春社近

衣冠簡樸古風存從今若許閒乘月拄杖無時夜叩門

黃州

局促常悲類楚囚，遷流還歎學齊優。江聲不盡英雄恨，天意無私草木秋。萬里羈愁添白髮，一帆寒日過黃州。君看赤壁終陳跡，生子何須似仲謀。

夜登白帝城樓懷少陵先生

拾遺白髮有誰憐，零落歌詩遍兩川。人立飛樓今已矣，浪翻孤月尚依然。升沈自古無窮事，愚智同歸有限年。此意淒涼誰共語，夜闌鷗鷺起沙邊。

臨安春雨初霽

世味年來薄似紗，誰令騎馬客京華。小樓一夜聽春雨，深巷明朝賣杏花。矮紙斜行閑作草，晴窗細乳戲分茶。素衣莫起風塵歎，猶及清明可到家。

夜登千峯榭

夷甫諸人骨作塵，至今黃屋尚東巡。度兵大峴非無策，收泣新亭竟有人。薄釀不澆胸壘塊，壯圖空負膽輪困。危樓插斗山銜月，徙倚長歌一愴神。

老學庵

自注予取師曠老而學，如秉燭夜行之語名庵。

窮冬短景苦怱忙，老學庵中日自長。名譽不如心自肯，文辭終與道相妨。吾心本自同天地，俗學何知溺粃糠。已與兒曹相約定，勿爲無益費年光。

書憤

白髮蕭蕭臥澤中。祇憑天地鑒孤忠。厄窮蘇武餐氈久。憂憤張巡嚼齒空。細雨春蕪上林苑。

頹垣夜月洛陽宮。壯心未與年俱老死去猶能作鬼雄。

齋中弄筆偶示子聿

左右琴樽靜不譁放翁新作老生涯焚香細讀斜川集候火親烹顧渚茶書爲半酣差近古

詩雖苦思未名家。一窗殘日呼愁起臲臲江城咽莫笳。

觀畫山水

古北安西志未酬人間隨處送悠悠騎驢白帝城邊雨挂席黃陵廟外秋大網截江魚可膾

高樓臨路酒如油老來無復當年快聊對丹青作臥遊

倚樓

千里江山入倚樓高吟聊復寫吾憂詩書幸有先人業貧賤初非學者羞數掩槿籬端可老

一杯藜粥尚何求東陂未插青秧遍且與鄰翁卜雨鳩

幽居遣懷

習氣深知要埽除時時褊忿獨何歟呼童不應自生火待飯未來還讀書世態詎堪閒處看

晚興

俗人自與我曹疏作詩未必能傳後要是幽懷得小攄

並檜幽鳥語瓏瓏一榻蕭然四面風客散茶甘留舌本睡餘書味在胸中浮雲變態吾何與

腐骨成塵論自公剩欲與君談此事少須明月出溪東

病少愈偶作

蕭條白髮臥蓬廬虛讀人間萬卷書遇事始知聞道晚抱疴方悔養生疏高門赫赫何關我

薄俗紛紛莫問渠羸疾少蘇思一出夕陽門巷駕柴車

書生

書生事事苦難成點檢常憂害至誠夢寐未能除小忿文辭猶欲事虛名聖言甚遠當深考

古義雖聞要力行漢世陋儒吾所斥若爲青紫勝歸耕

梅花

春信今年早江頭昨夜寒已敎清徹骨更向月中看

柳橋晚眺

小浦聞魚躍橫林待鶴歸閒雲不成雨故傍碧山飛

夜歸

疏鐘渡水來素月依林上煙火認茅廬故倚船篷望

利高子長參議道中

梁州四月晚鶯嗁共憶扁舟罷畫谿莫作世間兒女態明年萬里駐安西

高秋亭

三日山中醉復醒徑歸回首愧山靈從今惜取觀書眼長看天西萬疊青

枕上

香冷燈昏夢自驚清愁冉冉帶餘醒夜長誰作幽人伴惟是蠻聲與月明

月下

月白庭空樹影稀鵲棲不穩繞枝飛老翁也學癡兒女撲得流螢露溼衣

初冬雜題二首

風橫雲低雨腳斜一枝柔艣暮呀啞昏昏醉臥知何處推起船篷忽到家

荒郊寒雨晚淒淒四壁穿穿補泥物我原須各安穩自苫牛屋織雞棲

小雨極涼舟中熟睡至多

舟中一雨墻飛蠅半脫綸巾臥翠藤清夢初回窗日晚數聲柔艣下巴陵

小舟自紅橋之南過吉澤歸三山

霏霏寒雨數家村雞犬蕭然晝閉門它日路迷君勿恨人間隨處有桃源

夜讀范致能攬轡錄言中原父老見使者多揮涕感其事作絕句

公卿有黨排宗澤帷幄無人用岳飛遺老不應知此恨亦逢漢節解沾衣

一壺歌

長安市上醉春風亂插繁花滿帽紅看盡人閒廢事不曾富貴不曾窮

喜晴

江湖春莫多風雨點滴空階實厭聽臘喜今朝有奇事一窗晴日寫黃庭

秋懷

詩如水淡功差進身似雲孤累轉輕落葉擁籬門巷晚一枝藤杖且閒行

煙波即事

雕胡炊飯菱荷衣水退浮萍尙半扉莫爲風波羨平地人閒處處是危機

示兒

死去原知萬事空但悲不見九州同王師北定中原日家祭無忘告乃翁

詩十五家

元好問

金秀容人字裕之號遺山七歲能詩稍長淹貫經傳百家下太行渡大河爲箕山琴臺等詩禮部趙秉文見之以爲近代無此作中興定進士仕至行尙書省左司員外郎入元後隱居不仕晚年構亭於家著述其上名其亭曰野史凡金源君臣遺言往行釆撫所聞有所得輒爲紀錄至百餘萬言其詩則原本李杜高古沈鬱歌行尤慷慨挾幽幷之氣蔚然爲金元間作者之宗匠卒年六十八有遺山集中州集嶺夷堅志唐詩鼓吹

箕山

幽林轉陰崖鳥道人迹絕許君樓隱地唯有太古雪人間黃屋貴物外祇自潔尙厭一瓢喧重貢寧所屑降衷均義稟汩利忘智決得隴又望蜀有齊安用薛干戈幾蠻觸宇宙日流血魯連蹈東海夷叔釆薇蕨至今陽城山衡華兩丘垤古人不可作百念肺肝熱浩歌北風前

潁亭留別

故人重分攜臨流駐歸駕乾坤展淸眺萬景若相借北風三日雪太素秉元化九山鬱嵯峨了不受陵跨寒波淡淡起白鳥悠悠下懷歸人自急物態本閒暇壺觴負吟嘯塵土足悲咤

悠悠送孤月。

迴首亭中人平林澹如畫

雜詩四首

相士如相馬滅沒深天機區區銅馬法徒識牝與驪人言當塗公惡人知其微如何許劢語
受之不復疑知人固不易人亦未易知媸妍在水鏡鉛粉徒自欺孰爲仁義人未假已不歸
伯樂不可作思與曹瞞期

世事如大弩人若材官然乘勢易發機非時勞控弦又如大水中置彼萬斛船雖有帆與檣
亦須風動天不見周公瑾弱齡已飛鶱不見師尚父鷹揚在華顚彼非生而材此豈晚乃賢
鑱基喩智慧要必有待焉歎息狂子嘗爲愚者憐

崑山有璞玉外質而內美唯其不自衒故與頑石齒和也速於售再獻甘滅趾在玉庸何傷
惜君兩足耳

堂堂明堂柱根節幾歲寒使與蒲柳同扶廈良勝難我衣敝縕袍我飯菖蘿盤天公方試我
劍鋏勿妄彈

與張仲傑郎中論文

文章出苦心誰以苦心爲正有苦心人舉世幾人知工文與工詩大似國手碁國手雖漫應
一著存一機不從著著看何異管中窺文須字字作亦要字字讀咀嚼有餘味百過良未足

工夫到方圓言語通卷屬只許曠與夔聞絃知雅曲今人誦文字十行誇一目閱顛失香臭

督視紛紅駭綠毫釐不相照覿面楚與蜀莫訝荊山前時聞刖人哭

別李周卿三首

行路澁於棘單車望千山歌君歸雲曲清涕留餘潛六年河朔前動輒得謗訕唯君篤高義

日來款柴關古交松柏心今交桃李顏古人去不返古道輑相思一樽酒幽恨寄山間

風雅久不作日覺元氣死詩中柱天手功自斷鼇始古詩十九首建安六七子中間陶與謝

下逮韋柳止詩人玉爲骨往往墮塵滓衣冠語優正可作婢使望君清廟瑟一洗箏笛耳

城居日蛙黽局促復局促去作山中客放浪檢束溪光淡於冰山骨淨如玉懷我同心人

團茅住深竹垂綸鮮可食種桃酒亦足石壇三萬丈醉眼天一粟安得萬里風相從兩黃鵠

灩亭

自注。周卿學有淵源。東州詩人未見其比。與予約西遊。如詩中所說。

春物已清美客懷自幽獨危亭一徘徊翛然若新沐宿雲淡野川元氣浮草木微茫盡楚尾

平遠疑杜曲生平遠遊賦吟諷心自足來著世網抑抑就邊幅人生要適情無榮復何辱

乾坤入望眼容我謝羈束一笑白鷗前春波動新綠

虞坂行

虞坂盤盤上青石石上車蹤深一尺。當時騏驥知奈何千古英雄淚橫臆龍蟠於泥易所嘆。麟非其時聖爲泣玄龜竟墮余且網老鳳常飢竹花實天生神物似有意驗以乖逢知未必若論美好是不祥正使不逢何足惜孫陽騏驥不並世百萬億中時有一乃知此物非不逢轅下一鳴人已識我行坂路多閱馬敢謂羣空如冀北孫陽已矣誰汝知努力鹽車莫稱屈

赤壁圖

馬蹄一蹴荊門空鼓聲怒與江流東曹瞞老去不解事誤認孫郎作阿琮孫郎矯矯人中龍。顧盼叱咤生雄風疾雷破山出大火旗幟北捲天爲紅至今圖畫見赤壁髣髴燒虜留遺蹤。令人長憶眉山公載酒夜俯馮夷宮事殊興極憂思集天澹雲開今古同得意江山在眼中凡今誰是出羣雄可憐當日周公瑾憔悴黃州一禿翁

閬商卿還山中

阿卿去月從我來今日西山成獨往野人不是城中物澗飲巖棲夢餘想翰林溼薪爆竹聲。待詔履穿沾雪行蘭臺從事更閑冷文書如山白髮生孤燈靜照寒窗宿北風夜半歌黃鵠。田家閉門風雪深梅花開時酒應熟牛世虛名不療貧棲遲零落百酸辛憑君莫向山中說。白石清泉笑殺人荊棘中杏花

墻東荒蹊抱村斜　荊棘狼籍盤根芽何年丹杏此留種。小紅濺濺爭春華野人慣見謾不省。

獨有詩客來咨嗟天眞不到鉛粉筆富豔自是宮闈花曲池芳徑昔蒼苔濁酒同天涯

京師惜花如惜玉曉擔賣徹東西家杏花看紅不看白十日忙殺遊車誰家園亭有此樹

鄭重已著重幙遮阿嬌新寵貯金屋明妃遠嫁愁淸笳落花縈簾拂牀席亦有飄泊沾泥沙

天公無心物自物得意未用相陵誇黃昏人歸花不語唯有落月啼棲鴉

王右丞雪霽捕魚圖

江雲溟溟晴半沙雪離離點江岸畫中不信有天機細向樹林枯處看漁浦移家媿未能

扁舟蕭散亦何曾白頭歲月黃塵底笑殺高人王右丞

送張君美往南中

南朝詞臣北朝客棲遲零落無顏色陽平城邊握君手不似銅駝洛陽陌去年春風吹雁迴

今年雁逐秋風來春風秋風雁聲裏行人日暮心悠哉長江大浪金山下吳兒舟舩疾於馬

西湖十月賞風烟想得新詩更瀟灑

送李參軍北上

五日過居庸十日渡桑乾受降城北幾千里出塞入塞沙漫漫古來丈夫淚不灑別離間今

朝送君行淸涕留餘潸生女莫作王明君一去紫臺空珮環生男莫作班定遠萬里馳書望

玉關我知驥子墜地無齊燕我知鴻鵠意氣青雲端間尺鷃亦自樂扶搖直上何勞摶一
衣敝縕袍一飯首藿盤歲時壽翁媼團圞有餘歡就令一朝便得八州督爭似綵衣起舞春
爛斑去年洛陽人今年指天山地遠馬驂破霜重貂裘寒朔風浩浩來客子慘在顏扼胡嶺
上一迴首未必君心如石頑君不見桓山烏乳哺不得須臾閒衆雛一朝散孤雌回顧聲悲
酸寒雁來自八九月白頭阿母望君還

天門引

秦王深居不得近從破衡成欲誰信白頭遊客困咸陽憔悴黃金百斤盡海中仙人黃鵠舉
大笑人間爭腐鼠丈夫何意作蘇秦六印才堪驚兒女古來多爲虛名老不見阿房淨如埽
千年虎豹守天門一日牛羊臥秋草

蛟龍引

古劍咸陽墓中得抉開青雲見白日蛟龍地底氣如虹土花千年不敢蝕洪鑪烈焰初騰精
橫海已覺無長鯨世上元無倚天手匣中誰解不平鳴割城恨不逢相如佐酒恨不逢朱虛
尙方未入朱雲請盟縶合與毛生俱誰念田文坐中客只將彈鋏嘆無魚

西樓曲

遊絲落絮春漫漫西樓曉晴花作團樓中少婦弄瑤瑟一曲未終坐長歎去年與郎西入關

春風浩蕩隨金鞍。今年匹馬妾東還。零落芙蓉秋水寒。幷刀不翦東流水。湘竹年年露痕紫。

海枯石爛兩鴛鴦只合雙飛便雙死。重城車馬紅塵起。乾鵲無端為誰喜。鏡中獨語人不知。

欲插花枝淚如洗。

少室南原

地僻人煙斷山深鳥語譁。清溪鳴石齒暖日長藤芽。綠映高低樹紅迷遠近花。林間見難犬。

直擬是仙家。

送毋受益自潞府歸崧山

薄俗科名賤孤生志願違。正須謀獨往何暇計羣飛。泌水真堪樂荊州況可依。青山吾舊隱。

此日羨君歸。

送崔振之迎家汴梁

老伴不易得殘年唯有閑桑麻一村落雞犬兩柴關樊守能供酒周侯許買山從今釣溪上。

日日望君還。

遣興

几案滿書史欣然忘百憂。一篇詩遣興三醆酒扶頭千載陶元亮平生馬少游但留强健在。

老矣復何求。

八月幷州雁

八月幷州雁清汾照旅羣一聲驚晚笛數點入秋雲滅沒樓中見哀勞枕畔聞南來還北去

無計得隨君

懷盆之兄

牢落關河雁一聲干戈滿眼若爲情三年浪走空皮骨四海相望只弟兄黃耳定從秋後到

白頭新自夜來生西樓日日西州道欲賦窮愁竟不成

李屏山輓章二首

世法拘人益處褌忽驚龍跳九天門牧之宏放見文筆白也風流餘酒樽落落久知難合在

堂堂原有不亡存中州豪傑令誰望擬喚巫陽起醉魂

談塵風流二十年空門名理孔門禪諸儒久已同堅白博士眞堪補太玄孫況小疵良未害

莊周陰隲恐當然遺編自有名山在第一諸孤莫浪傳

岐陽

百二關河草不橫十年戎馬暗秦京岐陽西望無來信隴水東流聞哭聲野蔓有情縈戰骨

殘陽何意照空城從誰細向蒼蒼問爭遣蚩尤作五兵

圍城中文舉相過

擾擾長衢日往回病中聊得避喧埃愁多頓覺無詩思計拙惟思近酒杯潘岳鏡中渾白髮

江淹門外卻蒼苔生涯若被旁人問但說經年鼠不來

壬辰十二月車駕東狩後卽事

慘澹龍蛇日鬬爭干戈直欲盡生靈高原水出山河改戰地風來草木腥精衞有冤塡瀚海

包胥無淚哭秦庭并州豪傑知誰在莫擬分軍下井陘

癸巳四月二十九日出京

塞外初捐宴賜金當時南牧已駸駸只知灞上眞兒戲誰謂神州遂陸沈華表鶴來應有語

夢歸

顦顇南冠一楚囚歸心江漢日東流青山歷歷鄉園夢黃葉蕭蕭風雨秋貧裏有詩工作祟

亂來無淚可供愁殘年兄弟相逢在隨分齏鹽萬事休

眼中

眼中時事益紛然擁被寒窗夜不眠骨肉他鄉各異縣衣冠今日是何年枯槐聚蟻無多地

外家南寺

秋水鳴蛙自一天何處靑山隔塵土一菴吾欲送華顚 自注。在至孝社。予兒時讀書處也。

鬱鬱楸梧動晚煙一庭風露覺秋偏眼中高岸移深谷愁裏殘陽更亂蟬去國衣冠有今日。

外家梨栗記當年白頭來往人間徧依舊僧窗借榻眠。

哀李欽叔

赤縣神州坐陸沈金湯非粟禍侵尋當官避事平生恥視死如歸社稷心文采是人知子重。

交朋無我與君深悲來不待山陽笛一憶同衾淚滿襟。

追錄舊詩

潦倒聊為隴畝民一犂分得雨聲春功名何物堪人老天地無心誰我貧穎上雲煙隨處好。

洛陽桃李幾番新悠沈世事休相問牟麥今年晚得辛

山居雜詩四首

瘦竹籬斜挂幽花草亂生林高風有態苦滑水無聲。

石澗雲先動橋平水漸過野陰添晚重山意向秋多。

川迴楓林散山深竹港幽疏煙沈去鳥落日送歸牛。

鷺影兼秋靜蟬聲帶晚涼陂長留積水川闊盡斜陽

雜著二首

青蓋朝來帝座新豈知衞霍是忠臣洛陽榛棘千年後愁絕銅駝陌上人。

昨日東周今日秦咸陽煙火洛陽塵百年蟻穴蜂衙裏笑煞崑崙頂上人。

半紙虛名百戰身轉頭高塚臥麒麟山間曾見漁樵說辛苦淩煙閣上人。

內鄉雜詩

行吟溪北復溪南風日烘人酒易酣無限春愁與誰語梅花嬌小杏花憨。

夢中作 夢人請賦四禽語。

其一 泥滑滑也。

春泥滑滑滿春山慚愧幽禽喚客還安得便乘雙翼去綠陰清晝伴君閑。

同兒輩賦未開海棠

枝間新綠一重重小蕾深藏數點紅愛惜芳心莫輕吐且教桃李鬧春風

榆社碸口邨早發

瘦馬長途嬾著鞭客懷牢落五更天幾時不屬雞聲管睡徹東窗日影偏

楊柳

楊柳青青溝水流鶯兒調舌弄嬌柔桃花記得題詩客斜倚春風笑不休。

詩十五家

高啟

明長洲人字季迪。張士誠據吳名士響集啟獨依外家居吳淞江之青邱自號青邱子洪武初爲編修與修元史復命教授諸王尋擢戶部右侍郎啟自陳年少不敢當重任乃賜白金放還啟嘗賦詩有所諷剌帝嗛之未發也及歸居青邱授書自給知府魏觀爲移其家郡中旦夕延見甚歡觀以改修府治獲譴帝見啟所作上梁文因發怒腰斬於市時年三十有九啟警敏有文武才書無不讀尤工詩雄健渾涵上遍古人一洗元季纖靡之繫爲明代作者之冠有大全集鳧藻集

寓感

天旋海水運日月馳奔輝不知此往來伊誰斡其機諒由任元氣推遷不能違人生處宇內行止無定依唯當乘大化逍遙隨所歸志士徇功業貪夫詫輕肥亦有逃羣子矯矯與時違彼此更共笑不知誰是非達人體自然出處兩忘機浮雲遊天表舒卷有餘輝

送劉明府

賤士寡諧世放居江海邊朋儔漸乖暌憔悴不自妍顧影鮮懽趣惡離倍當年它人亦以悲

況復如子賢荒途風霜交歲晏增慨然亂雀噪叢棘驚鴻逝長天斗酒豈足陳薄意聊以宣

出處道既殊不得長周旋誰謂非遐方浮雲阻山川何以慰飢渴令名期可傳

讀書所爲錫山朱隱君子敬賦

高士寡所嗜雅情竹素間北窗夏陰敷散帙欣燕閒流觀古始來治忽儻未刪重華去已遠

鳴鳳何時還微言雖能尋往躅那可攀當感既拊懷遇得亦解顏詠歌南風前至樂孰與班

方爾對聖賢俗子毋扣關

西臺慟哭詩

越人謝翱嘗爲宋丞相文山公之客公死之十二年登釣臺祭公以哭自爲文識其

哀曰西臺慟哭記東陽張兼持示求詩僕感其誼遂賦一首

羲羲子陵臺其下大江奔何人此登高慟哭白日昏哀哉宋遺臣舊客丞相門丞相既死節

有身恥空存北望萬里天再拜奠酒尊險雲暮飛來恍如載忠魂所哭豈窮途中抱千古冤

上悲宗周隕下念國士恩淒涼當世事感慨平生言空山誰知哀惟有猴與猿豈不畏衆驚

聲發不忍吞人言天有耳此哭寧不聞願因長風還吹此血淚痕往墮燕山隅一灑宿草根

田橫去已遠茲道不復論作歌悼往事庶使薄俗敦

送家兄西遷

昔別歸有期。此別去何極。西遷屬事變。咎責非已得。家貧無行資。空橐辭故國。忽忽逐徒旅。

宛宛謝親識。牽攀不能留。慟哭野水側。離鴻爲迴翔。浮雲愁暮色。別時雖云苦。未若別後憶。

願行勿憂家。養親自我職。殊方氣候異。炎霧秋未息。委命毋怨尤。長年強澶食。

答內寄

落月入曉闈。相思不須啼。我非秋胡子。君豈蘇秦妻。風從故鄉來。吹詩達京縣。讀之見君心。

寧徒見君面。拔草不易絕。割水終難開。行雲會有時。飛下巫陽臺。莫信長安道。花枝滿樓好。

白馬繫春風。離愁坐將老。

效樂天

誰言我久賤。明時已叨祿。誰言我苦貧。空倉尚餘粟。辭闕是引退。還鄉豈遷逐。舊宅一架書。

荒圃數叢菊。俗緣任妻子。家事煩僮僕。性懶宜早閑。何須暮年促。著朝士冠新裁野人服。

杯深午醉重。朝眠熟旁人笑。寂寞寂寞吾所欲。終老亦何求。但懼無此福。功名如美味。

染指已云足。何待厭飽餘。腸胃生疾毒。請看留侯退。遠勝主父族。我師老子言。知足故不辱。

塞下曲

誰言我久賤。明時已叨祿。

日落五原塞。蕭條亭堠空。漢家討狂虜。籍役滿山東。去年出飛狐。今年出雲中。得地不足耕。

殺人以爲功。登高望衰草。感歎意何窮。

登西城門

登城望神州風塵暗淮楚江山帶睥睨烽火接樓櫓幷吞何時休白骨易寸土向來禾黍地

雨露長榛莽不見征戰場郍知邊人苦馬驚西風筋鳥散落日豝鳴嗚城下水流恨自今古

廣陵孫孝子愛日堂

昔自中原兵甲勤志士憂時久心痛千村殺戮雞狗無骨肉誰家保相共揚州受禍聞最深

徒恃堅城鐵爲甕城中義丁一百萬坐委溝谿不成用至今草長髑髏臺月黑精靈尙哀慟

君時負親獨竄匿何異網魚逢脫縱遠道秋風舊橐空長江暮雨孤帆重堨來吾鄉今十年

孝友爭傳似張仲雖嗟故里未能歸卻喜新堂還可奉盡歡惟嗖小人羹致養寧須大官俸

只愁老景苦駸駸義馭西馳疾飛鞚晝省花影願遲移晚聽角聲驚早弄

每計餘年憂且恐嗟予少已失庭闈宰木亂來無地種欲娛朝夕難再得誰惜流光去如夢

自慙不及君慶多灑淚蓼莪空廢誦寸心猶願時早平重爲河清作歌頌萬國同看化日長

生能養親死能送

溫陵節婦行　泉州陳氏婦夫泛海溺死守志

姜家溫陵近南浦嫁得良人業爲買良人長年愛遠遊不敢新妝映門戶販寶遙聞去百蠻

朝朝海上望青山不仁無奈蛟龍橫漂沒孤舟不得還君非渡河老狂夫波濤如山何不顧

尋屍便欲赴窮淵膝下嬌兒誰與哺十載空閨守寸心滄溟水淺恨情深願身不化山頭石。

化作孤飛精衛禽。

北郭秋夜喜徐卿遠來兼南遊

東海徐君我同里月共周旋接冠履斯人自是眞可人不見心憂見之喜容遠別間山岳
兩歲僅收書一紙頗聞微祿不自養霧雨南方疫時起誰能忽送千里來舊有飛鴻渡江水
蟲聲今夜空館涼秉燭相看疑夢裏瓊枝何以失舊色客路風塵亦勞矣我今不解出門行
病眼流眸肉生胝與奪得喪未足較惟有一貧聊復爾暫來即去何使然撫琴東西覓知己
當時結交豈不多下車相揖今無幾願君窮達存此心勿使千年笑餘耳

明皇秉燭夜遊圖

華萼樓頭日初墮紫衣催上宮門鎖大家今夕燕西園高燒銀盤百枝火海棠欲睡不得成
紅妝照見殊分明滿庭紫燄作春霧不知有月空中行新譜霓裳試初按內使頻呼燒燭換
知更宮女報銅籤歌舞休催夜方半共言醉飲終此宵明日且免羣臣朝只憂風露漸欲冷
妃子衣薄愁成嬌琵琶羯鼓相追續白日君心歡不足此時何暇化光明去照逃亡小家屋
姑蘇臺上長夜歌江都宮裏飛螢多一般行樂未知極烽火忽至將如何可憐蜀道歸來客
南內淒涼頭盡白孤燈不照返魂人梧桐夜雨秋蕭瑟

王明君

都門塵拂春風面臨別看花淚如霰君王惆悵蛾眉不似前時畫中見白髮呼韓感漢恩

寧胡謾號閼支尊氈裘肉食本異俗不如但嫁巫山村黃沙白雪無城闕手冷鵾弦夜彈歇

相隨萬里到穹廬只有長門舊時月妾語還憑歸使傳妾身沒虜不須憐願君莫殺毛延壽

留畫商巖夢裏賢

車遙遙

鶗雞啼霜海城白征夫趣裝牛上軶天生兩轂轉長途那得令君不為客出門已遠第一程

耳中鳴鐸漸無聲房戶寧嗟寂寞守山川唯念苦辛行欲車不行願車覆還愁損我車中玉

安得身如芳草多相隨千里車前綠

大梁行

大梁四面平如砥西去咸陽一千里魏王此地昔為都宮闕中天碧雲起車聲輷輷夜未休

帶甲十萬名蒼頭撞鐘列鼎宴上客奉金走幣連諸侯信陵眞是賢公子富貴不驕天下士

已訪侯嬴到里門復迎朱亥經屠市傾身折節世莫同緩急竟賴斯人功邯鄲秦軍一椎破

七國震動聞英風古城重過爲搔首幾度秋風落楊柳沼上應無鴻雁來苑中只有狐狸走

立馬塵沙日欲昏悲歌慷慨向夷門豪華多少同銷歇獨有高名今尚存

張中丞廟

延秋門上烏啼霜。羯奴曉登天子牀。江頭老臣淚暗滴。萬乘西去關山長。公卿相牽作降虜。
草間拜泣如羣羊。當時不識顏平原。豈復知有張睢陽。孤城落日百戰後。瘦馬食尾人裹瘡。
男兒竟爲忠義死。碧血滿地嗟誰藏。賀蘭不斬上方劍。英雄有恨何時忘。千年海上見祠廟。
古苔叢木秋風荒。摩挲畫壁塵網裏。勇氣燁燁虯鬚張。巫歌大招客醇酒。忠魂或能來故鄉。

牧牛詞

爾牛角彎環我牛尾禿速。共拈短笛與長鞭。南隴東岡去相逐。日斜草遠牛行遲午勞牛飢
唯我知牛上唱歌牛下坐夜歸還向牛邊臥。長年牧牛百不憂但恐輸租賣我牛。

賣花詞

綠縕小樹枝枝好。花比人家別早開。陌頭擔得春風行。美人出簾聞叫聲移去莫愁花不活。
賣與還傳種花訣。餘香滿路日暮歸。猶有蜂蝶相隨飛。買花朱門幾迴改不如擔上花長在。

空城雀

空城雀何局促城頭飛城下宿。百匝得一枝千啄逢一粟。衆雛隨啾喞所欲各易足不須羨
彼珍羽禽翽翽高集珠樹林。一朝身陷虞羅裏回首空城不如爾。

青丘子歌

江上有青丘予徙家其南因自號青丘子閒居無事終日苦吟間作青丘子歌言其
意以解詩之嘲

青丘子臞而清本是五雲閣下之仙卿何年降謫在世間向人不道姓與名躡屬厭遠遊荷
鋤懶躬耕有劍任羞澀有書任縱橫不肯折腰為五斗米不肯掉舌下七十城但好覓詩句
自吟自酬廣田間曳杖復索傍人不識笑且輕謂是魯迂儒楚狂生青丘子聞之不分意
吟聲出吻不絕咿唔鳴朝吟忘其飢暮吟散不平當其苦吟時兀兀如被酲頭髮不暇櫛家
事不及營兒啼不知憐客至不果迎也空不慕猗氏盈不慙被褐藜不羨垂華纓不
問龍虎苦戰鬪不受烏兔忙奔傾向水際獨坐林中獨行斷元氣搜元精造化萬物難隱情
冥茫八極遊心兵坐令無象作有聲微如破懸蝨壯若屠長鯨清同及沆瀣險比排崢嶸
靄晴雲披軋軋凍煙露滋華英聽音諧韶樂咀味得大羹世間無物為我娛自出金石相轟
鏗江邊茅屋風雨時閉門睡足詩初成叩壺自高歌不顧俗耳驚欲呼君山老父攜諸仙所
弄之長笛和我此歌吹月明但愁歘忽波浪起鳥獸駭叫山搖崩天帝聞之怒下遣白鶴迎
不容在世作狡獪復結飛珮還瑤京

登金陵雨花臺望大江

大江來從萬山中。山勢盡與江流東。鍾山如龍獨西上。欲破巨浪乘長風。江山相雄不相讓。形勝爭誇天下壯。秦皇空此瘞黃金。佳氣葱葱至今王。我懷鬱塞何由開。酒酣走上城南臺。坐覺蒼茫萬古意。遙自荒煙落日之中來。石頭城下濤聲怒。武騎千羣誰敢渡。黃旗入洛竟何祥。鐵鎖橫江未爲固。前三國後六朝。草生宮闕何蕭蕭。英雄來時務割據。幾度戰血流寒潮。我生幸逢聖人起南國。禍亂初平事休息。從今四海永爲家。不用長江限南北。

林間避暑

自愛蔓藤滑閑舒臥石苔松風催暑去竹月送涼來石氣生琴薦泉香入茗杯卻憐行路子愁喝向黃葵

秋夜宿周記室草堂送王才

相別還相戀秋宵暫對牀人情貧後見客況醉中忘池柳疏含翠江雲薄護霜離舟待明發愁思劇茫茫

送謝恭

涼風起江海萬樹盡秋聲搖落豈堪別躊躇空復情帆過京口渡砧響石頭城爲客歸宜早高堂白髮生

郊墅雜賦

幽事向誰誇，孤吟對晚沙。浣衣江動月，繫艇岸垂花。行蟻如知路，歸鳧自識家。一尊茅屋底，隨意答春華。

送舒徵士考禮畢歸四明

寄語關門吏，休輕尚布衣。叔孫聊應召，周黨竟辭歸。赤日京城遠，蒼煙海樹微。送君還自歎，老卻故山薇。

客舍喜姪庸至

客裏逢人喜，相過況阿宜。遠遊驚歲晚，多難惜門楣。帆落江橋近，鐘來野店遲。一杯燈下語，渾似在家時。

牧

一笛去茫茫，平郊綠草長。但知牛背穩，應笑馬蹄忙。度隴衝朝雨，歸村帶夕陽。相逢休挾策，回首恐忘羊。

登涵空閣

袞袞波濤漠漠天，曲闌高棟此山顛。置身直在浮雲上，縱目長過去鳥前。數杵秋聲荒苑樹，一帆暝色太湖船。老僧不識興亡恨，只向遊人說晚年。

送張徵君南遊

故人多去不堪留。況復看君更遠遊。流落正逢搖落景，亂離還值別離愁。夕陽亭上匆匆酒。寒雨江邊渺渺舟。此後衡門應獨掩，詩篇寂寞有誰酬。

岳王墓

大樹無枝向北風。千年遺恨泣英雄。班師詔已來三殿，射虜書猶說兩宮。每憶上方誰請劍，空嗟高廟自藏弓。棲鴉嶺上今回首，不見諸陵白露中。

送徐山人還蜀山兼寄張靜居

我因解綬遠辭京。君為修琴暫入城。偶爾相逢春酒熟，飄然忽去暮煙生。山頭學嘯猶聞響，世上留詩不寫名。西磵煩詢張靜者，年來注易幾爻成。

逢倪徵士

數千里外久相違。十八灘頭偶獨歸。自說病來辭幕府，只因愁絕念庭闈。吳歌重把還鄉酒，蠻布猶穿過嶺衣。話盡三年遊歷事，滿庭風雨送斜暉。

閶闔墓

水銀為海接黃泉。一穴曾勞萬卒穿。謾說深機防盜賊，難令朽骨化神仙。空山虎去秋風後，廢樹烏啼夜月邊。地下應知無敵國，何須深葬劍三千。

題雜畫

空山萬株木颭颭秋多晦屋在白雲中人歸白雲外。

淵源堂夜飲

懸燈照清夜葉落堂下雨客醉已無言秋蟲自相語。

夢中作

悠悠衆擾去寂寂孤吟歇雨過滿窗涼高林上明月。

題楞伽山寺壁

惆悵空山裏寒梅應自開雲中何處覓須待雪晴來。

秋柳

欲挽長條已不堪都門無復舊鬒鬖此時愁煞桓司馬暮雨秋風滿漢南

送賈麟歸江上

別淚紛紛逐斷猿貧交無贈只多言離愁正似蘼蕪草一路隨君到故園

廢宅芍藥

昔年花發要人催今日無人花自開猶有園丁憐國色時容閒客借看來

湖上見月憶家兄

望月思兄意轉迷孤帆應宿楚雲西夜深愁向湖邊立爲有寒鴻相並棲。

送陳秀才歸沙上看墓

滿衣血淚與塵埃亂後還鄉亦可哀風雨梨花寒食過幾家墳上子孫來。

荀彧

晚惜彤弓勢已難空期魏武作齊桓猶緣死沮奸雄意竊鼎遷延到五官。

春暮西園

綠池芳草滿晴波春色都從雨裏過知是人家花落盡菜畦今日蝶來多。

涼州曲

關外垂楊早換秋行人落日旆悠悠隴山高處愁西望只有黃河入海流。

詩十五家

吳偉業　明太倉人字駿公號梅村崇禎進士官至少參事與馬士英阮大鋮不合假歸清康熙初有司力追入都累官國子祭酒工詩年六十三卒遺命葬於靈巖鄧尉間碣曰詩人吳梅村之墓日吾詩雖不足傳而詩中之寄託良苦後世讀吾詩而知吾心則吾不死矣案偉業之詩專學唐人格調少時才華豔發所作多婉麗風流追閱歷興亡暮年蒼涼激楚與象深微論者方之庾信當時與之齊名者有錢謙益龔鼎孳稱江左三大家然獨偉業所作尤膾炙於人口為海內學者宗仰焉有梅村集太倉十子詩選

毛子晉齋中讀吳匏庵手鈔宋謝翱西臺慟哭記

扁舟訪奇書夜月南湖宿主人開東軒磊落三萬軸別庋加收藏前賢矜手錄北堂學士鈔南宋遺民牘言過富春渚登望文山哭子陵留高臺西面滄江綠婦翁為神仙天子共游學攜家就赤城高舉淩黃鵠尚笑君房癡寧甘子雲辱七里溪光清千仞松風護廬陵赴急難幕府從羈僕運去須武侯君存卽文叔臣心誓弗諼漢祚憂難復昆陽大風雨虎豹如蜾縮詭譎溥沱冰倉卒蓺亭粥所以恢黃圖無乃資赤伏卽今錢塘潮莫救厓山麓空坑戰士盡柴市孤臣戮一死之靡他百身其奠贖襲生天天年瞿公溢家族會稽處士星求死得亦足

安能期故人共臥容加腹巢許而蕭曹遭遇全高蹈文山竟以殉趙社終爲屋海上悲田橫。

國中痛王蠋門人薨里歌故吏平陵曲彼存君臣義此製朋友服相國誠知人舉事何顧麑。

丈夫失時命無以辭磔磔看君書一編俾我愁千斛禹績荒煙霞越臺走麋鹿不圖疊山傳。

再向嚴灘續配食從方千豐碑繼梅福主人更命酒哀吟同擊筑四座皆涕零霜風激翠木。

嗟乎誠義士已矣不忍讀。

閬州行贈楊學博爾絡

四坐且勿喧聽吾歌閬州閬州天下勝十二錦屏樓歌舞巴渝盛江山士女游。我有同年翁。

閬中舊鄉縣送客蒼溪船讀書玉臺觀忽乘相如車謂受文翁薦游宦非不歸十載成都亂。

只君爲愛子相思不相見相見隔長安干戈徒步難金牛盤七坂鐵馬斷千山敢辭道路難。

早向妻兒訣一身上鳥道全家傍虎穴君自爲尊章豈得顧妻子分攜各努力妾當爲君死。

淒淒復切切苦語不能答好寄武昌書莫買秦淮姜巴水急若箭巴船去如葉兩岸蒼崖高。

孤帆望中沒二月到漢口三月下揚州揚州花月地烽火似邊頭驛路逢老親遷官向閩越。

謂逼公車期蚤看長安月再拜不忍去趣使嚴裝發河山一朝異復作它鄉別別後竟何如。

飄零少定居愁中鄉信斷不敢望來書盡道是葭萌殺人滿川陸積屍崴嵋平千村惟鬼哭。

客有自秦關傳言且悲喜來時聞君婦貞心視江水江水流不極猿聲哀豈聞將書封斷指。

血淚染羅裙五內爲崩摧買舟急迎取相逢惟一慟不料吾見汝拭眼問舅姑雲山復何處。

淚盡日南天死生不相遇汝有親弟兄提攜思共濟姊妹四五人扶持結衣袂懷裏孤雛癡

啼呼不知避失散倉間骨肉都拋棄悠悠彼蒼天於人抑何酷城中十萬戶白骨滿崖谷

官軍收成都千里見榛莽設官尹猿猱半以飼豺虎尚道是閩州此地差安堵民少官則多

莫恤蜀人苦淒涼漢祖廟寂寞滕王臺子規叫夜月城郭生蒿萊只有嘉陵江江聲自浩浩

我欲竟此曲流涕不復道

讀史雜詩

東漢昔云季黃門擅權勢忿召外兵癰決身亦潰雖自撥本根庶幾蕩殘穢誰云承敝起

仍出刑餘裔孟德沾勾蘗門資列朝貴憑藉盜弄兵豈曰唯才智追王故長秋無鬚而配帝

鈎黨諸名賢子孫爲皁隸

下相懷古

驅車馬陵山落日見下相憶昔楚項王拔山氣何壯太息取祖龍大言竟非妄破釜救邯鄲

功居入關上殺降復父讐不比諸侯將杯酒釋沛公殊有君人量胡爲去咸陽遭人扼其吭

亞父無諝言奇計非所望重瞳顧柔仁隆準至暴抗脫之掌握中骨肉俱無恙所以哭魯兄

仍具威儀葬古來名與色英雄不能忘力戰兼悲歌西風起酸愴廢廟枕荒岡虞兮侍幃帳

礬清湖

礬清湖者。西連陳湖南接陳墓其先褚氏之所居也礬清者土人以水清疑其下有礬石故名。或曰范蠡去越取道於此湖名范蠡以音近而譌世遠莫得而考也太湖居吾郡之北有大山衝擊風濤湍悍而陳湖諸水渟泓演池居人狎而安焉煙村水市若黿雁之著波面千百於其中土沃以厚歙收二鍾有魚蝦菱茭之利資船以出入科糴視他境差緩故其民日以饒不爲盜吾宗之緣倩青房公昆弟人不辦水門故處久之始達主人開門延宿雞黍酒漿將迎灑掃其居前榮後寢葭葭掩映榆柳蕭疏月出柴門漁歌四起杳然不知有人世事矣是時姑蘇送兵至不數一人。世矣余以乙酉五月聞亂倉皇攜百口投之中流風雨大作扁舟掀簸榜人不辦水消息流傳緩急互異湖中煙火晏然予將卜築買田耦耕絡老居兩月而陳墓之變作於是流離遷徙懂而後免事定將踐前約尋以世故牽挽流涕連關河阻隔比三載得歸而青房過訪草堂見予髮白齒落深怪早衰又以其窮愁縈獨妻妾相繼下世因話昔年湖山兵火奔走提攜心力枉枯骨肉安在太息者久之青房亦以毀家紓役舊業蕩然水鳥樹林依稀如故而居停數椽斷甃零甓罔有存者

烏雛伏座傍踏地哀鳴狀。我來訪遺迹登高見芒碭長陵竟坏土萬事同惆悵。

人世盛衰聚散之故豈可問邪撫今追昔詮次爲五言長詩用識吾慨且以明舊德

於不忘也

吾宗老孫子住在攀清湖湖水清且漣其地皆膏腴隄栽百株柳池種千石魚教僮數鵝鴨

遠屋開芙蕖有書足以讀有酒易以沽終老寡送迎頭髮可不梳相傳范大夫三徙由中吳

一舸從此去在理或不誣嗟予遇兵火百口如飛毚避地何所投扁舟指菰蒲北風晚正急

煙港生模糊船小吹雨來衣薄無前村似將近路轉忽又無倉皇值漁火欲問心已孤

俄見菼葭邊主人出門呼開柵引我船掃室容我徒我家兩衰親上奉高堂姑覊難總頭白

勸止需人扶妻姜病伶仃嘔吐當中塗長女僅九齡餘泣猶呱呱入君所居室燈火映窗疏

寬閒分數寢嬉笑諸雛縛束東西廂行李安從奴前窗張罾網後壁挂未鉏苦辭村地僻

客舍無精蠶翁韭烹硏魴炊彫胡床出濁醪人倦消幾壼睡起日已高曉色開煙蕪

漁灣一兩家點染江村圖沙嘴何人舟消息傳姑蘇或云江州下不比揚州屠早晚安集掾

鞍馬來南都或云移民房插箭下嚴符囊橐歸他人婦女充軍俘里老獨晏然今年租

饁耕看賽社醱飲聽呼盧軍馬總不來里巷相爲娛而我遊其間坦腹行徐徐見人盡恭敬

不識誰賢愚魚蝦盈小市鳧雁充中廚月出浮溪光萬象疑沾濡放棹淩滄浪笑弄驪龍珠

夷猶發浩唱禮法胡能拘東南雖板蕩此地其黃虞世事有反覆變亂與須臾草草十數人

盟歃起里閭兔園一老生自詭讀穰苴漁翁爭坐席。有力爲專諸。胙羹餕於餘皇簑笠裝

犀渠大笑擲釣竿赤手搏於菟欲奪夫差宮坐擁專城居予又出子門十步九崎嶇脫身白

刃間性命輕擲錙銖我去子亦行後各還其廬官軍雖屢到尚未成丘墟生涯免溝壑身計謀

樵漁買得百畝田從子學長沮天意不我從世網將人驅親朋盡追送涕泣登征車吾生罹

干戈猶得骨肉俱一官受逼迫萬事堪欷歔倦策既歸來入室翻次且念我平生人慘澹留

羅襦秋雨君叩門一見驚清癯我苦不必言但坐觀髭鬚歲月曾幾何筋力遠不如遭亂若

此衰豈得勝奔趨十年顧妻子心力都成虛分離有定分久暫理不殊翻笑危急時奔走徒

區區君時聽我語顏色慘不舒亂世畏盛名薄俗容小儒生來遠朝市謂足逃沮洳長官誅

求急姓氏屬里胥夜半聞叩門瓶盎少所儲豈不惜堂構其奈愁征輪庭樹好追涼竆困伐存

枯株池荷久不開歲久塡泥淤廢宅鋤爲田薺麥生階除富時樓息地零落今無餘生還愛

節物高會逢茱萸好探籬下菊且讀囊中書中懷苟自得外物非吾須君觀鷗夷子眷戀傾

城妹千金亦偶然奚足稱陶朱不如棄家去漁釣山之隅江湖至廣大何惜安微軀揮手謝

時輩愼勿空躊躇

直溪吏

直溪雖鄉村故是尙書里短棹經其門叫聲忽盈耳。一翁被束縛苦辭橐如洗吏指所居堂。

卽貧信爾人好作計緩且受鞭箠穿漏四五間中已無窗几屋梁紀月日仰視殊自恥

昔也三年成今也一朝毀貽我風雨愁飽汝歌呼喜官逋依舊在府帖重追起旁人共欷歔

感歎良有以東家瓦漸稀西舍牆半圮生涯分應盡遲速總一理居者今何栖去者將安徙

明歲留空村極目唯流水

臨頓兒

臨頓誰家兒生小矜白皙阿爺貪官錢棄置何倉卒給我適誰家朱門臨廣陌囑儂且好住

跳弄無知識獨怪臨去時摩首如憐惜三年敎歌舞萬里離親戚絕伎逢侯王寵異施恩澤

高堂紅氍毹華燈布瑤席授以紫檀槽吹以白玉笛文錦縫我衣珍珠裝我額瑟瑟珊瑚枝

曲罷恣狼藉我本貧家子邂逅遭抛擲一身被驅使兩口無消息縱賞千黃金莫救餓死骨

歡樂居它鄉骨肉誠何益

行路難

君不見無須將閭叫呼天賜錢請葬驪山邊父爲萬乘子黔首不得耕種咸陽田君不見金

墉城頭高百尺河閒成都弄刀戟草木萌芽殺長沙狂風烈烈吹枯骨人生骨肉那可保富

貴榮華幾時好龍子作事非尋常奪嫡爭梨天下擾金床玉几不得眠一朝零落同秋草

永和宮詞

揚州明月杜陵花夾道香塵迎麗華舊宅江都飛燕井新侯關內武安家雅步纖腰初召入

鈿合金釵定情日豐容盛鬋固無雙蹴踘彈棋復第一上林花鳥寫生綃禁本鍾王點素毫

楊柳風微春試馬梧桐露冷暮吹簫君王睿盻無歡思宮門夜半傳封事玉几金床少晏眠

陳娥衛豔誰頻侍貴妃明慧獨承恩笑宜愁慰至尊皓齒不呈微索問蛾眉欲蹙又溫存

本朝家法修清謹讒房帷久絕珍奇薦敕使惟追陽羨茶內人敷減昭陽膳維揚服製檀江南

小閣爐煙沈水含私買瓊花新樣錦自修水遞進黃柑中宮謂得君王意銀鐶不妒溫成賞

早日鬈護大家比來歡笑同良娣奉使龍樓賈佩蘭往還偶失兩宮歡雖云樊嬺能辭令

欲得昭儀喜怒難綠綿小字書成印瓊函自署充華進請罪長敎聖主憐含辭欲得君王惱

君王內顧惜傾城故劍還敵體恩手詔玉人蒙詰問自來階下拭啼痕外家官拜金吾尉

平生游俠多輕利縛客因催進錢當筵便殺彈箏伎班姬才調左姬賢霍氏驕奢竇氏專

涕泣微聞詔笑談豪奪灞陵田有司奏削將軍俸貴人冷落宮車夢永巷傳聞去玩花

景和門裏誰陪從天顏不憚侍人愁后促黃門詔共遊初勸官家佯不應玉車早到殿西頭

兩王最小牽衣戲長者讀書少者弟聞道羣臣譽定陶獨將多病憐如意豈有神君語帳中

漫云王母降離宮巫陽莫救蒼舒恨金鎖彫殘玉筯紅從此君王慘不樂叢臺置酒風蕭索

已報河南失數州況經少子傷零落貴妃瘦損坐匡牀懊憹啼眉掩洞房荳蔻湯溫冰簟冷

荔枝漿熱玉魚涼。不經秋淚沾臆裴回自絕君王滕苔沒長門有夢歸花飛寒食應相憶。

玉匣珠襦啟便房蘿歌無異葬同昌君王欲製哀蟬賦誄筆詞臣有謝莊頭白宮娥暗頻蹙。

庸知朝露非爲福宮草明年戰血腥當時莫向西陵哭窮泉相見痛黃還向官家問永王

幸免玉環逢喪亂不須銅雀怨興亡自古豪華如轉轂安若在憂家族愛子雖添北渚愁

外家已葬驪山足夜雨椒房陰火青杜鵑啼血濯龍門漢家伏后知同恨止少當年一貴人

碧殿淒涼新木拱行人尚識昭儀冢麥飯冬青問茂陵斜陽蔓草埋殘壠昭丘松檟北風哀

南內春深擁夜來莫奏霓裳天寶景陽宮井落秋槐。

鴛湖曲

鴛鴦湖畔草黏天二月春深好放船柳葉亂飄千尺雨桃花斜帶一溪煙煙雨迷離不知處

舊隄卻認門前樹樹上流鶯三兩聲十年此地扁舟住主人愛客錦筵開水閣風吹笑語來

畫鼓隊催桃葉伎玉簫聲出柘枝臺輕轂窄袖嬌妝束脆管繁絃競追逐雲鬟子弟按霓裳

雪面參軍舞鸜鵒酒盡移船曲榭西滿湖燈火醉人歸朝來別奏新翻曲更出紅妝向柳陰

歡樂朝朝兼暮暮七貴三公何足數十幅蒲帆幾尺風吹君直上長安路長安富貴玉驄驕

侍女熏香護早朝分付南湖舊花柳好留煙月伴歸橈那知轉眼浮生夢蕭蕭日影悲風動

中散彈琴竟未終山公啟事成何用東市朝衣一旦休北邙坏土亦難留白楊尚作他人樹

紅粉知非舊日樓烽火名園竄狐免畫閣偷窺老兵怒寧使當時沒縣官不堪朝市都非故

我來倚棹向湖邊煙雨臺空倍惘然芳草乍疑歌扇綠落英錯認舞衣鮮人生苦樂皆陳迹

年去年來堪痛惜聞笛休嗟石季倫衙杯且效陶彭澤君不見白浪掀天一葉危收竿還怕

轉船遲世人無限風波苦輪與江湖釣叟知

圓圓曲

鼎湖當日棄人間破敵收京下玉關慟哭六軍俱縞素一怒為紅顏紅顏流落非吾戀

逆賊天亡自荒讌電埽黃巾定黑山哭罷君親再相見初經田竇家侯門歌舞出如花

許將戚里箜篌伎等取將軍油壁車家本姑蘇浣花里圓圓小字嬌羅綺夢向夫差苑裏遊

宮娥擁入君王起前身合是采蓮人門前一片橫塘水橫塘雙槳去如飛何處豪家強載歸

此際豈知非薄命此時只有淚沾衣熏天意氣連宮掖明眸皓齒無人惜奪歸永巷閉良家

致就新聲傾坐客坐客飛觴紅日暮一曲哀絃向誰訴白皙通侯最少年揀取花枝屢回顧

早攜嬌鳥出樊籠待得銀河幾時渡恨殺軍書底死催苦留後約將人誤相約恩深相見難

一朝蟻賊滿長安可憐思婦樓頭柳認作天邊粉絮看遍索綠珠圍內第強呼絳樹出雕闌

若非壯士全師勝爭得蛾眉匹馬還蛾眉馬上傳呼進雲鬟不整驚魂定蠟炬迎來在戰場

啼粧滿面殘紅印專征簫鼓向秦川金牛道上車千乘斜谷雲深起畫樓散關月落開粧鏡

傳來消息滿江鄉烏柏紅經十度霜敎曲妓師憐尙在浣紗女伴憶同行舊巢共是銜泥燕
飛上枝頭變鳳皇長向尊前悲老大有人夫壻擅侯王當時祇受聲名累貴戚名豪競延致
一斛珠連萬斛愁關山漂泊腰支細錯怨狂風颺落花無邊春色來天地嘗聞傾國與傾城
翻使周郎受重名妻子豈應關大計英雄無奈是多情全家白骨成灰土一代紅粧照汗靑
君不見館娃初起鴛鴦宿越女如花看不足香逕塵生鳥自啼屧廊人去苔空綠換羽移宮
萬里愁珠歌翠舞古梁州爲君別唱吳宮曲漢水東南日夜流

捉船行

官差捉船爲載兵大船買脫中船行中船蘆港且潛避小船無知唱歌去郡符昨下吏如虎
快槳追風搖急櫓村人露肘捉頭來背似土牛耐鞭苦苦辭船小要何用爭執洶洶路人擁
前頭船見不敢行曉事篙師斂錢送船戶家家壞十千官司查點候如年發回仍索常行費
另派門攤云雇船君不見官舫嵬峩無用處打鼓插旗馬頭住

退谷歌

我家乃在莫釐之下具區之東洞庭煙靉七十二天際杳杳聞霜鐘豈無巢居子長嘯呼赤
松後來高臥不可得無乃此世非洪濛元氣茫茫鬼神鑿黃虞旣沒巢由窮逆旅逢孫登自
稱北海翁攜手共上徐無峯仰天四顧指而笑此下卽是宜春宮若敎天子廣苑囿吾地應

入甘泉中丈夫蹤跡貴狡獪何必萬里游崆峒君不見抱石沈焚山死被髮佯狂棄妻子匡
廬峰成都市欲逃名姓竟誰是少微無光客星暗四皓衣冠只如此使我山不得高水不得
深鳥不得飛魚不得沈武陵洞口聞野哭蕭斧斫盡桃花林仙人得道古來宅劫火到處相
追尋不如三輔內此地依青門非朝非市非沈淪鄂杜豈關蕭相請茂陵不厭相如貧飲君
酒就君宿羨君逍遙之退谷花好須隨禁苑開泉清不讓溫湯浴中使敲門爲放鷹羽林下
馬因蓐鹿我生亦胡爲白頭苦碌碌送君還山讖君屋庭草彷彿江南綠客心歷亂登高目
噫嘻乎歸哉我家乃在莫釐之下具區之東側身長望將安從

悲歌贈吳季子

人生千里與萬里黯然銷魂別而已君獨何爲至於此山非山兮水非水生非生兮死非死
十三學經幷學史生在江南紈綺詞賦翩翩衆莫比白璧青蠅見排詆一朝束縛去上書
難自理絕塞千山斷行李送更淚不止流人復何倚彼倘愁不歸我行定已矣八月龍沙雪
花起橐駝亜腰馬沒耳白骨皚皚經戰壘黑河無船渡者幾前憂猛虎後蒼兕土穴儵生若
蜱蟻大魚如山不見尾張髻爲風沫爲雨日月倒行入海底白晝相逢半人鬼噫嘻乎悲哉
生男聰明愼莫喜倉頡夜哭良有以憂患祇從讀書始君不見吳季子

讀史雜感三首

北寺讒成獄西園賄拜官上書休討賊進爵在迎鑾相國爭開第，將軍罷築壇空餘蘇武節

流涕向長安

聞築新宮就君王擁麗華佇言虛內主廣欲選良家使者黬頭舫才人豹尾車可憐青冢月

已照白門花

偏師過采石笑騎滿新林已設牽羊禮難爲刑馬心孤軍擁韋粲百戰死王琳極目蕪城遠

滄江莫雨深

送王子彥

失意獨焉往自憐歸計非無家忘別苦多難愛書稀白首投知已青山貢布衣秋風秣陵道

惆悵素心違

遇舊友

已過纔追問相看是故人亂離何處見消息苦難真拭眼驚魂定銜杯笑語頻移家就吾住

白首兩遺民

湖中懷友

渺渺晴波晚青青芳草時遠帆看似定獨樹去何遲花落劉根廟雲生柳毅祠香薷正可擷

欲寄起相思

送湘陰沈旭輪謫判深州

豈不貪高臥其如世路非故園先業在多難幾時歸遇事愁官長逢人羨布衣君看洞庭雁。

日夜向南飛。

送穆苑先南還

舍弟今年別臨分恰杪秋苦將前日淚重向故人流海國愁安枕鄉田喜薄收相期幾數紙。

春雨便歸舟

過韓蘄王墓

訪古思天塹江聲戰鼓中全家知轉鬭健婦笑臨戎汗馬歸諸將疲驢念兩宮淒涼岳少保。

宿草起悲風

哭亡女三首

喪亂才生汝全家竄道邊畏啼思便棄得意加憐兒女關餘劫干戈逼小年興亡天下事。

追感倍淒然

一慟憐渠幼他鄉失母時止因身未殞每恨見無期白骨投懷抱黃泉訴別離相依三尺土。

腸斷孝娥碑

扶病常聞亂漂零實可憂危時難共濟短算亦良謀訣絕頻攜手傷心但舉頭昨宵還勸我

不必淚長流。

梅村

枳籬茅舍掩蒼苔乞竹分花手自裁。不好詣人貪客過慣遲作答愛書來。閒窗聽雨攤詩卷
獨樹看雲上嘯臺桑落酒香盧橘美釣船斜繫草堂開。

悼亡

秋風蕭索響空幃酒醒更殘淚滿衣辛苦共嘗偏早去亂離知否得同歸君親有媿吾還在
生死無端事總非最是傷心看稚女一窗燈火照鳴機。

陳青雷以半圃索題走筆戲贈

半間茅屋半牀書半賦閒游半索居領略溪山應不盡平分風月復何如點癡互有纔忘世
廉讓中間好結廬自是圖全非易事與君隨意狎樵漁

投贈督府馬公

十年重到石城頭細雨孤帆載客愁累應趨幕府扁舟今始識君侯青山舊業安常稅
白髮衰親畏遠遊慚媿推賢蕭相國邵平只合守瓜邱

自歎

誤盡平生是一官棄家容易變名難松筠敢厭風霜苦魚鳥猶思天地寬鼓枻有心逃角里

推車何事出長干旁人休笑陶弘景神武當年早挂冠。

臺城

形勝當年百戰收子孫容易失神州金川事去家還在玉樹歌殘恨未休徐鄧功勳誰甲第。

方黃骸骨總荒邱可憐一片秦淮月曾照降旛出石頭

將至京師寄當事諸老二首

柴門秋色草蕭蕭幕府驚傳折簡招敢向煙霞堅笑傲卻貪耕鑿久逍遙楊彪病後稱遺老

周黨歸來話聖朝自是璽書修盛舉此身只合伴漁樵

平生蹤迹儘由天世事浮名總棄捐不召豈能逃聖代無官敢卽傲高眠匹夫志在何難奪

君相恩深自見憐記送鐵崖詩句好白衣宣至白衣還

贈遼左故人二首

短轅一哭暮雲低雪窖冰天路慘悽青史幾年朝玉馬白頭何日放金雞燕支塞遠春難到

木葉山高鳥亂啼百口總行君莫歎冤教少婦憶遼西

齊女門前萬里臺傷心砧杵北風哀一官誤汝高門累半子憐渠快壻才失母況經關塞別。

從夫只好夢魂來摩挲老眼千行淚望斷寒雲凍不開。

懷古兼弔侯朝宗

河洛風塵萬里昏。百年心事向夷門。氣傾市俠收奇用。策動宮娥報舊恩。多見攝衣稱上客。幾人刎頸送王孫。死生總負諸侯諾。欲滴椒漿淚滿樽。自注。朝宗歸德人。贍書約終隱不出。余為世所逼。負鳳諸。故及之。

蕭何

蕭相營私第。他年畏勢家。豈知未央殿。壯麗只樓鴉。

采石磯

石壁千尋險。江流一矢爭。曾聞飛將上。落日弔開平。

子夜詞

憶歡教儂書。少小推無力。別郎郎憐修箋自雕飾。

古意

歡似機中絲。織作相思樹。儂似衣上花。春風吹不去。

亂後過湖上山水盡矣感賦一絕

柳榭桃蹊事已空。斷橋零落敗垣風。莫嗟客鬢重遊改。恰有青山似鏡中。

觀棋和韻

莫將絕藝向人誇。新勢斜飛一角差。局罷兒童閒數子。不知勝負落誰家。

臨清大雪

白頭風雪上長安裋褐疲驢帽帶寬。辜負故園梅樹好南枝開放北枝寒。

題二禽圖

舊巢雖去主人空窮雨捎風自在中卻笑雪衣貪玉粒羽毛憔悴閉雕籠。

送友人出塞

此去流人路幾千長虹亭外草連天不知黑水西風雪可有江南問渡船。

一舸

霸越亡吳計已行論功何物賞傾城西施亦有弓藏懼不獨鴟夷變姓名。

出塞

玉關秋盡雁連天磧裏明駝路幾千夜半李陵臺上月可能還似漢宮圓。

古意

豆蔻梢頭二月紅十三初入萬年宮可憐同望西陵哭不在分香賣履中。

詩詞治要卷一

詩十五家

王士禎 清山東新城人字貽上號阮亭別號漁洋山人順治進士由揚州司理累官刑部尚書卒年七十八諡文簡士禎善古文兼工詞其幹濟風節多有可傳而尤以詩鳴當時其詩大抵推本嚴羽妙悟之說宗唐王孟以神韻為主當時與之頡頏者惟秀水朱彝尊屹然分立南北詩壇者五十年而得名之盛終無如士禎趙執信獨著談龍錄與之齟齬然核趙所得更莫能及其後紀昀嘗評士禎之詩曰括其宗旨不出神韻之一言雖末流剽襲使模山範水之語處處可移論者不能無同異要其選言新秀吐屬天然不能不推為詩家一大宗也有帶經堂集漁洋詩文集精華錄古詩選唐人萬首絕句選感舊集等書

懷古 轅固里

漢初尚黃老儒術閟不章齊誕諸儒五經如載陽遲哉清河傳卓為羣倫倡抵掌論湯武大義非荒曲學誠孫弘微言詁后蒼訓詞列學官星日同琅琅我生曋千載桑梓寧異鄉癏瘵思哲人流風一何長生憗齊魯學私淑附師匡

廣武山

朝登廣武山四望古戰場黃河決溽流寒日無晶光孤獸索其羣驚鳥亂無行平沙轉飛蘿

白骨堆嚴霜昔者英雄人於此分霸王強弱理無恆得失爭敘倉名雖躑陰陵萬乘入咸陽。

東指芒碭雲五色成龍章大風沛上來遊子悲故鄉。

沈周秋林讀書圖

白露變丹葉楓林颯高寒青山出白雲巖壑增屏顏何人坐林中長日頹巾冠堯舜禹武湯。

如櫛羅簡編最愛青牛翁至哉五千言山風日蕭條楓葉隨我前瀑布拏蛟龍赴谷為奔川。

川上小石磯磯頭插綸竿卷書卽垂釣得意遂忘筌我本山中人見此心依然何當及秋風。

歸窮茅三間。

梁曰輯爲言輞川雪中之遊

少志愛山水夢想懷藍田終南西峯下水石餘淸妍憶昔維摩詰于此曾挂冠揮手謝時輩。

草堂常晏眠輞水遠舍下湖光明雲端繩牀間藥鐺淸齋日蕭然春鷗漸矯翼夏木紛綿芊。

眄尋名僧會自泛湖中船嘆息古人沒風物隨變遷仙令妙文筆慨然追昔賢積雪曜巖阪。

秀色曖林巒數里入谷口石流已瀲瀲水鳥相哀鳴雙垞渺人烟卻登華子岡輞水猶淪漣。

花竹散已久亭館供諸天王裴杳千載丘壑亦凋殘來者復爲誰斯言良足嘆。

定軍山諸葛公墓下作

高密起南陽文終從去聲自注高祖暴繫本見疑數蚍亦非武堂堂諸葛公魚水託心膂二表四

謨訓。一德追伊呂視操但如鬼畏彼巾幗徒與公豈儔伍紫色復蛙聲抵隙各

為主火井方三炎赤伏更（自注平聲）典午志士恥帝秦祭器猶存魯陰平一失險面縛忘奔莒知

公抱遺恨龍臥成千古峨峨定軍山悠悠沔陽滸鬱鬱冬青林哀哀號杜宇耕餘拾敗鏃月

黑聞軍鼓譙侯寧足誅激昂淚如雨

龍門閣

眾山如連籠突兀上龍背鱗鬣中怒張風雨晝晦昧出爪作之而神奇始何代亂水趨嘉陵

波濤勢交滙萬壑爭一門雷霆走其內直跨背上行四顧氣什倍夕陽下岷峨天彭光破碎

咫尺劍門關益州此絕塞子陽昔躍馬妖夢成侜僞區區王與孟泚首終一概李特亦雄兒

僭竊竟何在

送徐武令

人生如飛蓬飄轉不得住與君十載別紫髯已非故邂逅蔓草間為君歌零露歌聲未及已

離觴忽復御淼淼江上波離離海門樹悵望秋風時客帆此中去雁飛京口驛潮落西興渡

幾日罷清砧閨中理紈素

初入五老峯謁白鹿洞呈湯佐平先生

忽忽遠城市浩浩臨滄洲良辰愜奇賞始遂廬山遊威紆屢轉蠻窈窕時經丘澤澤風瀑瀉

蒼蒼石川流騎牛緬往迹眠鹿欽前修風景宛猶昔年運條已適唯有五老峰屹立忘春秋。

紫芝驚漢帝黃石招留侯泉石不我退桂樹生山幽。

彭澤雨泊有懷陶公

陶公令彭澤柴桑一舍耳猶對匡廬山共飲西江水。一朝悟昨非扁舟歸栗里笑指故山雲

吾心亦如此我來彭澤縣秫田沒沙嘴急雨送寒潮三歎顏延誅。

丹徒行弔宋武帝

曲阿之北京口東寄奴王者真英雄伐荻殺龍子大業遂建丹徒宮桓家小兒亂天紀。

投袂勤王夜中起樛蒲百萬皆人豪龍行虎步非凡理從茲大運屬彭城中原趙魏歸經營

硤口千軍五龍洞藍田一戰二崤平南北推移幾千載太息雄圖竟何在宿麥寒原少昔人

神鴉社鼓成空塞王氣銷殘帝宅荒悠悠江水不勝長忠臣徒歎袁開府天命還歸蕭建康。

葉級庵自吳中寄予長歌並示金山見憶之作奉答

昔者我登浮玉山大江駿浪流潺湲岷峨萬里在眼底荊門郢樹浮杯間。彭城蘭陵一朝盡

令我慨歎愁心顏此時側望天北極漁陽莽蕩連雄關玉堂美人侍帝側兩年不見飛鴻翼

海內憑誰論素心夢裏思君見顏色蒼梧慘淡雲氣深九疑縣邈瀟湘陰重瞳南巡忽寂寞

園花陵草俱沾襟聞道高陵變深谷即看碧海飛黃塵雲霄侍從幾人在飛蓬落葉愁春心

夫子盛年何婉孌日夕含香玉皇殿衆中獻賦欲淩雲御前騎馬如飛電卻令蕉萃百不如

落拓江湖復相見吁嗟哉人生遇合亦偶然雄飛雌伏皆可憐不見東方曼倩號大隱金門

據地歌向天又不見開元天子盛文藻隴西王孫稱謫仙調羹未罷夜向郎謫至今青山采石

垂千年君家況近崑山麓二陸臺邊結茅屋放鶴朝從西鹿歸采蓴夜向南湖宿感遇終懷

國士恩憂時莫效長沙哭三山圖畫一江分何日題詩共夕曛妙高臺上江如練南望姑蘇

是白雲

南將軍廟行 _公^{自注。在泗州南。霧雲乞師處。}

范陽戰鼓如轟雷都已破潼關開山東大半爲賊守常山平原安在哉睢陽獨過江淮勢

義激諸軍動天地時危戰苦陣雲深裂眦不見官軍至誰與健者南將軍包胥一哭通風雲

抽矢誓仇已慷慨拔劍墮指何嶙峋賀蘭未滅將軍死嗚呼南八眞男子中丞侍郎同日亡

碧血斑爛照青史淮山峨峨淮水深廟門遙對青楓林行人下馬拜秋色一曲淋鈴萬古心

仇英畫九成宮圖 ^{自注唐九成宮卽隋仁壽宮。}

君不見隋皇初作仁壽宮累榭臺宛相屬夷山堙塹幾百里役卒崩騰死崖谷功成厭見

獨孤公不知怨自封耶槧宮晚車出凡幾載已見迷樓起相續虹霓眞人西入關削平六合

營長安青山碧水自無恙雕牆峻宇猶人間年年清暑備法駕千乘萬騎驪屛顔體泉漢出

如沉瀅下入涇渭爲通川。步欄周流鑿山翠雲窗霧閣當空懸。化人之臺屹中天。銅烏六月

雄風寒撥襟仞待颸馭威陽宮闕如雲煙宮娃笑語翠微上阿監絡繹青冥邊羽林千牛

萬萬輦解牛放馬紛華旃從來世事有倚伏太平倏過開元年白頭拾遺此駐馬愁聞林藪

啼哀猿畫圖想見全盛日今我涕淚雙闌干

秦鏡詞爲袁松籬作

熒熒古鏡雙盤龍流傳本出咸陽宮。秦時明月至今在剝落泥沙露光彩。當年秦幷六國時。

後宮閉置千雙眉守宮注臂鏡照膽三十六年君不知華陰道上逢山鬼轀輬東來祖龍死

美人鐘鼓散如煙此鏡蒼涼閱朝市憶昔大收天下兵十二金人初鑄成還令餘事作奮鑑

太乙下視蛟龍驚興嬴蹶何倉卒金鑑千秋如一髮秦鏡虛誇照膽寒不照長城多白骨

自注。漢祖入咸陽宮得方鏡。廣四尺九寸。照見五藏。見西京雜記。

元祐黨籍碑

天津橋上啼杜鵑耕父已見清泠淵宮中堯舜不可作厚陵社飯悲年年。二憮二蔡秉國軸

同文館獄紛鈎連衣冠相望走嶺表一網盡矣嗟羣賢司空手籍元祐黨 自注。京自署司空書。右僕射兼門

下侍 大書深刻相磨鐫彗星下埽文德殿毀碑夜半何喧闐攸攸狒狒一兒戲可惜宋社成

郎。

南遷潭州死骨尚有臭黨人名字光中天西南荒徼八桂郡此碑千載人爭傳上云垂戒萬

忘旃。

采石太白樓觀蕭尺木畫壁歌

落帆向牛渚直上太白樓錦袍烏帽太瀟灑迴看四壁風颼颼蕭生何年畫此雪色壁峰巒

出沒煙嵐稠元氣淋漓眞宰妒江湖頑蛟龍愁吳觀越觀上海日蒼烟九點橫齊州祝融

諸峰配朱鳥瀟湘洞庭放遠遊義眉雪照巫峽水匡廬瀑下彭湖流須臾使我行萬里瞥如

怒隼淩清秋我生海隅昳西遊曾上瞿唐登五老弄瀑布卻臨三峽窺龍湫七十

二峰身未到蒼梧已略天南頭太白遊蹤徧四海晚愛青山采石聊淹留丈夫當爲黃鵠舉

下視燕雀徒啁啾

阮亭秋霽有懷西山寄徐五

孤亭新霽後藤竹夜涼生忽憶西峯寺曾經采藥行夕陽雲木秀秋雨石泉淸不見煙霞侶

相思空復情

武侯琴堂

竹篠娟娟靜江流漠漠陰至今籌筆地猶見出師心遺恨成衡璧元聲有故琴千秋絃指外

髣髴遇高深

瀼西謁少陵祠二首

白髮三川客，新詩百鍊功。飄零逐猿鳥，得失感雞蟲。弟妹干戈襄，朝廷涕淚中。浣花形勝地，回首雪山風。

浩劫遺祠在，依然白帝城。岸連巫峽影，門對蜀江聲。太息隆中業，平生庾信情。艱難詩萬首，藥府至今名。

與趙秋水話申鳧盟遺事感賦

滏水去涓涓，東流繞墓田。忽驚辰巳夢，重憶甲申年。（自注。謂鳧盟曾人甲申殉節。）夜雨啼山鬼，青春叫杜鵑。平生趙元叔，白首話燈前。

過長沮桀溺耦耕處

曾讀陶公傳，耕桑沮溺心。耦耕餘故跡，流水抱寒岑。鳥下日銜夕，雲歸山半陰。從來避世者，不厭入林深。

曉雨後燕子磯絕頂

岷濤萬里望中收，振策危磯最上頭。吳楚青蒼分極浦，江山平遠入新秋。永嘉南渡人皆盡，建業西風水自流。灑酒重悲天塹險，浴鳧飛鷺滿汀洲。

華州齊雲樓（自注。唐昭宗望京處。）

齊雲樓上望京師渭水東流無盡時父老尚傳行幸日。敎坊曾譜斷腸詞。城空祇見雙飛燕。

劫敗猶爭一局棋。莫問寒煙十六宅土花凝碧至今悲。

年來錢牧齋吳梅村周櫟園諸先生鄒訏士陳伯璣方爾止董文友諸同

人相繼徂榭道感懷愴然有賦

載酒題襟處處同平生師友廿年中九原可作思隨會四海論交憶孔融春草茫茫人代速。

落花寂寂墓門空白頭騎馬陵路惟有羊曇恨未窮

拜李元禮墓

潁水東流去不迴漢家司隸氾城隈西園官爵歸常侍北部髡鉗記黨魁。一代荀陳師友誼。

千秋蕃武死生哀歲寒謖謖松聲裏猶似龍門御李來。

和徐健庵宮贊喜吳漢槎入關之作

丁零絕塞鬢毛斑雪窖招魂再入關萬古窮荒生馬角幾人樂府唱刀鐶天邊魑魅愁遷客。自注。與梅村先生昔有送出塞長句見集中。

江上尊罍話故山太息梅村今宿草不留老眼待君還漢槎出塞見集中。

贛州謁王文成公祠

新建當年此誓師森然松柏見靈祠軍聲不藉條侯壁籌策唯應漢相知萬古許孫同廟食。

一時張桂太傾危後來論定煩青史覼首猶存墮淚碑。

晚登夔府東城樓望八陣圖

永安宮殿莽榛蕪炎漢存亡六尺孤城上風雲猶護蜀江間波浪失吞吳魚龍夜偃三巴路。

蛇鳥秋懸八陣圖搔首桓公憑弔處猿聲落日滿夔巫

紫柏山下謁留侯祠

萬木蕭蕭風畫吹深山忽見留侯祠清流白石閴今古雪柏霜篁無歲時辟穀眞從赤松隱。

授書偶作帝王師也知烏喙逃句踐未屑鴟夷學子皮

雪後憶家兄西樵

竹林上斜照陋巷無車轍千里暮相思獨對空庭雪。

青山

晨雨過青山漠漠寒烟織不見秣陵城坐愛秋江色。

國土橋

國土橋邊水千年恨不窮如聞柱厲叔死報莒敖公。

石城橋示倪雁園太史

昔作秦淮客朱樓賦洞簫白頭故人盡重上石城橋。

夜雨題寒山寺寄西樵禮吉二首

日暮東塘正落潮孤篷泊處雨瀟瀟疏鐘夜火寒山寺記過吳楓第幾橋。

楓葉蕭條水驛空離居千里悵難同十年舊約江南夢獨聽寒山半夜鐘

自注弘光時阮司
馬以吳綾作朱
絲

秦淮雜詩

當年賜第有輝光開國中山異姓王莫問萬春園舊事朱門草沒大功坊。

新歌細字寫冰紈小部君王帶笑看千載秦淮嗚咽水不應仍恨孔都官。

闌晝燕子箋。諸劇進宮中。

真州絕句

曉上江樓最上層去帆婀娜意難勝白沙亭下潮千尺直送離心到秣陵。

趙北口見秋柳感成二首

順治己未予上公車與家兄更部傅彤臣御史賦柳枝詞於此忽忽十餘年矣隄柳
婆娑無復曩時不勝攀枝折條之感因賦是詩

十二年前乍到時板橋一曲柳千絲而今滿目金城感不見柔條疏地垂

六載隋隄送客䭾樹猶如此我何堪銷魂橋上重相見一樹依依似漢南
魂樹不到飛
花魂亦銷。　自注予舊賦柳枝
有云。銷魂橋上銷

馬嵬懷古

巴山夜雨卻歸秦金粟堆邊草不春。一種傾城好顏色茂陵終傍李夫人。

蟪蛄靈澤夫人祠

霸氣江東久寂寥永安宮殿莽蕭蕭都將家國無窮恨分付潯陽上下潮。

灞橋寄內

太華終南萬里遙西來無處不魂銷閨中若問金錢卜秋雨秋風過灞橋。

東平思王墓

東平幾驛是咸陽松柏依然指故鄉帝子不須還悵望漢家陵闕久淒涼。

下五祖山

雪滿空山下翠微娛人千里盡清輝野梅香破半溪水翠羽一雙相背飛。

謁文忠烈公祠

精神如破貝州時晚節猶能動四夷天遣不同韓富沒姓名留重黨人碑。

附錄

古詩一十九首

行行重行行與君生別離相去萬餘里各在天一涯道路阻且長會面安可知胡馬依北風
越鳥巢南枝相去日已遠衣帶日已緩浮雲蔽白日遊子不顧反思君令人老歲月忽已晚
棄捐勿復道努力加餐飯

青青河畔草鬱鬱園中柳盈盈樓上女皎皎當牕牖娥娥紅粉妝纖纖出素手昔為倡家女
今為蕩子婦蕩子行不歸空牀難獨守

青青陵上柏磊磊澗中石人生天地間忽如遠行客斗酒相娛樂聊厚不為薄驅車策駑馬
遊戲宛與洛洛中何鬱鬱冠帶自相索長衢羅夾巷王侯多第宅兩宮遙相望雙闕百餘尺
極宴娛心意戚戚何所迫

今日良宴會歡樂難具陳彈箏奮逸響新聲妙入神令德唱高言識曲聽其真齊心同所願
含意俱未申人生寄一世奄忽若飈塵何不策高足先據要路津無為守窮賤輎軻長苦辛

西北有高樓上與浮雲齊交疏結綺牕阿閣三重階上有絃歌聲音響一何悲誰能為此曲

無乃杞梁妻清商隨風發中曲正徘徊一彈再三歎慷慨有餘哀不惜歌者苦但傷知音稀

顧爲雙鳴鶴奮翅起高飛

涉江采芙蓉蘭澤多芳草采之欲遺誰所思在遠道還顧望舊鄉長路漫浩浩同心而離居

憂傷以終老

明月皎夜光促織鳴東壁玉衡指孟冬衆星何歷歷白露霑野草時節忽復易秋蟬鳴樹間

元鳥逝安適昔我同門友高舉振六翮不念攜手好棄我如遺跡南箕北有斗牽牛不負軛

良無盤石固虛名復何益

冉冉孤生竹結根泰山阿與君爲新婚兔絲附女蘿兔絲生有時夫婦會有宜千里遠結婚

悠悠隔山陂思君令人老軒車來何遲傷彼蕙蘭花含英揚光輝過時而不采將隨秋草萎

君亮執高節賤妾亦何爲

庭中有奇樹綠葉發華滋攀條折其榮將以遺所思馨香盈懷袖路遠莫致之此物何足貴

但感別經時

迢迢牽牛星皎皎河漢女纖纖擢素手札札弄機杼終日不成章泣涕零如雨河漢清且淺

相去復幾許盈盈一水間脈脈不得語

迴車駕言邁悠悠涉長道四顧何茫茫東風搖百草所遇無故物焉得不速老盛衰各有時

立身苦不早人生非金石豈能長壽考奄忽隨物化榮名以為寶

東城高且長逶迤自相屬迴風動地起秋草萋以綠四時更變化歲暮一何速晨風懷苦心

蟋蟀傷局促蕩滌放情志何為自結束燕趙多佳人美者顏如玉被服羅裳衣當戶理清曲

音響一何悲絃急知柱促馳情整巾帶沈吟聊躑躅思為雙飛燕銜泥巢君屋

驅車上東門遙望郭北墓白楊何蕭蕭松柏夾廣路下有陳死人杳杳即長暮潛寐黃泉下

千載永不寤浩浩陰陽移年命如朝露人生忽如寄壽無金石固萬歲更相送聖賢莫能度

服食求神仙多為藥所誤不如飲美酒被服紈與素

去者日以疏生者日以親出郭門直視但見邱與墳古墓犁為田松柏摧為薪白楊多悲風

蕭蕭愁殺人思還故里閭欲歸道無因

生年不滿百常懷千歲憂晝短苦夜長何不秉燭遊為樂當及時何能待來茲愚者愛惜費

但為後世嗤仙人王子喬難可與等期

凜凜歲云暮螻蛄夕鳴悲涼風率已厲游子寒無衣錦衾遺洛浦同袍與我違獨宿累長夜

夢想見容輝良人惟古懽枉駕惠前綏願得常巧笑攜手同車歸既來不須臾又不處重闈

亮無晨風翼焉能淩風飛眄睞以適意引領遙相睎徒倚懷感傷垂涕霑雙扉

孟冬寒氣至北風何慘慄愁多知夜長仰觀眾星列三五明月滿四五蟾兔缺客從遠方來

遺我一書札上言長相思下言久離別置書懷袖中三歲字不滅一心抱區區懼君不識察。

客從遠方來遺我一端綺相去萬餘里故人心尚爾文綵雙鴛鴦裁為合歡被著以長相思

緣以結不解以膠投漆中誰能別離此

明月何皎皎照我羅牀幃憂愁不能寐攬衣起徘徊客行雖云樂不如早旋歸出戶獨彷徨

愁思當告誰引領還入房淚下沾裳衣

李陵與蘇武三首

良時不再至離別在須臾屏營衢路側執手野踟躕仰視浮雲馳奄忽互相踰風波一失所

各在天一隅長當從此別且復立斯須欲因晨風發送子以賤軀

嘉會難再遇三載為千秋臨河濯長纓念子悵悠悠遠望悲風至對酒不能酬行人懷往路

何以慰我愁獨有盈觴酒與子結綢繆

攜手上河梁遊子暮何之徘徊蹊路側悢悢不得辭行人難久留各言長相思安知非日月

弦望自有時努力崇明德皓首以為期

蘇武古詩四首

骨肉緣枝葉結交亦相因四海皆兄弟誰為行路人況我連枝樹與子同一身昔為鴛與鴦

今為參與辰昔者常相近邈若胡與秦惟念當離別恩情日以新鹿鳴思野草可以喻嘉賓

我有一罇酒欲以贈遠人。願子留斟酌。敍此平生親。

黃鵠一遠別千里顧徘徊。胡馬失其羣思心常依依。何況雙飛龍羽翼臨當乖。幸有絃歌曲。

可以喻中懷。請爲遊子吟泠泠一何悲。絲竹厲淸聲。慷慨有餘哀。長歌正激烈。中心愴以摧。

欲展淸商曲念子不能歸。俛仰內傷心淚下不可揮。願爲雙黃鵠送子俱遠飛。

結髮爲夫妻恩愛兩不疑。歡娛在今夕燄婉及良時。征夫懷往路起視夜何其參辰皆已沒。

去去從此辭行役在戰場相見未有期握手一長歎淚爲生別滋努力愛春華莫忘歡樂時。

生當復來歸死當長相思。

烛烛晨明月馥馥秋蘭芳芬馨良夜發隨風聞我堂征夫懷遠路遊子戀故鄉寒冬十二月。

晨起踐嚴霜俯觀江漢流仰視浮雲翔良友遠離別各在天一方山海隔中州相去悠且長。

嘉會難再遇歡樂殊未央願君崇令德隨時愛景光。

玄冥　以下三首爲郊廟歌辭之漢郊祀歌　案宋郭茂倩纂樂府詩集一百卷總括歷代樂府上起陶唐。

下迄五代分爲十二類一郊廟歌辭二燕射歌辭三鼓吹歌辭四橫吹曲辭五相和歌辭六淸商曲辭七舞

曲歌辭八琴曲歌辭九雜曲歌辭十近代曲辭十一雜謠歌辭十二新樂府辭網羅賅博每題以古辭居前

擬作居後其古辭多漢魏六朝間無名氏所作措辭敍事別饒風趣與古詩十九首及蘇李諸篇同工異曲

並爲歷代詩家沈浸含咀之所取資今因據郭集各類中采其尤佳而可誦者九十餘首以示一斑焉。

玄冥淩陰蟄蟲藏蓋草木零落抵冬降霜易亂除邪革正異俗兆民反本抱素懷樸條理信

義望禮五嶽籍斂之時掩收嘉穀

天馬

太一況兮天馬下霑赤汗沫流赭志俶儻精權奇籋音浮雲晻上馳體容與迣字即逝萬里今

安匹龍爲友

天馬徠從西極涉流沙九夷服天馬徠出泉水虎脊兩化若鬼天馬徠歷無草經千里循東

道天馬徠執徐時將搖舉誰與期天馬徠開遠門竦予身逝昆侖天馬徠龍之媒游閶闔觀

玉臺。

戰城南　以下三首爲鼓吹曲辭之漢鐃歌。

戰城南死郭北野死不葬烏可食爲我謂烏且爲客豪野死諒不葬腐肉安能去子逃水聲

激激蒲葦冥冥梟騎戰鬥死駑馬徘徊鳴梁築室何以南何以北禾黍不穫君何食願爲忠

臣安可得思子良臣良臣誠可思朝行出攻暮不夜歸

有所思

有所思乃在大海南何用問遺君雙珠玳瑁簪用玉紹繚之聞君有他心拉雜摧燒之摧燒

之當風揚其灰從今已往勿復相思相思與君絕雞鳴狗吠兄嫂當知之妃呼豨秋風蕭蕭

晨風颺。東方須臾高知之。

上邪

上邪我欲與君相知長命無絕衰山無陵江水爲竭冬雷震震夏雨雪天地合乃敢與君絕。

企喻歌辭二首　以下二十一首橫吹曲　辭之梁鼓角橫吹曲。

男兒欲作健結伴不須多鷂子經天飛羣雀兩向波。

男兒可憐蟲出門懷死憂尸喪狹谷中白骨無人收。

瑯琊王歌辭二首

客行依主人願得主人彊猛虎依深山願得松柏長。

新買五尺刀懸著中梁柱一日三摩挲劇於十五女。

隔谷歌二首

兄在城中弟在外弓無弦箭無括糧乏盡若爲活救我來救我來。

兄爲俘虜受困辱骨露力疲食不足弟爲官吏馬食粟何惜錢刀來我贖。

地驅樂歌

月明光光星墮欲來不來早語我。

捉搦歌四首

粟穀難舂付石臼，弊衣難護付巧婦，男兒千凶飽人手，老女不嫁只生口。

誰家女子能行步，反著袂襌後裙露，天生男女共一處，願得兩箇成翁嫗。

華陰山頭百丈井，下有流水徹骨冷，可憐女子能照影，不見其餘見斜領。

黃桑柘屐蒲子履，中央有系兩頭繫，小時憐母大憐婿，何不早嫁論家計。

折楊柳歌辭二首

遙看孟津河楊柳，鬱婆娑，我是虜家兒，不解漢兒歌。

健兒須快馬，快馬須健兒，跋跋黃塵下，然後別雄雌。

折楊柳枝歌四首

上馬不捉鞭，反拗楊柳枝，下馬吹長笛，愁殺行客兒。

門前一株棗，歲歲不知老，阿婆不嫁女，那得孫兒抱。

敕敕何力力，女子臨窗織，不聞機杼聲，只聞女歎息。

問女何所思，問女何所憶，阿婆許嫁女，今年無消息。

幽州馬客吟歌辭

快馬常苦瘦，勤兒常苦貧，黃禾起贏馬，有錢始作人。

隴頭歌辭

朝發欣城暮宿隴頭寒不能言舌卷入喉。

木蘭詩二首 後一首唐韋元甫擬作。

唧唧復唧唧。（一作促織。）木蘭當戶織不聞機杼聲唯聞女歎息。問女何所思。問女何所憶。

女亦無所思。女亦無所憶。昨夜見軍帖可汗大點兵軍書十二卷卷卷有爺名。阿爺無大兒木

蘭無長兄願為市鞍馬從此替爺征。東市買駿馬西市買鞍韉南市買轡頭北市買長鞭。旦

辭爺孃去暮宿黃河邊不聞爺孃喚女聲但聞黃河流水鳴濺濺。旦辭黃河去暮至（一作宿。）

黑山頭不聞爺孃喚女聲但聞燕山胡騎鳴啾啾。萬里赴戎機關山度若飛朔氣傳金柝

寒光照鐵衣將軍百戰死壯士十年歸。歸來見天子天子坐明堂策勳十二轉賞賜（一作賜。）百

千彊。（一作強。）可汗問所欲木蘭不用尚書郎願馳（一作借問。）明駝千里足。（段成式酉陽雜俎云。送兒還故鄉。一作千里足。）

女來出郭相扶將阿姊聞妹來當戶理紅妝小弟聞姊來磨刀霍霍向豬羊。開我東閣門坐

我西間牀脫我戰時袍著我舊時裳當窗理雲鬢（一作對。）鏡帖花黃出門看火伴火伴皆（一作

驚忙。）同行十二年不知木蘭是女郎。雄兔腳撲朔雌兔眼迷離（一作雙。）兔傍地走安能辨

我是雄雌。

木蘭抱杼嗟借問復為誰欲聞所感感激彊（一作疆。）老父隸兵籍氣力日衰耗豈足萬里行。

有子復尚少胡沙沒馬足朔風裂人膚老父舊羸病何以彊自扶木蘭代父去秣馬備戎行。

易卻紈綺裳洗卻鉛粉妝馳馬赴軍幕慷慨攜干將朝屯雪山下暮宿青海傍夜襲燕支虜。

更攜于闐羌將軍得勝歸士卒還故鄉父母見木蘭喜極成悲傷本蘭能承父母顏卻御巾

轉理絲簧昔爲烈士雄今復嬌子容親戚持酒賀父母始知生女與男同門前舊軍都十年

共崎嶇本結兄弟交死戰誓不渝今也見木蘭言聲雖是顏貌殊驚愕不敢前歎重徒嘻呼

世有臣子心能如木蘭節忠孝兩不渝千古之名焉可滅

笙簧引 此首爲相和歌辭之相和六引之一。

公無渡河公竟渡河墮河而死當奈公何。

江南 以下五首爲相和歌辭之相和曲。

江南可採蓮蓮葉何田田魚戲蓮葉閒魚戲蓮葉東魚戲蓮葉西魚戲蓮葉南魚戲蓮葉北。

薤露歌

薤上露何易晞露晞明朝更復落人死一去何時歸。

蒿里曲

蒿里誰家地聚斂魂魄無賢愚鬼伯一何相催促人命不得少踟躕。

雞鳴

雞鳴高樹巔狗吠深宮中蕩子何所之天下方太平刑法非有貸柔協正亂名黃金爲君門。

壁玉為軒堂上有雙尊酒作使邯鄲倡王碧青甓後出郭門王舍後有方池池中雙鴛鴦

鴛鴦七十二羅列自成行鳴聲何啾啾聞我殿東廂兄弟四五人皆為侍中郎五日一時來

觀者滿路傍黃金絡馬頭頗頗何煌煌桃生露井上李樹生桃傍蟲來齧桃根李樹代桃殭

樹木身相代兄弟還相忘

陌上桑 一曰豔歌羅敷行。

日出東南隅照我秦氏樓秦氏有好女自名為羅敷羅敷憙蠶桑採桑城南隅青絲為籠系

桂枝為籠鉤頭上倭墮髻耳中明月珠緗綺為下裙紫綺為上襦行者見羅敷下擔捋髭鬚

少年見羅敷脫帽著帩頭耕者忘其犁鋤者忘其鋤來歸相怨怒但坐觀羅敷使君從南來

五馬立踟躕使君遣吏往問是誰家姝秦氏有好女自名為羅敷羅敷年幾何二十尚不足

十五頗有餘使君謝羅敷寧可共載不羅敷前致詞使君一何愚使君自有婦羅敷自有夫

東方千餘騎夫壻居上頭何用識夫壻白馬從驪駒青絲繫馬尾黃金絡馬頭腰中鹿盧劍

可值千萬餘十五府小吏二十朝大夫三十侍中郎四十專城居為人潔白皙鬑鬑頗有鬚

盈盈公府步冉冉府中趨坐中數千人皆言夫壻殊

長歌行 連下首為相和歌辭之平調曲。

青青園中葵朝露待日晞陽春布德澤萬物生光輝常恐秋節至焜黃華葉衰百川東到海

何時復西歸少壯不努力老大徒傷悲。

君子行

君子防未然不處嫌疑間瓜田不納履李下不正冠嫂叔不親授長幼不比肩勞謙得其柄。

和光甚獨難周公下白屋吐哺不及餐一沐三握髮後世稱聖賢

相逢行 此首為相和歌辭之清調曲。一曰長安有狹斜行。一曰相逢狹路行。

相逢狹路間道隘不容車不知何年少夾轂問君家君家誠易知易知復難忘黃金為君門

白玉為君堂上置尊酒作使邯鄲倡中庭生桂樹華燈何煌煌兄弟兩三人中子為侍郎

五日一來歸道上自生光黃金絡馬頭觀者盈道傍入門時左顧但見雙鴛鴦鴛鴦七十二

羅列自成行音聲何囁囁鶴鳴東西廂大婦織綺羅中婦織流黃小婦無所為挾瑟上高堂

大人且安坐調絲方未央

善哉行 以下十四首為相和歌辭之瑟調曲。

來日大難口燥脣乾今日相樂皆當喜歡。經歷名山芝草翩翩仙人王喬奉藥一丸自惜袖

短內手知寒慙無靈輒以報趙宣月沒參橫北斗闌干親交在門飢不及餐歡日尚少戚日

苦多以何忘憂彈箏酒歌淮南八公要道不煩參駕六龍遊戲雲端

隴西行 一曰步出夏門行。

天上何所有歷歷種白榆桂樹夾道生青龍對道隅鳳凰鳴啾啾。一母將九雛。顧視世間人。

爲樂甚獨好。婦出迎客顏色正敷愉伸腰再拜跪問客平安不。請客北堂上坐客氍氀毹。

清白各異樽酒上正華疏酌酒持與客言主人持卻略再拜跪然後持一杯談笑未及竟。

左顧敕中廚促令辦麤飯愼莫使稽留廢禮送客出盈盈府中趨送客亦不遠足不過門樞。

取婦得如此齊姜亦不如健婦持門戶亦勝一丈夫。

步出夏門行

邪徑過空盧好人常獨居卒得神仙道上與天相扶過謁王父母乃在太山隅離天四五里

道逢赤松俱攬轡爲我御將吾上天遊天上何所有歷歷種白榆桂樹夾道生青龍對伏趺

折楊柳行

默默施行違厭罰隨事來末喜殺龍逢桀放於鳴條祖伊言不用紂頭懸白旄指鹿用爲馬

胡亥以喪軀夫差臨命絕乃云貪子胥戎王納女樂以亡其由余璧馬禍及虢二國俱爲墟

三夫成市虎慈母投杼趨卜和之刖足接輿歸草盧。

西門行二首

出西門步念之今日不作樂當待何時夫爲樂當及時何能坐愁怫鬱當復待來茲飲

醇酒炙肥牛請呼心所歡可用解愁憂人生不滿百常懷千歲憂晝短而夜長何不秉燭遊

自非仙人王子喬計會壽命難與期自非仙人王子喬計會壽命難與期人壽非金石年命

安可期貪財愛惜費但爲後世嗤樂此曲晉奏。

出西門步念之今日不作樂當待何時逮爲樂逮爲樂當及時何能愁怫鬱當復待來茲釀

美酒炙肥牛請呼心所懽可用解憂愁人生不滿百常懷千歲憂晝短苦夜長何不秉燭遊

遊行去去如雲除敏車羸馬爲自儲此曲辭。

東門行二首

出東門不顧歸來入門悵欲悲盎中無斗儲還視桁上無懸衣拔劍出門去兒女牽衣啼他

家但願富貴賤妾與君共餔糜共餔糜上用滄浪天故下爲黃口小兒今時清廉難犯教言

君復自愛莫爲非今時清廉難犯教言君復自愛莫爲非行吾去爲遲平慎行望君歸此曲樂

所記。出東門不顧歸來入門悵欲悲盎中無斗米儲還視架上無懸衣拔劍東門去舍中兒母

牽衣啼他家但願富貴賤妾與君共餔糜上用滄浪天故下當用此黃口兒今非咄行吾去

爲遲白髮時下難久居本辭

飲馬長城窟行二首 作後首陳琳作。一云前首漢蔡邕

青青河畔草緜緜思遠道遠道不可思宿昔夢見之夢見在我傍忽覺在他鄉他鄉各異縣

展轉不相見枯桑知天風海水知天寒入門各自媚誰肯相爲言客從遠方來遺我雙鯉魚

二二一

呼兒烹鯉魚中有尺素書長跪讀素書書中竟何如上言加餐飯下言長相憶

飲馬長城窟水寒傷馬骨往謂長城吏慎莫稽留太原卒官作自有程舉築諧汝聲男兒寧

當格鬥死何能怫鬱築長城長城何連連連連三千里邊城多健少內舍多寡婦作書與內

舍便嫁莫留住善事新姑嫜時時念我故夫子報書往邊地君今出語一何鄙身在禍難中

何為稽留他家子生男慎莫舉生女晡用脯君獨不見長城下死人骸骨相撐拄結髮行事

君慊慊心意關邊地苦賤妾何能久自全

婦病行

婦病連年累歲傳呼丈人前一言當言未及得言不知淚下一何翩翩屬累君兩三孤子莫

我兒飢且寒有過慎莫笪行當折搖思復念之亂曰抱時無衣襦復無裏閉門塞牖舍孤

兒到市道逢親交泣坐不能起從乞求與孤買餌對交啼泣淚不可止我欲不傷悲不能已

探懷中錢持授交入門見孤兒啼索其母抱徘徊空舍中行復爾耳棄置勿復道

孤兒行

孤兒生孤子遇生命獨當苦父母在時乘堅車駕駟馬父已去兄嫂令我行賈南到九江

東到齊與魯臘月來歸不敢自言苦頭多蟣虱面目多塵大兄言辦飯大嫂言視馬上高堂

行取殿下堂孤兒淚下如雨使我朝行汲暮得水來歸手為錯足下無菲愴愴履霜中多蒺

藜拔斷蒺藜腸肉中愴欲悲淚下渫渫清涕纍纍冬無複襦夏無單衣居生不樂不如早去
下從地下黃泉春氣動草萌芽三月蠶桑六月收瓜將是瓜車來到還家瓜車反覆助我者
少啗瓜者多願還我蒂兄與嫂嚴獨且急歸當與校計亂曰里中一何譊譊願欲寄尺書將
與地下父母兄嫂難與久居

豔歌何嘗行 一曰飛鵠行

飛來雙白鵠乃從西北來十十五五羅列成行妻卒被病行不能相隨五里一反顧六里一
徘徊吾欲銜汝去口噤不能開吾欲負汝去毛羽何摧穨樂哉新相知憂來生別離躊躇顧
羣侶淚下不自知念與君離別氣結不能言各各重自愛遠道歸還難妾當守空房閉門下
重關若生當相見亡者會黃泉今日樂相樂延年萬歲期

豔歌行

翩翩堂前燕冬藏夏來見兄弟兩三人流宕在他縣故衣誰當補新衣誰當綻賴得賢主人
覽取爲吾組夫婿從門來斜柯西北眄語卿且勿眄水清石自見石見何纍纍遠行不如歸

白頭吟二首 以下三首爲相和歌辭之楚調曲。

皚如山上雪皎若雲間月聞君有兩意故來相決絕平生共城中何嘗斗酒會今日斗酒會
明日溝水頭蹀躞御溝上溝水東西流郭東亦有樵郭西亦有樵兩樵相推與無親爲誰驕

淒淒重淒淒嫁娶亦不啼。願得一心人。白頭不相離。竹竿何嬝嬝。魚尾何離離。男兒欲相知。

何用錢刀為。衒如字下有五字。或馬嗷其川上高士嬉今日相對樂延年萬歲期。所奏。鎧如山上雪皎若雲間月。聞君有兩意。故來相決絕。今日斗酒會。明旦溝水頭。躞蹀御溝上。

溝水東西流。淒淒復淒淒。嫁娶不須啼。願得一心人。白頭不相離。竹竿何嬝嬝。魚尾何簁簁。

男兒重意氣。何用錢刀為。此曲本辭。一云司馬相如妻卓文君作。

怨詩行

天德悠且長。人命一何促。百年未幾時。奄若風吹燭。嘉賓難再遇。人命不可續。齊度遊四方。

各繫太山錄。人間樂未央。忽然歸東嶽。當須盪中情。遊心恣所欲。

滿歌行二首 此二首為相和歌辭之大曲。

為樂未幾時。遭世險巇巇。逢此百羅零。丁茶毒瀇瀁。難支遙望辰。極天曉月移。憂來填心誰當

我知戚戚多思慮。耿耿不寧。禍福無形。唯念古人。遜位躬耕。遂我所願。以茲自寧。自郢山樓。

守此一榮。莫秋烈風起。西蹈滄海。心不能安。攬衣起瞻夜。北斗闌干。星漢照我。去去自無他。

奉事二親。勞心可言。窮達天所為。智者不愁。多為少憂。安貧樂正道。師彼莊周。遺名者貴子。

熙同爐往者。二賢名垂千秋。飲酒歌舞。不樂何須善哉。照觀日月。日月馳驅。轍轢世間。何有

何無貪財惜費。此何一愚。命如鑿石見火。居世竟能幾時。但當歡樂自娛。盡心極所。嬉怡安

善養君德性百年保此期頤養。此曲晉樂所奏。

爲樂未幾時遭時嶮巇逢此百離伶丁荼毒愁苦難爲遙望極辰天曉月移憂來塡心誰當

我知戚戚多思慮耿耿殊不寧禍福無形惟念古人遜位躬耕逐我所願以自寧自郢樓樓

守此末榮莫秋列風昔蹈滄海心不能安攬衣瞻夜北斗闌干星漢照我去自無他奉事二

親勞心可言窮達天爲智者不愁多爲少憂安貧樂道師彼莊周遺名著貴子遐同遊往者

二賢名垂千秋飲酒歌舞樂復何須照視日月日月馳驅輾軋人間何有何無貪財惜費此

一何愚鑒石見火居代時爲當懽樂心得所喜安神養性得保遐期本辭。此曲

子夜歌五首 爲晉宋齊辭。清商曲辭之吳聲歌曲。

見娘喜容媚願得結金蘭空織無經緯求匹理自難。一作容媚

始欲識郎時兩心望如一理絲入殘機何悟不成匹。

自從別郎來何日不咨嗟黃蘗鬱成林當奈苦心多。

年少當及時蹉跎日就老若不信儂語但看霜下草。

誰能思不歌誰能飢不食日冥當戶倚惆悵底不憶。

子夜四時歌十二首 晉宋齊辭。

春林花多媚春鳥意多哀春風復多情吹我羅裳開。

昔別雁集渚今還燕巢梁敢辭歲月久但使逢春陽。

自從別歡後歎音不絕響黃蘗向春生苦心隨日長。以上春歌。

田蠶事已畢思婦猶苦身當暑理絺服持寄與行人。

春桃初發紅惜色恐儂擿朱夏花落去誰復相尋覓。

春傾桑葉盡夏開蠶務畢晝夜理機縛知欲早成匹。以上夏歌。

金風扇素節玉露凝成霜登高去來雁惆悵客心傷。

白露朝夕生秋風凄長夜憶郎須寒服乘月擣白素。

秋夜入窗裏羅帳起飄颺仰頭看明月寄情千里光。以上秋歌。

淵冰厚三尺素雪覆千里我心如松柏君情復何似。

塗澀無人行冒寒往相覓若不信儂時但看雪上跡。

果欲結金蘭但看松柏林經霜不墮地一作墜。歲寒無異心。以上冬歌。

華山畿四首

華山畿君既為儂死獨生為誰施歡若見憐時棺木為儂開。

未敢便相許夜聞儂家論不持儂與汝

相送勞勞渚長江不應滿是儂淚成許

松上蘿願君如行雲時時見經過。

讀曲歌三首

桃花落已盡愁思猶未央春風難期信託情明月光。

百度不一回千書信不歸春風吹楊柳華豔空徘徊。

十期九不果常抱懷恨生然燈不下炷有油那得明。

烏夜啼三首 此三首為清商曲辭之西曲歌。

辭家遠行去儂歡獨離居此日無啼音裂帛作還書。

可憐烏臼鳥彊言知天曙無故三更啼歡子冒闇去

長檣鐵鹿子布帆阿那起詫儂安在間一去數千里。

獨漉篇 以下二首為舞曲歌辭。

獨漉獨漉水深泥濁泥濁尚可水深殺我雍雍雙雁遊戲田畔我欲射雁念子孤散翩翩浮

萍得風搖輕我心何合與之同并空牀低幃誰知無人夜衣錦繡誰別為眞刀鳴削中倚牀

無施父冤不報欲活何為猛虎班班遊戲山間虎欲齧人不避豪賢

淮南王篇

淮南王自言尊百尺高樓與天連後園鑿井銀作牀金瓶素綆汲寒漿汲寒漿飲少年少年

窈窕何能賢揚悲歌音絕天我欲渡河河無梁願化雙黃鵠還故鄉還故鄉入故里徘徊

故鄉苦身不已繁舞奇聲無不泰徘徊桑梓遊天外

傷歌行 以下七首為雜曲歌辭

昭昭素明月輝光燭我牀靈人不能寐耿耿夜何長微風吹閨闥羅帷自飄揚攬衣曳長帶

屣履下高堂東西安所之徘徊以彷徨春鳥翻〔一作向〕南飛翩翩獨翺翔悲聲命儔匹哀鳴傷

我腸感物懷所思泣涕忽霑裳佇立吐高吟舒憤訴穹蒼

悲歌

悲歌可以當泣遠望可以當歸思念故鄉鬱鬱纍纍欲歸家無人欲渡河無船心思不能言

腸中車輪轉

東飛伯勞歌 此首及下一首為梁武帝作

東飛伯勞西飛燕黃姑織女時相見誰家兒女對門居開顏發豔照里閭南牕北牖桂月光

羅帷綺帳脂粉香女兒年幾十五六窈窕無雙顏如玉三春已暮花從風空留可憐誰與同

西洲曲

憶梅下西洲折梅寄江北單衫杏子紅雙鬢鴉雛色西洲在何處兩槳橋頭渡日暮伯勞飛

風吹烏白樹下郎門前門中露翠鈿開門郎不至出門採紅蓮採蓮南塘秋蓮花過人頭

低頭弄蓮子蓮子青如水置蓮懷袖中蓮心徹底紅憶郎郎不至仰首望飛鴻鴻飛滿西洲

望郎上青樓樓高望不見盡日欄干頭欄干十二曲垂手明如玉卷簾天自高海水搖空綠

海水夢悠悠君愁我亦愁南風知我意吹夢到西洲

焦仲卿妻

孔雀東南飛五里一徘徊十三能織素十四學裁衣十五彈箜篌十六誦詩書十七為君婦

心中常苦悲君既為府吏守節情不移雞鳴入機織夜夜不得息三日斷五匹大人故嫌遲

非為織作遲君家婦難為妾不堪驅使徒留無所施便可白公姥及時相遣歸府吏得聞之

堂上啟阿母兒已薄祿相幸復得此婦結髮同枕席黃泉共為友共事二三年始爾未為久

女行無偏斜何意致不厚阿母謂府吏何乃太區區此婦無禮節舉動自專由吾意久懷忿

汝豈得自由東家有賢女自名秦羅敷可憐體無比阿母為汝求便可速遣之遣去慎莫留

府吏長跪告伏惟啟阿母今若遣此婦終老不復取阿母得聞之槌牀便大怒小子無所畏

何敢助婦語吾已失恩義會不相從許府吏默無聲再拜還入戶舉言謂新婦哽咽不能語

我自不驅卿逼迫有阿母卿但暫還家吾今且報府不久當歸還還必相迎取以此下心意

慎勿違吾語新婦謂府吏勿復重紛紜往昔初陽歲謝家來貴門奉事循公姥進止敢自專

晝夜勤作息伶俜縈苦辛謂言無罪過供養卒大恩仍更被驅遣何言復來還妾有繡腰襦

葳蕤自生光紅羅複斗帳四角垂香囊箱簾六七十綠碧青絲繩物物各自異種種在其中。

人賤物亦鄙不足迎後人留待作遺施於今無會因時時為安慰久久莫相忘鳴外欲曙

新婦起嚴妝著我繡袷裙事事四五通足下躡絲履頭上玳瑁光腰若流紈素耳著明月

指如削蔥根口如含珠丹纖纖作細步精妙世無雙上堂謝阿母阿母怒不止昔作女兒時

生小出野里本自無教訓兼愧貴家子受母錢帛多不堪母驅使今日還家去念母勞家裏

卻與小姑別淚落連珠子新婦初來時小姑始扶牀今日被驅遣小姑如我長勤心養公姥

好自相扶將初七及下九嬉戲莫相忘出門登車去涕落百餘行府吏馬在前新婦車在後

隱隱何甸甸俱會大道口下馬入車中低頭共耳語誓不相隔卿且暫還家去吾今且赴府

不久當還歸誓天不相負新婦謂府吏感君區區懷君既若見錄不久望君來君當作磐石

妾當作蒲葦蒲葦紉如絲磐石無轉移我有親父兄性行暴如雷恐不任我意逆以煎我懷

舉手長勞勞二情同依依入門上家堂進退無顏儀阿母大拊掌不圖子自歸十三教汝織

十四能裁衣十五彈箜篌十六知禮儀十七遣汝嫁謂言無誓違汝今何罪過不迎而自歸

蘭芝慚阿母兒實無罪過阿母大悲摧還家十餘日縣令遣媒來云有第三郎窈窕世無雙

年始十八九便言多令才阿母謂阿女汝可去應之阿女銜淚答蘭芝初還時府吏見丁寧

結誓不別離今日違情義恐此事非宜自可斷來信徐徐更謂之阿母白媒人貧賤有此女

始適還家門。不堪吏人婦。豈合令郎君幸可廣問訊不得便相許媒人去數日。尋遣丞請還。

說有蘭家女承籍有宦官云有第五郎嬌逸未有婚遣丞為媒人主簿通語言直說太守家

有此令郎君既欲結大義故遣來貴門阿母謝媒人女子先有誓老姥豈敢言阿兄得聞之

悵然心中煩舉言謂阿妹作計何不量先嫁得府吏後嫁得郎君否泰如天地足以榮汝身

不嫁義郎體其往欲何云蘭芝仰頭答理實如兄言謝家事夫婿中道還兄門處分適兄意

那得自任專雖與府吏要渠會永無緣登即相許和便可作婚姻媒人下牀去諾諾復爾爾

還部白府君下官奉使命言談大有緣府君得聞之心中大歡喜視曆復開書便利此月內

六合正相應良吉三十日。今已二十七卿可去成婚交語速裝束絡繹如浮雲青雀白鵠舫

四角龍子幡婀娜隨風轉金車玉作輪躑躅青驄馬流蘇金鏤鞍齎錢三百萬皆用青絲穿

雜綵三百四交廣市鮭珍從人四五百鬱鬱登郡門阿母謂阿女適得府君書明日來迎汝

何不作衣裳莫令事不舉阿女默無聲手巾掩口啼淚落便如瀉移我琉璃榻出置前廳下

左手持刀尺右手執綾羅朝成繡裌裙晚成單羅衫晻晻日欲暝愁思出門啼府吏聞此變

因求假暫歸未至二三里摧藏馬悲哀新婦識馬聲躡履相逢迎悵然遙相望知是故人來

舉手拍馬鞍嗟歎使心傷自君別我後人事不可量果不如先願又非君所詳我有親父母

逼迫兼弟兄以我應他人君還何所望謝新婦賀卿得高遷磐石方且厚可以卒千年

蒲葦一時紉便作旦夕間卿當日勝貴吾獨向黃泉新婦謂府吏何意出此言同是被逼迫

君爾妾亦然黃泉下相見勿違今日言執手分道去各各還家門生人作死別恨恨那可論

念與世間辭千萬不復全府吏還家去上堂拜阿母今日大風寒風摧樹木嚴霜結庭蘭

兒今日冥冥令母在後單故作不良計勿復怨鬼神命如南山石四體康且直阿母得聞之

零淚應聲落汝是大家子仕宦於臺閣慎勿為婦死貴賤情何薄東家有賢女窈窕豔城郭

阿母為汝求便復在旦夕府吏再拜還長歎空房中作計乃爾立轉頭向戶裏漸見愁煎迫

其日牛馬嘶新婦入青廬奄奄黃昏後寂寂人定初我命絕今日魂去尸長留攬裙脫絲履

舉身赴清池府吏聞此事心知長別離徘徊庭樹下自掛東南枝兩家求合葬合葬華山傍

東西植松柏左右種梧桐枝枝相覆蓋葉葉相交通中有雙飛鳥自名為鴛鴦仰頭相向鳴

夜夜達五更行人駐足聽寡婦起傍徨多謝後世人戒之慎勿忘

枯魚過何泣

枯魚過河泣何時悔復及作書與魴鱮相教慎出入

古歌

秋風蕭蕭愁殺人出亦愁入亦愁座中何人誰不懷憂令我白頭胡地多飈風樹木何修修

離家日趨遠衣帶日趨緩心思不能言腸中車輪轉

詞九家 附錄一家

溫庭筠

溫庭筠　唐祁人本名岐字飛卿少敏悟文思神速作賦八叉手而八韻成時稱溫八叉其詩與李商隱齊名號溫李尤工詞根本離騷託之綺怨精妙絕倫爲詞家正宗（詞之起源論者多推李白之憶秦娥張志和之漁歌予嗣是韋應物戴叔倫王建韓翃白居易劉禹錫等先後繼起創詞壜詞然至今所存無幾詞調亦多未工安惟庭筠拔出晚唐蔚然自爲一家）然薄於行無檢幅公卿無賴子弟相薄飲狎昵數擧進士不中大中末授方山尉徐商鎮襄陽奏署巡官不得志去歸江東廢棄終身有握蘭集金荃集漢南眞稿

菩薩蠻五首

玉樓明月長相憶柳絲裊娜春無力門外草萋萋送君聞馬嘶　畫羅金翡翠香燭銷成淚

花落子規啼綠窗殘夢迷

鳳凰相對盤金縷牡丹一夜經微雨明鏡照新妝鬢輕雙臉長　畫樓相望久欄外垂絲柳

意信不歸來社前雙鷰迴

牡丹花謝鶯聲歇綠楊滿院中庭月相憶夢難成背窗燈半明

人遠淚闌干鷰飛春又殘　翠鈿金壓臉寂寞香閨掩

滿宮明月梨花白故人萬里關山隔金雁一雙飛淚痕沾繡衣　小園芳草綠家住越溪曲。

楊柳色依依鶯歸君不歸。

寶函鈿雀金鸂鶒沈香關上吳山碧楊柳又如絲驛橋春雨時。　畫樓音信斷芳草江南岸。

鸞鏡與花枝此情誰得知。

更漏子三首

柳絲長春雨細花外漏聲迢遞驚塞雁起城烏畫屏金鷓鴣。　香霧薄透簾幕惆悵謝家池

閣紅燭背繡簾垂夢長君不知。

星斗稀鐘鼓歇簾外曉鶯殘月蘭露重柳風斜滿庭堆落花。　虛閣上倚闌望還似去年惆

悵春欲暮思無窮舊歡如夢中

玉爐香紅蠟淚偏照畫堂秋思眉翠薄鬢雲殘夜長衾枕寒。　梧桐樹三更雨不道離情正

苦一葉葉一聲聲空階滴到明

酒泉子

羅帶惹香猶繫別時紅豆淚痕新金縷舊斷離腸。　一雙嬌燕語雕梁還是去年時節綠陰

定西番

濃芳草歇柳花狂。

漢使昔年離別攀弱柳折寒梅上高臺　千里玉關春雪雁來人不來羌笛一聲愁絕月徘
徊。

清平樂二首

上陽春晚宮女愁蛾淺新歲清平思同輦爭那長安路遠　鳳帳鴛被徒燻寂寞花鑠千門
竟把黃金買賦爲妾將上明君

洛陽愁絕楊柳花飄雪終日行人爭攀折橋下水流嗚咽　上馬爭勸離觴南浦鶯聲斷腸
愁殺平原年少迴首揮淚千行

遐方怨

憑繡檻解羅幃未得君書腸斷瀟湘春雁飛不知征馬幾時歸海棠花謝也雨霏霏。

夢江南二首

千萬恨恨極在天涯山月不知心裏事水風空落眼前花搖曳碧雲斜。

梳洗罷獨倚望江樓過盡千帆皆不是斜暉脈脈水悠悠腸斷白蘋洲。

南歌子二首

轉眄如波眼娉婷似柳腰花裏暗相招憶君腸欲斷恨春宵。

懶拂鴛鴦枕休縫翡翠裙羅帳罷爐燻近來心更切爲思君。

李煜　南唐中主景子徐州人字重光史稱後主少聰悟喜讀書屬文工書畫知音律尤長於詞似不經意所為
而風流自賞悽婉動人論者推為千古絕唱旣卽位怏怏以國蹙為憂日與羣臣酣宴愁思悲歌不已性驕侈好
聲色又喜浮屠高談不恤國事奉宋正朔稱江南國主尋為太祖所滅在位十六年封隴西郡公卒年四十二

擣練子二首

深院靜小庭空斷續寒砧斷續風無奈夜長人不寐數聲和月到簾櫳

雲鬢亂晚妝殘帶恨眉兒遠岫攢斜托香顋春筍嫩為誰和淚倚欄杆

阮郎歸

東風吹水日銜山春來長是閑落花狼籍酒闌珊笙歌醉夢間　春睡覺晚妝殘無人整翠

鬢留連光景惜朱顏黃昏獨倚闌

應天長

一鉤初月臨妝鏡蟬鬢鳳釵慵不整重簾靜層樓迥憒悵落花風不定　柳隄芳草徑夢斷

轆轤金井昨夜更闌酒醒春愁過卻病

臨江仙

櫻桃落盡春歸去蝶翻輕粉雙飛子規啼月小樓西玉鉤羅幕憒悵暮煙垂　別巷寂寥人

散後望殘煙草低迷爐香閑裊鳳凰兒空持羅帶回首恨依依

長相思

一重山兩重山山遠天高煙水寒。相思楓葉丹。

菊花開菊花殘塞雁高飛人未還。一簾風月閒。

清平樂

別來春半觸目愁腸斷砌下落梅如雪亂拂了一身還滿。雁來音信無憑路遙歸夢難成。

離恨恰如春草更行更遠還還生

相見歡二首

林花謝了春紅太匆匆無奈朝來寒雨晚來風。胭脂淚相留醉幾時重自是人生長恨水長東。

無言獨上西樓月如鈎寂寞梧桐深院鎖清秋。翦不斷理還亂是離愁別是一般滋味在心頭。

憶江南二首

多少恨昨夜夢魂中還似舊時遊上苑車如流水馬如龍花月正春風

多少淚霑袖復橫頤心事莫將和淚滴鳳笙休向月明吹腸斷更無疑

浪淘沙二首

簾外雨潺潺春意闌珊羅衾不耐五更寒夢裏不知身是客　一餉貪歡　　獨自莫憑欄無限

江山別時容易見時難流水落花春去也天上人間

往事只堪哀對景難排秋風庭院蘚侵階一桁珠簾閒不卷終日誰來　金劍已沈埋壯氣

蒿萊晚涼天淨月華開想得玉樓瑤殿影空照秦淮

虞美人二首

風回小院庭蕪綠柳眼春相續憑闌半日獨無言依舊竹聲新月似當年　笙歌未散尊罍

在池面冰初解燭明香暗畫樓深滿鬢清霜殘雪思難禁

春花秋葉何時了往事知多少小樓昨夜又東風故國不堪回首月明中　彫欄玉砌應猶

在只是朱顏改問君還有幾多愁恰是一江春水向東流

菩薩蠻

人生愁恨何能免消魂獨我情何限故國夢重歸覺來雙淚垂　高樓誰與上長記秋晴望

往事已成空還如一夢中

錦堂春

昨夜風兼雨簾幃颯颯秋聲燭殘漏滴頻欹枕起坐不能平　世事漫隨流水算來一夢浮

生醉鄉路穩宜頻到此外不堪行

漁父

一櫂春風一葉舟。一綸繭縷一輕鈎。花滿渚。月滿甌。萬頃波中得自由。

山花子二首 此二首一本云李中主景作

菡萏香銷翠葉殘。西風愁起綠波間。還與韶光共憔悴不堪看。　細雨夢回雞塞遠。小樓吹

徹玉笙寒。多少淚珠何限恨倚闌于

手捲珠簾上玉鈎。依前春恨鎖重樓。風裏落花誰是主思悠悠。　青鳥不傳雲外信丁香空

結雨中愁。回首綠波三峽暮接天流。

歐陽修

宋廬陵人字永叔晚號六一居士舉進士甲科慶曆初召知諫院改右正言知制誥時衍韓琦范仲淹富弼相繼罷去修上書極諫出知滁州徙揚州潁州還爲翰林學士嘉祐間拜參知政事與韓琦同心輔政熙寧初與王安石不合以太子少師致仕卒年六十六修博通經史其古文力變當時舊格與唐韓愈並稱詩亦佳詞則視爲小技未嘗別關門庭然婉約風流接踵溫李不失詞之本色爲南派之大宗有新唐書五代史詩文詞筆記若干種

踏沙行 相別

候館梅殘溪橋柳細草芳風暖搖征轡離愁漸遠漸無窮迢迢不斷如春水　寸寸柔腸盈盈粉淚樓高莫近危闌倚平蕪盡處是春山行人更在春山外。

蝶戀花　春晚

庭院深深深幾許楊柳堆煙簾幕無重數玉勒雕鞍遊冶處樓高不見章臺路　雨橫風狂
三月暮門掩黃昏無計留春住淚眼問花花不語亂紅飛過秋千去

又　春情

海燕雙雙歸畫棟簾幕無風花影頻移動半醉騰騰春睡重綠蟻堆枕香雲擁　翠被雙盤
金縷鳳憶得前春有個人人共花裏鶯聲時一弄日斜驚起相思夢

又　清明

六曲闌干偎碧樹楊柳風輕展盡黃金縷誰抱鈿箏移玉柱穿簾海燕雙飛去　滿眼遊絲
兼落絮紅杏開時一霎清明雨濃醉覺來鶯亂語驚殘好夢無尋處

又

回旋落花風蕩漾柳重煙深雪絮飛來往雨後輕寒猶未放春愁酒病成惆悵　枕畔屏山
圍碧浪翠袂華燈夜夜空相向寂寞起來塞繡幌月明正在梨花上

又

臘雪初銷梅蕊綻梅雪相和喜鵲穿花轉睡起夕陽迷醉眼新愁長向東風亂　瘦覺玉肌
羅帶緩紅杏梢頭二月春猶淺望極不來芳信斷音書縱有爭如見

春山斂黛低歌扇暫解吳鈎登祖宴畫樓鐘動已魂消何況馬嘶芳草岸　青門柳色隨人

遠望欲斷時腸已斷洛城春色待君來莫待落花飛似霰

又

洛陽正值芳菲節穠豔清香相間發游絲有意苦相縈垂柳無端爭贈別　杏花紅處青山

缺山畔行人山下歇今宵誰肯遠相隨惟有寂寥孤館月

又

蝶飛芳草花飛路把酒已嗟春色暮當時枝上落殘花今日水流何處去　樓前獨遶鳴蟬

樹憶把芳條吹暖絮紅蓮綠芰亦芳菲不奈金風兼玉露

浪淘沙

把酒祝東風且共從容垂楊紫陌洛城東總是當時攜手處遊遍芳叢　聚散苦匆匆此恨

無窮今年花勝去年紅可惜明年花更好知與誰同

定風波

把酒花前欲問公對花何事訴金鍾為問去年春甚處虛度鶯聲撩亂一場空　今歲春來

須愛情難得須知花面不長紅待得酒醒君不見千片不隨流水卽隨風

又

把酒花前欲問君世間何計可留春縱使青春留得住虛語無情花對有情人。　任是好花
須落去今古紅顏能得幾時新暗想浮生何事好唯有清歌一曲倒金樽。

浣溪沙　湖景

湖上朱橋響畫輪溶溶春水浸春雲碧琉璃滑淨無塵。　當路遊絲縈醉客隔花啼鳥喚行
人日斜歸去奈何春

又　春半

青杏園林煮酒香佳人初試薄羅裳柳絲搖曳燕飛忙。　乍雨乍晴花自落閑愁閑悶日偏

採桑子　潁州西湖

羣芳過後西湖好狼籍殘紅飛絮濛濛垂柳闌干盡是風。　笙歌散盡遊人去始覺春空垂
下簾櫳雙燕歸來細雨中

又

輕舟短棹西湖好綠水逶迤芳草長隄隱隱笙歌處處隨。　無風水面琉璃滑不覺船移微
動漣漪驚起沙禽掠岸飛。

歸自謠

何處笛深夜夢回情脈脈竹風簷雨寒窗隔　離人幾歲無消息今頭白不眠特地重相憶。

臨江仙

柳外輕雷池上雨雨聲滴碎荷聲小樓西角斷虹明闌干倚處待得月華生　燕子飛來窺

畫棟玉鉤垂下簾旌涼波不動簟紋平水精雙枕傍有墮釵橫

訴衷情　眉意

清晨簾幕捲輕霜呵手試梅粧都緣自有離恨故畫作遠山長　思往事惜流芳易成傷擬

歌先咽欲笑還顰最斷人腸

蘇軾　小傳見前詩十五家案蘇詞世稱為北派大宗紀昀評之曰軾以歌行縱橫之筆盤屈而為詞跌宕排奡

一變唐五代之舊格逐為辛棄疾一派開山尋溯源流不能不謂之別闢然亦不能謂之不工識者皆許為知言

念奴嬌　赤壁懷古

大江東去浪淘盡千古風流人物故壘西邊人道是三國周郎赤壁亂石穿空驚濤拍岸捲

起千堆雪江山如畫一時多少豪傑　遙想公瑾當年小喬初嫁了雄姿英發羽扇綸巾談

笑處檣櫓灰飛煙滅故國神遊多情應笑我早生華髮人生如夢一樽還酹江月。

水調歌頭　丙辰中秋。歡飲達旦。大醉。作此篇。兼懷子由。

明月幾時有把酒問青天不知天上宮闕今夕是何年我欲乘風歸去只恐瓊樓玉宇高處

不勝寒起舞弄清影何似在人間　轉朱閣低綺戶照無眠不應有恨何事偏向別時圓人

有悲歡離合月有陰晴圓缺此事古難全但願人長久千里共嬋娟

又　快哉亭

落日繡簾捲亭下水連空知君爲我新作窗戶溼青紅長記平山堂上欹枕江南烟雨杳杳

沒孤鴻認得醉翁語山色有無中　一千頃都鏡淨倒碧峰忽然浪起掀舞一葉白頭翁堪

笑蘭臺公子未解莊生天籟剛道有雌雄一點浩然氣千里快哉風

洞仙歌　序云。僕七歲時。見眉州老尼。姓朱。忘其名。年九十餘。自言嘗隨其師入蜀主孟昶宮中。一日大
熱。主與花蕊夫人夜起。避暑摩訶池上。作一詞。朱旣能記之。今四十年。朱已死久矣。人無知此詞
者。獨記其首兩句。乃爲足之云。豈洞仙歌令乎。眼目尋味。

冰肌玉骨自清涼無汗水殿風來暗香滿繡簾開一點明月窺人人未寢欹枕釵橫鬢亂

起來攜素手庭戶無聲時見疏星度河漢試問夜如何夜已三更金波淡玉繩低轉但屈指

西風幾時來又不道流年暗中偸換

賀新郎　夏景

乳燕飛華屋悄無人桐陰轉午晚涼新浴手弄生綃白團扇扇手一時似玉漸困倚孤眠清

熟簾外誰來推繡戶枉教人夢斷瑤臺曲又卻是風敲竹　石榴半吐紅巾蹙待浮花浪蕊

都盡伴君幽獨穠豔一枝君看取芳心千重似束又恐被西風驚綠若待得君來向此花前

對酒不忍觸共粉淚兩簌簌

水龍吟　次韻章質夫楊花詞

似花還似非花也無人惜從教墜拋家傍路思量卻是無情有思縈損柔腸困酣嬌眼欲開

還閉夢隨風萬里尋郎去處又還被鶯呼起　不恨此花飛盡恨西園落紅難綴曉來風過

遺蹤何在一池萍碎春色三分二分塵土一分流水細看來不是楊花點點是離人淚

臨江仙

夜飲東坡醒復醉歸來彷彿三更家僮鼻息已雷鳴敲門都不應倚杖聽江聲　長恨此身

非我有何時忘卻營營夜闌風靜縠紋平小舟從此去江海寄餘生

江神子　送述古

翠蛾羞黛怯人看掩霜紈淚偷彈且盡一尊收淚唱陽關漫道帝城天樣遠天易見見君難

畫堂新締近孤山曲闌干為誰安飛絮落花春色屬明年欲棹小舟尋舊事無處問水連

天。

又　春別

天涯流落思無窮既相逢卻匆匆攜手佳人和淚折殘紅為問東風餘幾許春縱在與誰同。

東。

隋隄三月水溶溶背歸鴻去吳中回望彭城清泗與淮通寄我相思千點淚流不到楚江

菩薩蠻　西湖送述古

秋風湖上蕭蕭雨使君欲去還留住今日謾留君明朝愁殺人　佳人千點淚灑向長江水。

不用斂雙蛾路人啼更多。

卜算子

缺月挂疏桐漏斷人初靜時見幽人獨往來縹緲孤鴻影。　驚起卻回頭有恨無人省揀盡

寒枝不肯棲楓落吳江冷。

蝶戀花

春事闌珊芳草歇客裏風光又過清明節小院黃昏人憶別落花處處聞啼鴂。　咫尺江山

分楚越目斷魂消應是音塵絕破夢五更心欲折角聲吹落梅花月

行香子　七里瀨

一葉舟輕雙槳鴻驚水天清影湛波平魚翻藻鑑鷺點煙汀過沙溪急霜溪冷月溪明。　重

重似畫曲曲如屏算當年虛老嚴陵君臣一夢今古空名但遠山長雲山亂曉山青

滿江紅　東武流盃亭

東武城南。新隄固漣瀲初溢隱隱遍長林高阜臥紅堆碧枝上殘花吹盡也。與君試向江邊覓問向前猶有幾多春三之一　官裏事何時畢風雨外無多日相將泛曲水滿城爭出君不見蘭亭修禊事當時座上皆豪逸到而今修竹滿山陰空陳迹

西江月　感懷

世事一場大夢人生幾度秋涼夜來風葉已鳴廊看取眉頭鬢上
酒賤常愁客少月明多被雲妨中秋誰與共孤光把酒淒然北望

又　重九

點點樓頭細雨重重江外平湖當年戲馬會東徐今日淒涼南浦。
莫恨黃花未吐且教紅粉相扶酒闌不必看茱萸俯仰人間今古。

南鄉子　九日

霜降水痕收淺碧鱗鱗露遠洲酒力漸消風力頓颼颼破帽多情卻戀頭　佳節若爲酬但把金樽斷送秋萬事到頭都是夢休休明日黃花蝶也愁

如夢令

爲向東坡傳語人在雪堂深處別後有誰來雪壓小橋無路歸去歸去江上一犂春雨。

漁父四首

漁父飲誰家去魚蟹一時分付酒無多少醉爲期彼此不論錢數。

漁父醉蓑衣舞醉裏卻尋歸路輕舟短棹任橫斜醒後不知何處。

漁父醒春江午夢斷落花飛絮酒醒醉醒還醉一笑人間今古。

漁父笑輕鷗舉漠漠一江風雨江邊騎馬是官人借我孤舟南渡

秦觀

宋高郵人字少遊一字太虛少豪儁慷慨溢於文詞見蘇軾於徐爲賦黃樓軾以爲有屈宋才登第爲定海主簿元祐初軾以賢良方正薦於朝除太學博士累官國史院編修官尋坐黨籍削秩徽宗立復宣德郎放還至藤州出遊華光亭爲客道夢中長短句索水欲飲水至笑視之而卒年五十二觀爲蘇門四君子之一工詩古文其詞與黃庭堅齊名時稱黃七秦九然觀作清遠婉約情韻兼勝實在庭堅之上有淮海集

滿庭芳 晚景

山抹微雲天連衰草畫角聲斷譙門暫停征棹聊共飲離尊多少蓬萊舊事空回首煙靄紛紛斜陽外寒鴉數點流水遶孤村 銷魂當此際香囊暗解羅帶輕分謾贏得秦樓薄倖名存此去何時見也襟袖上空染啼痕傷情處高城望斷燈火已黃昏

又 秋思

碧水澄秋黃雲凝暮敗葉零亂空階洞房人靜斜月照徘徊又是重陽近也幾處處砧杵聲催重簾外風搖翠竹疑是故人來 情懷增悵望新歡易失往事難猜問籬邊黃菊知爲誰

開謾道愁須殢酒。酒未醒愁已先回。憑欄久金波漸轉白露點蒼苔

又 春遊

曉色雲開春隨人意。驟雨才過還晴。古臺芳樹。飛燕蹴紅英。舞困榆錢自落。秋千外綠水橋

平東風裏。朱門映柳。低按小秦箏。 多情行樂處。珠鈿翠蓋。玉轡紅纓。漸酒空金榼。花困蓬

瀛豆蔻梢頭舊恨。十年夢。屈指堪驚。憑欄久。疏煙淡日。寂寞下蕪城

江城子 春別

西城楊柳弄春柔。動離憂。淚難收。猶記多情曾為繫歸舟。碧野朱橋當日事。人不見。水空流

韶華不為少年留。恨悠悠。幾時休。飛絮落花時節一登樓。便做春江都是淚。流不盡。許多

愁。

千秋歲

水邊沙外。城郭春寒退。花影亂。鶯聲碎。飄零疏酒盞。離別寬衣帶。人不見。碧雲暮合空相對。

憶昔西池會。鴛鴦同飛蓋。攜手處。今誰在。日邊清夢斷。鏡裏朱顏改。春去也。落紅萬點愁

如海。

風流子 初春

東風吹碧草。年華換。行客老滄洲。見梅吐舊英。柳搖新綠。惱人春色。還上枝頭。寸心亂。北隨

雲黯黯東逐水悠悠斜日半山暝煙兩岸數聲橫笛一葉扁舟。　青門同攜手前歡記渾似

夢裏揚州誰念斷腸南陌回首西樓算天長地久有時有盡奈何綿綿此恨無休擬待僬人

說與生怕伊愁。

望海潮

梅英疏淡冰澌溶洩東風暗換年華金谷俊遊銅駝巷陌新晴細履平沙長記誤隨車正絮

翻蝶舞芳思交加柳下桃蹊亂分春色到人家　西園夜飲鳴笳有華燈礙月飛蓋妨花蘭

苑未空行人漸老重來事事堪嗟煙暝酒旗斜但倚樓極目時見棲鴉無奈歸心暗隨流水

到天涯。

踏莎行　郴州旅舍

霧失樓臺月迷津渡桃源望斷無尋處可堪孤館閉春寒杜鵑聲裏斜陽暮　驛寄梅花魚

傳尺素砌成此恨無重數郴江幸自遶郴山爲誰流下瀟湘去

鷓鴣天

枝上流鶯和淚聞新啼痕間舊啼痕一春魚雁無消息千里關山勞夢魂　無一語對芳尊

安排腸斷到黃昏甫能炙得燈兒了雨打梨花深閉門

海棠春

流鶯窗外啼聲巧。睡未足。把人驚覺翠被曉寒輕。寶篆沈煙裊。　宿醒未解宮娥報道。別院

笙歌會早試問海棠花昨夜開多少。

畫堂春

落紅堆徑水平池弄晴小雨霏微杏園憔悴杜鵑啼無奈春歸。　柳外畫樓獨上憑欄手撚

花枝放花無語對斜暉此恨誰知

菩薩蠻 秋思

蛩聲泣露喧秋枕羅幃淚溼鴛鴦錦獨臥玉肌涼殘更與恨長。　陰風翻翠幔雨溼燈花暗。

畢竟不成眠鴉啼金井寒。

浣溪沙

漠漠輕寒上小樓曉陰無賴似窮秋淡煙流水畫屏幽。　自在飛花輕似夢無邊絲雨細如

愁寶簾閒挂小銀鈎。

桃源憶故人

玉樓深鎖多情種清夜悠悠誰共羞見枕衾鴛鳳悶即和衣擁。

無端畫角嚴城動驚破一番新夢窗外月華霜重聽徹梅花弄。

如夢令四首

遙夜月明如水風緊驛亭深閉夢破鼠窺燈霜送曉寒侵被無寐無寐門外馬嘶人起。

樓外殘陽紅滿春入柳條將半桃李不禁風回首落英無限腸斷腸斷人與楚天俱遠。

池上春歸何處滿目落花飛絮孤館悄無人夢斷月隄歸路無緒無緒簾外五更風雨。

鶯嘴啄花紅溜燕尾點波綠皺指冷玉笙寒吹徹小梅春透依舊依舊人與綠楊俱瘦。

周邦彥　宋錢塘人字美成疏雋少檢不為州里推重而博涉百家之書元豐初遊京師獻汴都賦召為大樂正。

居五歲不遷益盡力於辭章徽宗時累官徽猷閣待制復知順州徙處州卒邦彥好音樂能自度曲其樂府長短

句尤精深華麗體兼蘇秦為北宋詞家一大宗有片玉集。

六醜　薔薇謝後作

正單衣試酒悵客裏光陰虛擲願春暫留春歸如過翼一去無迹為問家何在夜來風雨葬

楚宮傾國釵鈿墮處遺香澤亂點桃蹊輕翻柳陌多情更誰追惜但蜂媒蝶使時叩窗隔

東園岑寂漸蒙籠暗碧靜遶珍叢底成歎息長條故惹行客似牽衣待話別情無極殘英小。

強簪巾幘終不似一朵釵頭顫裊向人欹側漂流處莫趁潮汐恐斷紅尚有相思字何由見

得。

蘭陵王柳

柳陰直烟裏絲絲弄碧隋隄上曾見幾番拂水飄綿送行色登臨望故國誰識京華倦客長

亭路年去歲來。應折柔條過千尺。閑尋舊蹤跡又酒趁哀絃。燈照離席梨花榆火催寒食。

愁一箭風快半篙波暖回頭迢遞便數驛望人在天北。悽惻恨堆積漸別浦縈迴津堠岑

寂斜陽冉冉春無極記月榭攜手露橋聞笛沈思前事似夢裏淚暗滴。

花犯 梅花

粉牆低梅花照眼。依然舊風味露痕輕綴疑淨洗鉛華無限清麗去年勝賞曾孤倚冰盤同

宴喜更可惜雪中高樹香篝熏素被　今年對花太匆匆相逢似有恨依依愁悴凝望久青

苔上旋看飛墜相將見脆圓薦酒人正在空江煙浪裏但夢想一枝瀟灑黃昏斜照水

意難忘 美人

衣染鶯黃愛停歌駐拍勸酒持觴低鬟蟬影動私語口脂香荷露滴竹風涼揩劇飲淋浪夜

漸深籠燈就月子細端相　知音見說無雙解移宮換羽未怕周郎長攬知有恨貪耍不成

妝些箇事惱人腸待說與何妨又恐伊尋消問息瘦損容光

西河 金陵懷古

佳麗地南朝盛事誰記。山圍故國遶清江髻鬟對起怒濤寂寞打空城風檣遙度天際。斷

崖樹猶倒倚莫愁艇子曾繫空餘舊迹鬱蒼蒼霧沈半壘夜深月過女牆來傷心東望淮水。

酒旗戲鼓甚處是想依稀王謝鄰里燕子不知何世向尋常巷陌人家相對如說興亡斜

陽裏。

解連環　怨別

怨懷難託嗟情人斷絕信音遼邈。縱妙手能解連環似風散雨收霧輕雲薄。燕子樓空暗塵
鎖一牀絃索想移根換葉盡是舊時手種紅藥　汀洲漸生杜若料舟依岸曲人在天角記
得當日音書把閑語閑言待總燒卻水驛春回望寄我江南梅萼拚今生對花對酒為伊淚
落

浪淘沙慢

曉陰重霜凍岸草霧隱城堞南陌脂車待發東門帳飲乍闋正拂面垂楊堪攬結掩紅淚玉
手親折念漢浦離鴻去何許經時信音絕　情切望中地遠天闊向露冷風清無人處耿耿
寒漏咽嗟萬事難忘惟是輕別翠樽未竭憑斷雲留取西樓殘月羅帶光銷紋衾疊連環解
舊香頓歇怨歌永瓊壺敲盡缺恨春去不與人期弄夜色空餘滿地梨花雪

夜飛鵲

何橋送人處良夜何其斜月遠墮餘輝銅盤燭淚已流盡霏霏涼露霑衣相將散離會處探
風前津鼓樹杪參旗花驄會意縱揚鞭亦自行遲　迢遞路迴清野人語漸無聞空帶愁歸
何意重經前地遺鈿不見斜徑都迷兔葵燕麥向斜陽影與人齊但徘徊班草欷歔酹酒極

滿庭芳 夏景

風老鶯雛雨肥梅子午陰嘉樹清圓地卑山近衣潤費爐煙人靜烏鳶自樂小橋外新綠濺濺憑闌久黃蘆苦竹疑泛九江船　年年如社燕漂流瀚海來寄修椽且莫思身外長近尊前憔悴江南倦客不堪聽急管繁絃歌筵畔先安簟枕容我醉時眠

一寸金 新定作

州夾蒼崖下枕江山是城郭望海霞接日紅翻水面晴風吹草青搖山腳波暖鳧鷖作沙痕退夜潮正落疏林外一點炊煙渡口參差正寥廓　自歎勞生經年何事京華信漂泊念漭蒲汀柳空歸閒夢風輪雨楫終辜前約情景牽心眼流連處利名易薄回頭謝冶葉倡條便入漁釣樂

蝶戀花 早行

月皎驚烏棲不定更漏將殘轆轤牽金井喚起兩眸清炯炯淚花落枕紅綿冷　執手霜風吹鬢影去意徘徊別語愁難聽樓上闌干橫斗柄露寒人遠難相應

少年遊

并刀如水吳鹽勝雪纖指破新橙錦幄初溫獸香不斷相對坐調笙　低聲問向誰行宿城

上巳三更馬滑霜濃不如休去直是少人行

點絳唇

孤館迢迢暮天草露罷衣潤夜來秋近月暈通風信　今日原頭黃葉飛成陣知人悶故來

相趁共結臨歧恨

辛棄疾　宋歷城人字幼安號稼軒居士金主亮卒中原豪傑並起耿京聚兵山東棄疾爲掌書記勸京奉表歸

宋會張安國殺京降金棄疾趣金營縛之以歸獻俘行在授承務郎時年二十三孝宗時以大理少卿出爲湖南

安撫治軍有聲仕至龍圖閣待制卒諡文敏棄疾性豪爽尚氣節素與朱熹友善熹沒時黨禁方嚴棄疾獨爲文

往哭之雅善長短句縱橫慷慨亦復濃纖綿密與蘇軾並稱謂之蘇辛有稼軒集

摸魚兒　淳熙己亥自湖北漕移湖南同官王正之置酒小山亭賦

更能消幾番風雨恩恩春又歸去惜春長怕花開早何況落紅無數春且住見說道天涯芳

草無歸路怨春不語算只有殷勤畫檐蛛網盡日惹飛絮　長門事準擬佳期又誤蛾眉曾

有人妒千金縱買相如賦脈脈此情誰訴君莫舞君不見玉環飛燕皆塵土閒愁最苦休去

倚危闌斜陽正在煙柳斷腸處

念奴嬌　書東流村壁

野塘花落又匆匆過了清明時節刬地東風欺客夢一枕雲屏寒怯曲岸持觴垂楊繫馬此

滿江紅

地曾輕別樓空人去舊游飛燕能說　聞道綺陌東頭行人曾見簾底纖纖月舊恨春江流不盡新恨雲山千疊料得明朝尊前重見鏡裏花難折也應驚問近來多少華髮

滿江紅

敲碎離愁紗窗外風搖翠竹人去後吹簫聲斷倚樓人獨滿眼不堪三月暮舉頭已覺千山綠但試把一紙寄來書從頭讀　相思字空盈幅相思意何時足滴羅襟點點淚珠盈掬芳草不迷行路客垂楊只礙離人目最苦是立盡月黃昏闌干曲

又 感興

過眼溪山怪底都似舊時曾識還記得夢中行遍江南江北佳處徑須攜杖去能消幾兩平生展笑塵勞三十九年非長為客　吳楚地東南坼英雄事曹劉敵被西風吹盡了無陳迹樓觀甫成人已去旌旗未卷頭先白歎人生哀樂轉相尋今猶昔

永遇樂 京口北固亭懷古

千古江山英雄無覓孫仲謀處舞榭歌臺風流總被雨打風吹去斜陽草樹尋常巷陌人道寄奴曾住想當年金戈鐵馬氣吞萬里如虎　元嘉草草封狼居胥贏得倉皇北顧四十三年望中猶記燈火揚州路可堪回首佛狸祠下一片神鴉社鼓憑誰問廉頗老矣尚能飯否

祝英臺近

寶釵分桃葉渡煙柳暗南浦怕上層樓十日九風雨斷腸點點飛紅都無人管更誰勸流鶯

聲住鬢邊覷試把花卜歸期才簪又重數羅帳燈昏哽咽夢中語是他春帶愁來春歸何

處卻不解帶將愁去

木蘭花慢 送張仲固帥興元

漢中開漢業問此地是耶非想劍指三秦君王得意一戰東歸興亡事今不見但山川滿目

淚沾衣落日胡塵未斷西風塞馬空肥　一篇書是帝王師小試去征西更草草離筵恩恩

去路愁滿旌旗君思我回首處正江涵秋影雁初飛安得車輪四角不堪帶減腰圍

又 送滕州范倅

老來情味減對別酒惜流年況屈指中秋十分好月不照人圓無情水都不管共西風只管

送歸船晚轉鱸江上夜深兒女燈前　征衫便好去朝天玉殿正思賢想夜半承明留教

視草卻遣籌邊長安故人問我道愁腸殢酒只依然目斷秋霄落雁醉來時響空弦

賀新郎 別茂嘉十二弟

綠樹聽啼鴃更那堪鷓鴣聲住杜鵑聲切啼到春歸無尋處苦恨芳菲都歇算未抵人間離

別馬上琵琶關塞黑更長門翠輦辭金闕看燕燕送歸妾　將軍百戰聲名裂向河梁回頭

萬里故人長絕易水蕭蕭西風冷滿座衣冠似雪正壯士悲歌未徹啼鳥還知如許恨料不

啼清淚長啼血誰共我醉明月

又　賦琵琶

鳳尾龍香撥自開元霓裳曲罷幾番風月最苦潯陽江頭客畫舸亭亭待發記出塞黃雲堆雪馬上離愁三萬里望昭陽宮殿孤鴻沒絃解語恨難說　遼陽驛使音塵絕璅窗寒輕攏漫撚淚珠盈睫推手含情還卻手一抹涼州哀徹千古事雲飛煙滅賀老定場無消息想沈香亭北繁華歇彈到此為嗚咽

又　自述

甚矣吾衰矣恨平生交遊零落只今餘幾白髮空垂三千丈一笑人間萬事問何物能令公喜我見青山多嫵媚料青山見我應如是情與貌略相似　一尊搔首東窗裏想淵明停雲詩就此時風味江左沈酣求名者豈識濁醪妙理回首叫雲飛風起不恨古人吾不見恨古人不見吾狂耳知我者二三子

水龍吟　壽韓南澗

渡江天馬南來幾人真是經綸手長安父老新亭風景可憐依舊夷甫諸人神州沈陸幾曾回首算平戎萬里功名本是真儒事君知否　況有文章山斗對桐陰滿庭清晝當年墮地而今試看風雲奔走綠野風煙平泉草木東山歌酒待他年整頓乾坤事了為先生壽

水調歌頭 盟鷗

帶湖吾甚愛千丈翠奩開先生杖履無事。一日走千回凡我同盟鷗鷺今日既盟之後來往
莫嫌猜白鶴在何處嘗試與偕來。破青萍排翠藻立蒼苔窺魚笑汝癡計不解舉吾杯廢
沼荒邱疇昔明月清風此夜人世幾懽哀東岸綠陰少楊柳更須栽

沁園春 退閒

三徑初成鶴怨猿驚稼軒未來甚雲山自許平生意氣冠人笑抵死塵埃意倦須還身閒
貫早豈為蓴羹鱸膾哉秋江上看驚弦鴈避駭浪船回 東岡更葺茅齋好都把軒窗臨水
開要小舟行釣先應種柳疏籬護竹莫礙觀梅秋菊堪餐春蘭可佩留待先生手自栽沈吟
久。怕君恩未許此意徘徊

又 將止酒戒酒杯

杯汝來前老子今朝點檢形骸甚長年抱渴咽如焦釜于今喜溢氣似奔雷漫說劉伶古今
達者醉後何妨死便埋渾如許歎汝於知己真少恩哉 更憑歌舞為媒算合作人間鴆毒
猜況疾無小大生於所愛物無美惡過則為災與汝成言勿留亟退吾力猶能肆汝杯杯再
拜道麾之即去招則須來

鷓鴣天 秋意

菩薩蠻　書江西造口壁

鬱孤臺下清江水中間多少行人淚西北是長安可憐無數山　青山遮不住畢竟東流去。
江晚正愁余山深聞鷓鴣。

又

見說小樓東好山千萬重　功名渾是錯更莫思量着。
稼軒日向兒童說帶湖買得閒風月。頭白早歸來種花花已開。

蝶戀花　送祉之弟

看兩鬢萬縷千絲何況新來病不是離愁難整頓被他引惹其他恨
衰草殘陽三萬頃不算飄零天外孤鴻影幾許淒涼須痛飲行人自向江頭醒。會少離多

又　戊申元日立春

誰向椒盤簪彩勝整整韶華爭上春風鬢往日不堪重記省爲花常抱新春恨。
先借問晚恨開遲早又飄零近今歲花期消息定只愁風雨無憑準　春未來時

茅簷低小。溪上青青草。醉裏吳音相媚好。白髮誰家翁媼。　大兒鋤豆溪東中兒正織雞籠。

最喜小兒無賴溪頭臥剝蓮蓬。

姜夔　宋鄱陽人字堯章寓居武康與白石洞天爲隣因號白石道人又號石帚嫻音律其詩風格高秀詞尤精深華妙音節文彩冠絕一時有白石道人詩詞集續書譜

揚州慢　淳熙丙申至日過揚州

淮左明都竹西佳處解鞍少駐初程過春風十里盡薺麥青青自胡馬窺江去後廢池喬木猶厭言兵漸黃昏清角吹寒都在空城　杜郎俊賞算如今重到須驚縱豆蔻詞工青樓夢好難賦深情二十四橋仍在波心蕩冷月無聲念橋邊紅藥年年知爲誰生

暗香　石湖詠梅

舊時月色算幾番照我梅邊吹笛喚起玉人不管清寒與攀摘何遜而今漸老都忘卻春風詞筆但怪得竹外疏花香冷入瑤席　江國正寂寂歎寄與路遙夜雪初積翠尊易泣紅萼無言耿相憶長記曾攜手處千樹壓西湖寒碧又片片吹盡也幾時見得

疏影　又

苔枝綴玉有翠禽小小枝上同宿客裏相逢籬角黃昏無言自倚修竹昭君不慣胡沙遠但暗憶江南江北想佩環月夜歸來化作此花幽獨　猶記深宮舊事那人正睡裏飛近蛾綠

莫似春風不管盈盈早與安排金屋還教一片隨波去又卻怨玉龍哀曲等恁時重覓幽香
已入小窗橫幅。

一萼紅　人日登長沙定王臺

古城陰有官梅幾許紅萼未宜簪池面冰膠牆腰雪老雲意還又沈沈翠藤共閒穿徑竹漸
笑語驚起臥沙禽野老林泉故王臺榭呼喚登臨　南去北來何事蕩湘雲楚水目極傷心
朱戶黏雞金盤簇燕空歎時序侵尋記曾共西樓雅集想垂柳還裊萬絲金待得歸鞍到時
只怕春深

長亭怨慢　自序云。桓大司馬曰。昔年種柳。依依漢南。今看搖
落。悽愴江潭。樹猶如此。人何以堪此語余深愛之。

漸吹盡枝頭香絮是處人家綠深門戶遠浦縈迴暮帆零亂向何許閱人多矣誰得似長亭
樹樹若有情時不會得青青如此　日暮望高城不見只見亂山無數韋郎去也怎忘得玉
環分付第一是早早歸來怕紅萼無人為主算只有并刀難翦離愁千縷

齊天樂　蟋蟀

庾郎先自吟愁賦淒淒更聞私語露溼銅鋪苔侵石井都是曾聽伊處哀音似訴正思婦無
眠起尋機杼曲曲屏山夜涼獨自甚情緒　西窗又吹暗雨為誰頻斷續相和砧杵候館吟
秋雕宮弔月別有傷心無數豳詩謾與笑籬落呼燈世間兒女寫入琴絲一聲聲更苦

念奴嬌　荷花

鬧紅一舸記來時長與鴛鴦為侶。三十六陂人未到水佩風裳無數翠葉吹涼玉容消酒更灑菰蒲雨嫣然搖動冷香飛上詩句。日暮青蓋亭亭情人不見爭忍凌波去只恐舞衣寒易落愁入西風南浦高柳垂陰老魚吹浪留我花間住田田多少幾回沙際歸路。

琵琶仙　吳興感遇

雙槳來時有人似舊曲桃根桃葉歌扇輕約飛花蛾眉正奇絕春漸遠汀洲自綠更添了幾聲啼鴂十里揚州三生杜牧前事休說。又還是宮燭分煙奈愁裏匆匆換時節都把一襟芳思與空階榆莢千萬縷藏鴉細柳為玉尊起舞迴雪想見西出陽關故人初別

翠樓吟　武昌安遠樓成

月冷龍沙塵清虎落今年漢酺初賜新翻胡部曲聽氈幕元戎歌吹層樓高峙看檻曲縈紅簷牙飛翠人姝麗粉香吹下夜寒風細。此地宜有神仙擁素雲黃鶴與君游戲玉梯凝望久。歎芳草萋萋千里天涯情味仗酒祓清愁花消英氣西山外晚來還捲一簾秋霽

八歸　湖中送胡德華

芳蓮墜粉疏桐吹綠庭院暗雨乍歇無端抱影銷魂處還見篠牆螢暗蘚階蛩切送客重尋西去路間水面琵琶誰撥最可惜一片江山總付與啼鴂。長恨相從未款而今何事又對

西風離別渚寒煙淡棹移人遠縹緲行舟如葉想文君望久倚竹愁生步羅襪歸來後翠尊
雙飲下了珠簾玲瓏閒看月

清波引 梅

冷雲迷浦倩誰喚玉妃起舞歲華如許野梅弄眉嫵展齒印蒼蘚漸為尋花來去自隨秋雁
南來望江國渺何處。新詩謾與好風景長是暗度故人知否抱幽恨難語何時共漁艇莫
貪蒼浪烟雨況有清夜啼猿怨人良苦

淡黃柳 客合肥

空城曉角吹入垂楊陌馬上單衣寒惻惻看盡鵝黃嫩綠都是江南舊相識正岑寂 明朝
又寒食強攜酒小橋宅怕梨花落盡成秋色燕燕飛來問春何在唯有池塘自碧

玉梅令 石湖畏寒不出作此戲之

疏疏雪片散入溪南苑春寒鎖舊家亭館有玉梅幾樹背立怨東風高花未吐暗香已遠。
公來領客梅花能勸花長好願公更健便揉春為酒翦雪作新詩拚一日繞花千轉

踏莎行 金陵感夢

燕燕輕盈鶯鶯嬌軟分明又向華胥見夜長爭得薄情知春初早被相思染 別後書詞別
時針線離魂暗逐郎行遠淮南皓月冷千山冥冥歸去無人管

蕎山溪 題錢氏溪月

與鷗爲客綠野留吟展兩行柳垂陰。是當年仙翁手植。一亭寂寞烟外帶愁橫荷荇荇展涼
雲橫臥虹千尺　才因老盡秀句君休覓萬綠正迷人更愁入山陽夜笛百年心事惟有玉
闌知吟未了放船回月下空相憶

點絳脣 丁未冬過吳松

燕雁無心太湖西畔隨雲去數峯清苦商略黃昏雨　第四橋邊擬共天隨住　今何許凭闌
懷古殘柳參差舞

少年遊 戲張斗甫

雙螺未合雙蛾先斂家在碧雲西別母情懷隨郎滋味桃葉渡江時　扁舟載了匆匆去今
夜泊前溪楊柳津頭梨花牆外心事兩人知

張炎　宋成紀人俊五世孫家於臨安字叔夏號玉田又號樂笑翁宋亡潛迹不仕縱遊浙東西落拓以終工長
短句以春水詞得名人稱張春水宋亡以後撫時感事所作尤蒼莽悲涼以之接武姜夔可云後勁有山中白雲
詞樂府指迷

高陽臺 西湖春感

接葉巢鶯平波卷絮斷橋斜日歸船能幾番遊看花又是明年東風且伴薔薇住到薔薇春

已堪憐更凄然萬綠西泠一抹荒煙。當年燕子知何處但苔深韋曲草暗斜川見說新愁。

如今也到鷗邊無心再續笙歌夢掩重門淺醉閒眠莫開簾怕見飛花怕聽啼鵑。

南浦 春水

波暖綠粼粼燕飛來好是蘇隄纔曉魚沒浪痕圓流紅去翻笑東風難埽荒橋斷浦柳陰撐

出扁舟小回首池塘青欲徧絕似夢中芳草 和雲流出空山甚年年淨洗花香不了新綠

乍生時孤村路猶憶那回曾到餘情渺渺茂林觴詠如今悄前度劉郎從去後溪上碧桃多

少。

壺中天 夜渡古黃河與沈堯道曾子敬同賦

揚舲萬里笑當年底事中分南北須信平生無夢到卻向而今遊歷老柳官河斜陽古道風

定波猶直野人驚問泛槎何處狂客　迎面綠葉蕭蕭水流沙共遠都無行迹衰草淒迷秋

更綠惟有閒鷗獨立浪挾天浮山邀雲去銀浦橫空碧扣舷歌斷海蟾飛上孤白

臺城路 庚辰秋九月之北遇汪菊坡因賦此詞

十年前事翻疑夢重逢可憐俱老水國春空山城歲晚無語相看一笑荷衣換了任京洛塵

沙冷凝風帽見說吟情近來不到謝池草　懷遊曾步翠窈亂紅迷紫曲芳意多少舞扇招

香歌橈喚玉猶憶錢塘蘇小無端暗惱又幾度留連燕昏鶯曉回首妝樓甚時重去好

又　送周方山遊吳

朗吟未了西湖酒。驚心又歌南浦。折柳官橋。呼船野渡。還憶五湖風雨。流最苦。況如此江山。此時情緒。怕有鷗夷笑。人何事。載詩去。　荒臺祇今在否。登臨休望遠。都是愁處。暗草埋沙。明波洗月。誰念天涯羈旅。荷陰未暑。快料理歸程。再盟鷗鷺。只恐空山。近來無杜宇。

甘州餞沈堯道并寄趙學舟

記玉關踏雪事清遊。氣脆貂裘。傍枯林古道。長河飲馬。此意悠悠。短夢依然江表。老淚灑西州。一字無題處。落葉都愁。　載取白雲歸去。問誰留楚佩。弄影中洲。折蘆花贈遠。零落一身秋。向尋常、野橋流水。待招來、不是舊沙鷗。空懷感。有斜陽處。卻怕登樓。

渡江雲　山陰久客。一再逢春。回憶西杭。渺然愁思。

山空天入海。倚樓望極。風急暮潮初。一簾鳩外雨。幾處閒田。隔水動春鉏。新煙禁柳。想如今、綠到西湖。猶記得、當年深隱。門掩兩三株。　愁余。荒洲古澨。斷梗疏萍。更漂流何處。空自覺、圍羞帶減。影怯燈孤。常疑卽見桃花面。甚近來、翻笑無書。書縱遠。如何夢也都無。

又　懷歸

江山居未定貂裘已敝。空自帶愁歸。亂花流水外。訪里尋鄰。都是可憐時。橋邊燕子似頓語。斜日江籬。休問我如今心事。錯認鏡中誰。　還思新煙驚換。舊雨難招。做不成春意渾未省

誰家芳草猶夢吟詩一株古柳觀魚港傍清深足可
幽棲閒趣好白鷗尚識天隨。韓亦顏歸隱兩水之濱。予從之遊散懷吟
眺。一任所適。太白去後三百年。無此樂也。

慶清朝

淺草猶霜融泥未燕晴梢潤葉初乾閒扶短策鄰家小聚清歡錯認籬根是雪梅花過了一
番寒風還峭較遲芳信卻是春殘　此境此時此意待攜琴獨去石冷慵彈飄飄爽氣飛烏
相與俱還醉裏不知何處好詩盡在夕陽山山深杳更無人到流水花開。

解連環　孤雁

楚江空晚悵離羣萬里恍然驚散自顧影欲下寒塘正沙淨草枯水平天遠寫不成書只寄
得相思一點歎因循誤了殘氈擁雪故人心眼　誰憐旅愁荏苒謾長門夜悄錦箏彈怨想
伴侶猶宿蘆花也曾念春前去程應轉暮雨相呼。怕驀地玉關重見未羞他雙燕歸來畫簾
半捲。

憶舊遊　登蓬萊閣

問蓬萊何處風月依然萬里江清休說神仙事便神仙縱有卽是閒人笑我幾番醒醉石磴
埽松陰任狂客難招采芳誰贈且自微吟　俯仰成陳迹歎百年誰在闌檻孤憑海日生殘
夜看臥龍和夢飛入秋冥還聽水聲東去山冷不生雲正目極空寒蕭蕭漢柏愁茂陵
月下笛　孤遊萬竹山中。閒門落葉。愁思黯然。時寓甬東積翠山舍。

萬里孤雲清游漸遠故人何處寒窗夢裏曾記經行舊時路連昌約略無多柳第一是難聽

夜雨謖驚回淒悄相看燭影擁衾誰語　張緒歸何暮伴冷落依依短橋鷗鷺天涯倦旅此

時心事良苦只愁重灑西州淚問杜曲人家在否恐翠袖正天寒猶倚梅花那樹

長亭怨　舊居有感

望花外小橋流水門巷惜惜玉簫聲絕鶴去臺空珮環何處弄明月十年前事愁千折心情

顧別露粉風香誰爲主都成消歇　淒咽曉窗分袂處同把帶鴛親結江空歲晚便忘了尊

前曾說恨西風不庇寒蟬　便掃盡一林殘葉謝他楊柳多情還有綠陰時節

聲聲慢　寄葉書隱

百花洲畔十里湖邊沙鷗未許盟寒舊隱琴書猶記渭水長安蒼雲數千萬疊卻依然一笑

人間似夢裏對清尊白髮秉燭更闌　渺渺煙波無際喚扁舟欲去且與憑闌此別何如能

消幾度陽關江南又聽夜雨怕梅花零落孤山歸最好甚閒人猶自未閒

附錄一家

李清照

宋濟南人李格非女號易安居士湖州守趙明誠妻工詩文尤以詞擅名嘗著論譏彈前聲所作多中

其病朱子亦推其爲本朝婦人能文章者之最一日寄其夫以醉花陰重九詞明誠自愧弗如乃忘寢食三日夜

得十五闋雜易安作以示陸德夫玩之再三曰只有莫道不銷魂三句絕佳正易安作也有漱玉集

天接雲濤連曉霧星河欲轉千帆舞彷彿夢魂歸帝所聞天語殷勤問我歸何處　我報路
長嗟日暮學詩謾有驚人句九萬里風鵬正舉風休住蓬舟吹取三山去

一剪梅　別愁

紅藕香殘玉簟秋輕解羅裳獨上蘭舟雲中誰寄錦書來雁字回時月滿西樓　花自飄零
水自流一種相思兩處閒愁此情無計可消除才下眉頭卻上心頭

如夢令　酒興

常記西亭日暮沈醉不知歸路與盡晚回舟誤入藕花深處爭渡爭渡驚起一行鷗鷺

又

昨夜雨疏風驟濃睡不消殘酒試問卷簾人卻道海棠依舊知否知否應是綠肥紅瘦

醉花陰　九日

薄霧濃雲愁永晝瑞腦噴金獸佳節又重陽寶枕紗廚半夜涼初透　東籬把酒黃昏後有
暗香盈袖莫道不銷魂簾卷西風人似黃花瘦

念奴嬌　春情

蕭條庭院又斜風細雨重門須閉寵柳嬌花寒食近種種惱人天氣險韻詩成扶頭酒醒別

是閒滋味。征鴻過盡萬千心事難寄。　樓上幾日春寒。簾垂四面玉闌干慵倚。被冷香銷新

夢覺不許愁人不起。清露晨流新桐初引多少遊春意日高烟斂更看今日晴未。　乍試夾衣

蝶戀花　離情

暖雨和風初破凍柳潤梅輕已覺春心動酒意詩情誰與共淚融殘粉花鈿重。

金縷縫山枕斜枕損釵頭鳳獨抱濃愁無好夢夜闌猶翦燈花弄

鳳凰臺上憶吹簫

香冷金猊被翻紅浪起來慵自梳頭任寶奩塵滿日上簾鉤。生怕離懷別苦多少事欲說還

休新來瘦非干病酒不是悲秋。　休休這回去也千萬遍陽關也則難留念武陵人遠烟鎖

秦樓惟有樓前流水應念我終日凝眸凝眸處從今又添一段新愁

聲聲慢　秋閨

尋尋覓覓冷冷清清淒淒慘慘切切。乍暖還寒時候最難將息。三杯兩盞淡酒怎敵他曉來

風急雁過也正傷心卻是舊時相識。　滿地黃花堆積憔悴損如今有誰堪摘守着窗兒獨

自怎生得黑梧桐更兼細雨到黃昏點點滴滴這次第怎一個愁字了得

賣花聲

簾外五更風吹夢無蹤。畫樓重上與誰同記得玉釵斜撥火寶篆成空。　回首紫金峰雨潤

二七四

煙濃。一江春浪醉醒中留得羅襟前日淚彈與征鴻。

武陵春

風住塵香花已盡日晚倦梳頭。物是人非事事休欲語淚先流。 聞說雙溪春尚好也擬汎

輕舟只恐雙溪舴艋舟載不動許多愁。

浣溪沙

樓上晴天碧四垂樓前芳草接天涯勸君莫上最高梯 新筍已成堂下竹落花都入燕巢

泥。忍聽林表杜鵑啼。

蝶戀花

淚溼羅衣脂粉滿四疊陽關唱到千千遍人道山長山又斷瀟瀟微雨聞孤館。惜別傷離

方寸亂忘了臨行酒盞深和淺好把音書憑過雁東萊不似蓬萊遠

臨江仙

庭院深深深幾許雲窗霧閣常扃柳梢梅萼漸分明春歸秣陵樹人老建康城 感月吟風

多少事如今老去無成誰憐憔悴更彫零試燈無意思踏雪沒心情

點絳唇

寂寞深閨柔腸一寸愁千縷惜春春去幾點催花雨 倚徧闌干只是無情緒人何處連天

芳樹望斷歸來路。

怨王孫

湖上風來波浩渺秋已暮紅稀少水光山色與人親說不盡無窮好。蓮子已成荷葉老青
露洗蘋花汀草眠沙鷗露不回頭似也恨人歸早。

鍾嶸　梁長社人字仲偉好學有思理明於周易仕齊爲南康王國侍郎天監中官西中郎晉安王記室著詩品

三卷取漢魏至梁能詩者一百餘人分爲上中下三品各系以論斷妙達文理與文心雕龍並稱

詩品序　并詩家品次

氣之動物物之感人故搖蕩性情形諸舞詠照燭三才暉麗萬有靈祇待之以致饗幽微藉
之以昭告動天地感鬼神莫近於詩昔南風之詞卿雲之頌厥義敻矣夏歌曰鬱陶乎予心
楚謠曰名余曰正則雖詩體未全然是五言之濫觴也逮漢李陵始著五言之目矣古詩眇
邈人世難詳推其文體固是炎漢之製非衰周之倡也自王楊枚馬之徒詞賦競爽而吟詠
靡聞從李都尉迄班婕妤將百年間有婦人焉一人而已詩人之風頓已缺喪東京二百載
中惟有班固詠史質木無文降及建安曹公父子篤好斯文平原兄弟鬱爲文棟劉楨王粲
爲其羽翼次有攀龍託鳳自致於屬車者蓋將百計彬彬之盛大備於時矣爾後陵遲衰微
迄於有晉太康中三張二陸兩潘一左勃爾復興踵武前王風流未沫亦文章之中興也永
嘉時賞黃老稍尚虛談於時篇什理過其辭淡乎寡味爰及江表微波尙傳孫綽許詢桓庾

諸公詩皆平典似道德論。建安風力盡矣。先是郭景純用儁上之才。變創其體。劉越石仗清

剛之氣。贊成厥美。然彼衆我寡。未能動俗。逮義熙中。謝益壽斐然繼作。元嘉中有謝靈運。才

高詞盛。富豔難蹤。固已含跨劉郭。淩轢潘左。故知陳思爲建安之傑。公幹仲宣爲輔。陸機爲

太康之英。安仁景陽爲輔。謝客爲元嘉之雄。顏延年爲輔。斯皆五言之冠冕。文詞之命世也。

夫四言文約意廣。取效風騷。便可多得。每苦文繁而意少。故世罕習焉。五言居文詞之要。是

衆作之有滋味者也。故云會於流俗。豈不以指事造形。窮情寫物。最爲詳切者邪。故詩有三

義焉。一曰興。二曰比。三曰賦。文已盡而意有餘。興也。因物喻志。比也。直書其事。寓言寫物。賦

也。宏斯三義。酌而用之。幹之以風力。潤之以丹彩。使味之者無極。聞之者動心。是詩之至也。

若專用比興。患在意深。意深則詞躓。若但用賦體。患在意浮。意浮則文散。嬉成流移。文無止

泊。有蕪漫之累矣。乃若春風春鳥。秋月秋蟬。夏雲暑雨。冬月祁寒。斯四候之感諸詩者也。嘉

會寄詩以親。離羣託詩以怨。至於楚臣去境。漢妾辭宮。或骨橫朔野。或魂逐飛蓬。或負戈外

成。殺氣雄邊。塞客衣單。孀閨淚盡。或士有解佩出朝。一去忘反。女有揚蛾入寵。再盼傾國。凡

斯種種。感蕩心靈。非陳詩何以展其義。非長歌何以騁其情。故曰詩可以羣。可以怨。使窮賤

易安。幽居靡悶。莫尚於詩矣。故詞人作者。罔不愛好。今之士俗。斯風熾矣。纔能勝衣。甫就小

學。必甘心而馳鶩焉。於是庸音雜體。人各爲容。至使膏腴子弟。恥文不逮。終朝點綴。分夜呻

吟。獨觀謂爲警策衆觀終淪平鈍次有輕薄之徒笑曹劉爲古拙謂鮑照羲皇上人謝朓今

古獨步而師鮑照終不及日中市朝滿學謝朓劣得黃鳥度青枝徒自棄於高明無涉於文

流矣觀王公縉紳之士每博論之餘何嘗不以詩爲口實隨其嗜欲商榷不同淄澠並泛朱

紫相奪喧議競起準的無依近彭城劉士章俊賞之士疾其淆亂欲爲當世詩品口陳標榜

其文未遂感而作焉昔九品論人七略裁士校以賓實誠多未值至若詩之爲技較爾可知

以類推之殆均博弈方今皇帝資生知之上才體沈鬱之幽思文麗日月賞究天人昔在貴

游已爲稱首況八紘既奄風靡雲蒸抱玉者聯肩握珠者踵武以瞰漢魏而不顧吞晉宋於

胸中諒非農歌轅議敢致流別嶸之今錄庶周旋於閭里均之於談笑耳

一品之中略以世代爲先後不以優劣爲詮次又其人既往其文克定今所寓言不錄存者

夫屬詞比事乃爲通談若乃經國文符應資博古撰德駁奏宜窮往烈至乎吟詠情性亦何

貴於用事思君如流水既是即目高臺多悲風亦惟所見清晨登隴首羌無故實明月照積

雪詎出經史觀古今勝語多非補假皆由直尋顏延謝莊尤爲繁密於時化之故大明泰始

中文章殆同書鈔近任昉王元長等詞不貴奇競須新事爾來作者浸以成俗遂乃句無虛

語語無虛字拘攣補衲蠹文已甚但自然英旨罕值其人詞既失高則宜加事義雖謝天才

且表學問亦一理乎陸機文賦通而無貶李充翰林疏而不切王微鴻寶密而無裁顏延論

文精而難曉摯虞文志詳而博瞻頗曰知言觀斯數家皆就談文體而不顯優劣至於謝客

集詩逢詩輒取張隲文士逢文即書諸英志錄並義在文曾無品第蟣今所錄止乎五言雖

然網羅今古詞文殆集輕欲辨彰清濁掎摭病利凡百二十人預此宗流者便稱才子至斯

三品升降差非定制方申變裁請寄知者爾

昔曹劉殆文章之聖陸謝爲體貳之才銳精研思。千百年中而不聞宮商之辨四聲之論或

謂前達偶然不見豈其然乎嘗試言之古曰詩頌皆被之金竹故非調五音無以諧會若置

酒高堂上明月照高樓爲韻之首故三祖之詞文或不工而韻入歌唱此重音韻之義也與

世之言宮商異矣今既不被管絃亦何取於聲律邪齊有王元長者嘗謂余云宮商與二儀

俱生自古詞人不知之惟顏憲子乃云律呂音調而其實大謬唯見范曄謝莊頗識之耳嘗

欲進知音論未就王元長創其首謝朓沈約揚其波三賢或貴公子孫幼有文辯於是土流

景慕務爲精密襞積細微專相陵架故使文多拘忌傷其真美余謂文製本須諷讀不可蹇

礙但令清濁通流口吻調利斯爲足矣至平上去入則余病未能蜂腰鶴膝閭里已具陳思

贈弟仲宣七哀公幹思友阮籍詠懷子卿雙鳧叔夜雙鸞茂先寒夕平叔衣單安仁倦暑景

陽苦雨靈運鄴中士衡擬古越石感亂景純詠仙王微風月謝客山泉叔源離宴鮑照戍邊

太沖詠史顏延入洛陶公詠貧之製惠連擣衣之作斯皆五言之警策者也所以謂篇章之

珠澤文彩之鄧林。

詩家品次

古詩　李陵　班姬　曹植　劉楨　王粲　阮籍　陸機　潘岳　張協　左思　謝

靈運　以上上品

秦嘉　徐淑妻（秦嘉）　魏文帝　嵇康　張華　何晏　孫楚　王讚　張翰　潘尼　應

璩　陸雲　石崇　曹攄　何劭　劉琨　盧諶　郭璞　袁宏　郭泰機　顧愷之

謝世基　顧邁　戴凱　陶潛　顏延之　謝瞻　謝混　袁淑　王微　王僧達　謝

惠連　鮑照　謝朓　江淹　范雲　邱遲　任昉　沈約　以上中品

班固　酈炎　趙壹　魏武帝　魏明帝　曹彪　徐幹　阮瑀　歐陽建　應璩　嵇

含　阮侃　嵇紹　棗據　張載　傅玄　傅咸　繆襲　夏侯湛　王濟　杜預　孫

綽　許詢　戴逵　殷仲文　傅亮　何長瑜　羊曜璠　范曄　宋孝武帝　劉鑠

劉宏　謝莊　蘇寶生　陵脩之　任曇緒　戴法興　區惠恭　惠休　道猷　寶月

齊高帝　張永　王文憲　謝超宗　邱靈鞠　劉祥　檀超　鍾憲　顏則　顧則

心　毛伯成　吳邁遠　許瑤之　鮑令暉　韓蘭英　張融　孔稚珪　王融　劉繪

江祜　王巾　卞彬　卞錄　袁嘏　張欣泰　范縝　陸厥　虞羲　江洪　鮑行

劉勰　梁莒人字彥和天監中官東宮通事舍人篤志好學昭明太子深愛接之後出家爲沙門改名慧地撰文心雕龍十卷共五十篇其末篇序志略謂文章之用實經典枝條詳觀近代之論文者如魏文述典陳思序書應瑒論文陸機文賦仲洽流別宏範翰林又君山公幹之徒吉甫士龍之輩汎論文意往往間出並未能振葉以尋根觀瀾而索源不述先哲之誥無益後人之應此文心所以作也蓋其自負如是後世論者亦皆推爲論文之冠書

卿　孫綽　以上下品

明詩　文心雕龍下同

大舜云詩言志歌永言聖謨所析義已明矣是以在心爲志發言爲詩舒文載實其在茲乎詩者持也持人情性三百之蔽義歸無邪持之爲訓有符焉爾人稟七情應物斯感感物吟志莫非自然昔葛天氏樂辭云玄鳥在曲黃帝雲門理不空綺作慈一改至堯有大唐章一作之歌舜造南風之詩觀其二文辭達而已及大禹成功九序惟歌太康敗德五子咸怨順美匡惡其來久矣自商暨周雅頌圓備四始彪炳六義環深子夏監絢素之章子貢悟琢磨之句故商賜二子可與言詩自王澤殄竭風人輟采春秋觀志諷誦舊章酬酢以爲賓榮吐納而成身文逮楚國諷怨則離騷爲刺秦皇滅典亦造仙詩漢初四言韋孟首唱匡諫之義繼軌周人孝武愛文柏梁列韻嚴馬之徒屬辭無方至成帝品錄三百餘篇朝章國采亦云周備而

二八二

辭人遺翰莫見五言所以李陵班婕好見疑於後代也按召南行露始肇半章孺子滄浪亦

有全曲暇豫優歌遠見春秋邪徑童謠近在成世閱時取證則五言久矣又古詩佳麗或稱

枚叔其孤竹一篇則傅毅之詞比采而推兩漢之作乎觀其結體散文直而不野婉轉附物

怊悵切情實五言之冠冕也至於張衡怨篇清典可味仙詩緩歌雅有新聲暨建安初

五言騰踴文帝陳思縱轡以騁節王徐應劉望路而爭驅並憐風月狎池苑述恩榮敘酣宴

慷慨以任氣磊落以使才造懷指事不求纖密之巧驅辭逐貌唯取昭晰之能此其所同也

乃正始明道詩雜仙心何晏之徒率多浮淺唯嵇志清峻阮旨遙深故能標焉若乃應璩百

一獨立不懼辭譎義貞亦魏之遺直也晉世羣才稍入輕綺張潘左陸比肩詩衢采縟於正

始力柔於建安或析文以爲妙或流靡以自妍此其大略也江左篇製溺乎玄風嗤笑徇務

之志崇盛亡機之談袁孫已下雖各有雕采而辭趣一揆莫與爭雄所以景純仙篇挺拔而

爲俊矣宋初文詠體有因革莊老告退而山水方滋儷采百字之偶爭價一句之奇情必極

貌以寫物辭必窮力而追新此近世之所競也故鋪觀列代而情變之數可監撮舉同異而

綱領之要可明矣若夫四言正體則雅潤爲本五言流調則清麗居宗華實異用唯才所安

故平子得其雅叔夜含其潤茂先凝其清景陽振其麗兼善則子建仲宣偏美則太沖公幹方

然詩有恆裁思無定位隨性適分鮮能通圓若妙識所難其易也將至忽之爲易其難也方

來。至於三六雜言則自出篇什離合之發則明於圖讖回文所興則道原爲始聯句共韻則

柏梁餘製巨細或殊情理同致總歸詩囿故不繁云

贊曰民生而志詠歌所含與發皇世風流二南神理共契政序相參英華彌縟萬代永耽。

樂府

樂府者聲依永律和聲也鈞天九奏既其上帝葛天八闋爰乃皇時自咸英以降亦無得而

論矣至於塗山歌於候人始爲南音有娀謠乎飛燕始爲北聲夏甲歎於東陽東音以發殷

鼗思于西河西音以興音聲推移亦不一槩矣匹夫庶婦謳吟士風詩官採言樂盲被律志

感絲篁氣變金石是以師曠覘風於盛衰季札鑒微於興廢精之至也夫樂本心術故響浹

肌髓先王慎焉務塞淫濫敷訓胄子必歌九德故能情感七始化動八風自雅聲浸微溺音

騰沸秦韶夏而頗襲秦舊制氏紀其鏗鏘叔孫定其容與於是武德興乎高祖四時廣於孝

文。雖摹韶夏而中和之響闕其不還暨武帝崇禮始立樂府總趙代之音撮齊楚

之氣延年以曼聲協律朱馬以騷體製歌桂華雜曲麗而不經赤鴈羣篇靡而非典薦

雅而郤御故汲黯致譏於天馬也至宣帝雅頌詩效鹿鳴邇及元成稍廣淫樂正音乖俗其

難也如此曁後郊廟惟雜雅章辭雖典文而律非虁曠至於魏之三祖氣爽才麗宰割辭調

音靡節平觀其北上衆引秋風列篇或述酣宴或傷羈戍志不出於滔蕩辭不離於哀思雖

三調之正聲實韶夏之鄭曲也逮於晉世則傳玄曉音創定雅歌以詠祖宗張華新篇亦充
庭萬然杜夔調律音奏舒雅荀勖改懸聲節哀急故阮咸譏其離聲後人驗其銅尺和樂精
妙固表裏而相資矣故知詩爲樂心聲爲樂體樂體在聲瞽師務調其器樂心在詩君子宜
正其文好樂無荒晉風所以稱遠伊其相謔鄭國所以云亡故知季札觀辭不直聽聲而已

若夫艷歌婉變怨志訣絕淫辭在曲正響焉生然俗聽飛馳職競新異雅詠溫恭必欠伸魚
睨奇辭切至則拊髀雀躍詩聲俱鄭自此階矣凡樂辭曰詩詩聲曰歌聲來被辭辭繁難節
故陳思稱李延年閑於增損古辭多者則宜減之明貴約也觀高祖之詠大風孝武之歎來
遲歌童被聲莫敢不協子建威有佳篇並無詔伶人故事謝絲管俗稱乖調蓋未思也
至於斬伎軒岐疑作鼓吹漢世鐃挽雖戎喪殊事而並總入樂府繆襲所致亦有可算焉昔子政
品文詩與歌別故略具樂篇以標區界

贊曰八音攡文樹辭爲體謳吟坰野金石雲陛韶聲難追鄭聲易啟豈惟觀樂於焉識禮

庾信文章老更成凌雲健筆意縱橫。今人嗤點流傳賦不覺前賢畏後生。
王楊盧駱當時體輕薄爲文哂未休爾曹身與名俱滅不廢江河萬古流。

縱使盧王操翰墨劣於漢魏近風騷龍文虎脊皆君馭歷塊過都見爾曹。

才力應難跨數公凡今誰是出羣雄或看翡翠蘭苕上未掣鯨魚碧海中。

不薄今人愛古人清詞麗句必爲鄰竊攀屈宋宜方駕恐與齊梁作後塵。（自注。水部）

未及前賢更勿疑遞相祖述復先誰別裁僞體親風雅轉益多師是汝師。（自注。薛據）

沈范早知何水部曹劉不待薛郎中獨當省署開文苑兼泛滄浪學釣翁。（自注。校書郎。自注。雲卿。自注。右丞弟）

李陵蘇武是吾師孟子論文更不疑一飯未曾留俗客數篇今見古人詩。

復憶襄陽孟浩然清詩句句盡堪傳即今耆舊無新語漫釣槎頭縮項鯿。

陶冶性靈存底物新詩改罷自長吟熟知二謝將能事頗學陰何苦用心。

不見高人王右丞藍田邱壑漫寒藤最傳秀句寰區滿未絕風流相國能。

元結

元結　唐河南人字次山後魏之裔天寶進士蕭宗召見上時議五篇帝悅之累遷水部員外郎代宗時以親老歸樊上著書自娛作元子十篇晚拜道州刺史進授容管經略使罷還京師卒年五十文章戛戛自異秘排偶綺麗之習在韓柳之先有次山集。

篋中集序

元結作篋中集或問曰公所集之詩何以訂之對曰風雅不興幾及千歲溺於時者世無人哉嗚呼有名位不顯年壽不將獨無知音不見稱頌死而已矣誰云無之近世作者更相沿

襲拘限聲病喜尚形似且以流易爲辭不知喪於雅正然則指詠時物會諧絲竹與歌兒舞女生汚惑之聲於私室可矣若令方直之士大雅君子聽而誦之則未見其可矣吳與沈千運獨挺於流俗之中強欀於已溺之後窮老不惑五十餘年凡所爲文皆與時異故朋友後生稍見師效能似類者有五六人於戲自沈公及二三子皆以正直而無祿位皆以忠信而久貧賤皆以仁讓而至喪亡異於是者顯榮當世誰爲辯士吾欲問之天下與兵於今六歲人皆務武斯爲誰嗣已長逝者遺文散失方阻絕者不見近作盡篋中所有總編次之命曰篋中集且欲傳之親故冀其不亡於今凡七八人云。沈千運。王季友。于逖。孟雲卿。張彪。趙微明。元融也。　詩二十二首。時乾元三年也。

白居易　小傳見前詩十五家。

與元九書

月日居易白微之足下自足下謫江陵至於今凡所贈答詩僅百篇每詩來或辱序或辱書冠於卷首皆所以陳古今歌詩之義且自敘爲文因緣與年月之遠近也僕既愛足下詩又諭足下此意常欲承答來旨鬷論歌詩大端并自述爲文之意總爲一書致足下前累歲已來牽故少暇間有容隙或欲爲之又自思所陳亦無足下之見臨紙復罷者數四率不能成就其志以至於今今俟罪潯陽除盥櫛食寢外無餘事因覽足下去通州日所留新舊文二

十六軸開卷得意忽如會面心所蓄者便欲言往往自疑不知相去萬里也。既而憤悱之

氣思有所洩遂追就前志勉為此書足下幸試為樸留意一省夫文尚矣三才各有文天之

文三光首之地之文五材首之人之文六經首之就六經言詩又首之何者聖人感人心而

天下和平感人心者莫先乎情莫切乎言莫深乎義詩者根情苗言華聲實義上

自聖賢下至愚騃微及豚魚幽及鬼神羣分而氣同形異而情一未有聲入而不應情交而

不感者聖人知其然因其言經之以六義緣其聲緯之以五音音有韻義有類韻協則言順

言順則聲易入類舉則情見情見則感易交於是乎孕大含深貫微洞密上下通而一氣泰

憂樂合而百志熙五帝三皇所以直道而行垂拱而埋者揭此以為大柄決此以為大寶也

故聞元首明股肱良之歌則知虞道昌矣聞五子洛汭之歌則知夏政荒矣言者無罪聞者

足戒言者聞者莫不兩盡其心焉洎周衰秦興採詩官廢上不以詩補察時政下不以歌洩

導人情乃至於諂成之風動救失之道缺於時六義始刓矣國風變為騷辭五言始於蘇李

蘇李騷人皆不遇者各繫其志發而為文故河梁之句止於傷別澤畔之吟歸於怨思彷徨

抑鬱不暇及他耳然去詩未遠梗槩猶存故興離別則引雙鳧一雁為喻諷君子小人則引

香草惡鳥為比雖義類不具猶得風人之什二三焉於時六義始缺矣晉宋已還得者蓋寡

以康樂之奧博多溺於山水以淵明之高古偏放於田園江鮑之流又狹於此如梁鴻五噫

之例者百無一二焉。於時六義浸微矣。陵夷至於梁陳間。率不過嘲風雪弄花草而已。噫風雪花草之物。三百篇中豈捨之乎。顧所用何如耳。設如北風其涼。假風以刺威虐也。雨雪霏霏。因雪以愍征役也。棠棣之華。感華以諷兄弟也。采采芣苢。樂有子也。皆興發於此。而義歸於彼。反是者可乎哉。然則餘霞散成綺。澄江淨如練。離花先萎。露別葉乍辭風之什。麗則麗矣。吾不知其所諷焉。故僕所謂嘲風雪弄花草而已。於時六義盡去矣。唐與二百年。其間詩人不可勝數。所可舉者陳子昂有感遇詩二十首。鮑防有感興詩十五首。又詩之豪者。世稱李杜。李之作才矣奇矣。人不逮矣。索其風雅比興。十無一焉。杜詩最多。可傳者千餘篇。至於貫穿今古。覼縷格律。盡工盡善。又過於李。然撮其新安吏石壕吏潼關吏塞蘆子留花門之章。朱門酒肉臭。路有凍死骨之句。亦不過三四十首。杜尚如此。況不逮杜者乎。僕嘗痛詩道崩壞。忽忽憤發。或食輟哺。夜輟寢。不量才力。欲扶起之。嗟乎。事有大謬者。又不可一二而言。然亦不能不蠱陳於左右。僕始生六七月時。乳母抱弄於書屏下。有指無字之字示僕者。僕雖口未能言。心已默識。後有問此二字者。雖百十其試。而指之不差。則僕宿習之緣。已在文字中矣。及五六歲。便學為詩。九歲諳識聲韻。十五六始知有進士。苦節讀書。二十已來。晝課賦夜課書。間又課詩。不遑寢息矣。以至於口舌成瘡。手肘成胝。既壯而膚革不豐盈。未老而齒髮早衰白。瞥瞥然如飛蠅垂珠在眸子中也。動以萬數。蓋以苦學力文所致。又自

悲矣。家貧多故。二十七方從鄉試。既第之後。雖專於科試。亦不廢詩及授校書耶時已盈三

四百首。或出示交友。如足下輩見皆謂之工。其實未窺作者之域耳。自登朝來年齒漸長閱

事漸多。每與人言多詢時務。每讀書史多求理道。始知文章合爲時而著。歌詩合爲事而作。

是時皇帝初即位。宰府有正人。屢降璽書訪人急病。僕當此日擢在翰林身是諫官。月請諫

紙啟奏之外。有可以救濟人病裨補時闕。而難於指言者。輒詠歌之。欲稍稍遞進聞於上。上

以廣宸聰。副憂勤次以酬恩獎塞言責下以復吾平生之志。豈圖志未就而悔已生。言未聞

而謗已成矣。又請爲左右終言之。凡聞僕賀雨詩。而衆口籍籍已謂非宜矣。聞僕哭孔戡詩

衆面眽眽。盡不悅矣。聞秦中吟則權豪貴近者。相目而變色矣。聞樂游園寄足下詩則執政

柄者扼腕矣。聞宿紫閣村詩則扼軍要者切齒矣。大率如此。不可徧舉。不相與者。號爲沽名

號爲詆訐。號爲訕謗。苟相與者。則如牛僧儒之戒焉。乃至骨肉妻孥皆以我爲非也。其不我

非者。舉不過三兩人。有鄧魴者見僕詩而喜。無何而魴死。有唐衢者見僕詩而泣。未幾而衢

死。其餘則足下。又十年來困躓若此。嗚呼。豈六義四始之風。天將破壞不可支持耶。抑

又不知天之意不欲使下人之病苦聞於上耶。不然何有志於詩者不利若此之甚也。然僕

又自思關東一男子耳。除讀書屬文外。其他懵然無知。乃至書畫棋博。可以接羣居之歡者。

一無通曉。即其愚拙可知矣。初應進士時。中朝無緦麻之親。達官無半面之舊。策蹇步於利

足之途張空巻於戰文之場十年之間。三登科第名入眾耳。迹升清貫出交賢俊入侍冕旒。

始得名於文章終得罪於文章亦其宜也日者又聞親友間說禮吏部舉選人多以僕私試

賦判傳為準的其餘詩句亦往往在人口中僕恧然自愧不之信也及再來長安又聞有軍

使高霞寓者欲聘娼妓妓大誇曰我誦得白學士長恨歌豈同他妓哉由是增價又足下書

云到通州日見江館柱間有題僕詩者復何人哉又昨過漢南日適遇主人集眾樂娛他賓

諸妓見僕來指而相顧曰此是秦中吟長恨歌主耳自長安抵江西三四千里凡鄉校佛寺

逆旅行舟之中往往有題僕詩者士庶僧徒孀婦處女之口每每有詠僕詩者此誠雕蟲之

戲不足為多然今時俗所重正在此耳雖前賢如淵雲者前輩如李杜者亦未能忘情於其

間古人云名者公器不可以多取僕是何者竊時之名已多既竊時名又欲竊時之富貴使

己為造物者肯兼與之乎今之迍窮固然也況詩人多蹇如陳子昂杜甫各授一拾遺而

迍剝至死李白孟浩然輩不及一命窮悴終身近日孟郊六十終試協律張籍五十未離一

太祝彼何人哉彼何人哉況僕之才又不逮彼今雖謫在遠郡而官品至第五月俸四五萬

寒有衣飢有食給身之外施及家人亦可謂不負白氏之子矣微之微之勿念我哉

來檢討囊篋中得新舊詩各以類分分為卷首自拾遺來凡所遇所感關於美刺興比者又

自武德訖元和因事立題題為新樂府者共一百五十首謂之諷諭詩又或退公獨處或移

病閒居知足保和吟翫情性者一百首謂之閒適詩又有事務率於外情性動於内隨感遇

而形於歎詠者一百首謂之感傷詩又有五言七言長句短句自一百韻至兩韻者四百餘

首謂之雜律詩凡爲十五卷約八百首異時相見當盡致於執事時之來也爲雲龍爲風

身之達則兼濟天下僕雖不肖常思此語大丈夫所守者道所待者時之不來也爲霧豹爲

鵬勃然突然陳力以出時之不來也爲霧豹爲冥鴻寂兮寥兮奉身而退進退出處何往而

不自得哉故僕志在兼濟行在獨善奉而始終之則爲道言而發明之則爲詩謂之諷諭詩

兼濟之志也謂之閒適詩獨善之義也故覽僕詩者知僕之道焉其餘雜律詩或誘於一時

一物發於一笑一吟率然成章非平生所尚但以親朋合散之際取其釋恨佐懽今鈴次之

間未能删去他時有爲我編集斯文者略之可也微之夫貴耳賤目榮古陋今人之大情也

僕不能遠徵古舊如近歲韋蘇州歌行清麗之外頗近興諷其五言詩又高雅閒澹自成一

家之體今之秉筆者誰能及之然當蘇州在時人亦未甚愛重必待身後然後人貴之今僕

之詩人所愛者悉不過雜律詩與長恨歌已下耳時之所重僕之所輕至於諷諭者意激而

言質閒適者思澹而詞迂以質合宜人之不愛也今所愛者並世而生獨足下耳然千百

年後安知無復足下者出而知愛我詩哉故自八九年來與足下小通則以詩相戒小窮則

以詩相勉索居則以詩相慰同處則以詩相娛知吾罪吾率以詩也如今年春遊城南時與

足下馬上相戲因各誦新豔小律不雜他篇自皇子陂歸昭國里迭吟遞唱不絕聲者二十
里餘樊李在傍無所措口知我者以爲詩仙不知我者以爲詩魔何則勞心靈役聲氣連朝
接夕不自知其苦非魔而何偶同人當美景或花時宴罷或月夜酒酣一詠一吟不知老之
將至雖驂鸞鶴遊蓬瀛者之適無以加於此焉又非仙而何微之微之此吾所以與足下外
形骸脫蹤跡傲軒鼎輕人寰者又以此也當此之時足下與有餘力且欲與僕悉索還往中
詩取其尤長者如張十八古樂府李二十新歌行盧楊二祕書律詩竇七元八絕句博搜精
掇編而次之號元白往還詩集衆君子得擬議於此者莫不踊躍欣喜以爲盛事嗟乎言未
終而足下左轉不數月而僕又繼行心期索然何日成就又可爲之歎息矣又僕嘗語足下
凡人爲文私於自是不忍於割截或失於繁多其間妍媸益又自惑必待交友有公鑒無姑
息者討論而削奪之然後繁簡當否得其中矣況僕與足下爲文尤患其多已尙病之況他
人乎今且各纂詩律粗爲卷第待與足下相見日各出所有終前志焉又不知相遇是何年
相見在何地漻然而至則如之何微之微之知我心哉潯陽臘月江風苦寒歲暮鮮歡夜長
無睡引筆鋪紙悄然燈前有念則書言無次第勿以繁雜爲倦且以代一夕之話也微之知
我心哉樂天再拜

元稹　　河南人字微之元和初對策舉制科第拜監察御史遇事敢言謫江陵參軍長慶中由監軍崔潭峻進稹

歌詞擇知制誥未幾入相裴度屢劾之遂俱罷太和中官武昌節度使卒積爲詩以平易勝與白居易齊名時稱

元白號爲元和體宮中妃嬪多誦之呼爲元才子有元氏長慶集。

樂府古題序

詩訖於周離騷訖於楚是後詩之流爲二十四名賦頌銘贊文誄箴詩行詠吟題怨歎章篇
操引謠謳歌曲詞調皆詩人六義之餘而作者之旨由操而下八名皆起於郊祭軍賓吉凶
苦樂之際在音聲以度詞審唱以節句度短長之數聲韻平上之差莫不由之準度而又
區別其在琴瑟者爲操引採民虻者爲謳謠備曲度者總得謂之歌曲詞曲斯皆由樂以定
詞非選詞以配樂也由詩而下九名皆屬事而作雖題號不同而悉謂之爲詩可也後之審
樂者往往採取其詞度爲歌曲蓋選詞以配樂非由樂以定詞也而纂撰者由詩而下十七
名盡編爲樂府等題除鐃吹橫吹郊祀淸商等詞在樂志者其餘木蘭仲卿四愁七哀之輩
亦未必盡播於管絃明矣後之文人達樂者少不復如是配則但遇興紀題往往兼以句度
短長爲歌詩之異劉補闕云樂府肇於漢按仲尼學文王操伯牙作水僊操齊沐犢作雉
朝飛衞女作思歸引則不於漢魏而後始亦以明矣況自風雅至於樂流莫非諷興當時之
事以貽後世之人沿襲古題唱和重複於文或有短長於義咸爲贅賸尚不如寓意古題刺
美見事猶有詩人引古以諷之義爲曹劉沈鮑之徒時得如此亦復稀少近代惟詩人杜甫

悲陳陶哀江頭兵車麗人等凡所歌行。率皆卽事名篇。無有倚傍。余少時與友人白樂天李

公垂輩。謂是為當。遂不復擬賦古題。昨梁州見進士劉猛李餘各賦古樂府詩數十首中

一二章。咸有新意。予因選而和之。其有雖用古題。全無古義者。若出門行不言離別。將進酒

特書列女之類是也。其或頗同古義全創新詞者。則田家止述軍輸捉捕請先螻蟻之類是

也。劉李二子方將極意於斯文。因為粗明古今歌詩同異之旨焉。

白氏長慶集序

白氏長慶集者。太原人白居易之所作。居易字樂天。始言試指之。無二字能不誤。始言讀

蓄勤敏。與他兒異。五六歲識聲韻。十五志詩賦。二十七舉進士。貞元末。進士尚馳競。不尚文

就中六籍尤擯落。禮部侍郎高郢。始用經藝為進退。樂天一舉擢上第。明年拔萃甲科。由是

性習相近遠。求玄珠斬白蛇。劍等賦及百道判。新進士競相傳於京師矣。會憲宗皇帝册召

天下士。樂天對詔稱旨。又登甲科。未幾入翰林掌制誥。比比上書言得失。因為賀雨詩秦中

吟等數十章。指言天下事。時人比之風騷焉。予始與樂天同校祕書之言。多以詩章相贈答。

會予譴掾江陵。樂天猶在翰林。寄予百韻律詩。及雜體前後數十首。是後各佐江通。復相酬

寄巴蜀江楚間。泊長安中少年。遞相倣效。競作新詞。自謂為元和詩。而樂天秦中吟賀雨諷

諭閒適等篇。時人罕能知者。然而二十年間。禁省觀寺郵候牆壁之上。無不書。王公妾婦牛

童馬走之口無不道至於繕寫摸勒衒賣於市井或持之以交酒茗者處處皆是其甚者有

至於盜竊名姓苟求自售雜亂閒廁無可奈何予嘗於平水市中見村校諸童競習歌詩召

而問之皆對曰先生敎我樂天微之詩固亦不知予之為微之也又鷄林賈人求市頗切自

云本國宰相每以百金換一篇其甚偽者宰相輒能辨別之自篇章以來未有如是流傳之

廣者長慶四年樂天自杭州刺史以右庶子詔還予時刺會稽因得盡徵其文手自排纘成

五十卷凡二千一百九十一首前集中集為予以為國家改元長慶於是因號

曰白氏長慶集大凡人之文各有所長予樂天之長可以為多矣夫以諷諭之詩長於激閒適

之詩長於遣感傷之詩長於切五字律詩百言而上長於贍五字七字百言而下長於情賦

贊箴戒之類長於當碑記敍事制詔長於實啟奏表狀長於直書檄詞策判長於盡總而

言之不亦多乎哉至於樂天之官秩景行與予之交分淺深非敍文之要也故不書長慶四

年冬十二月十日微之序

唐工部員外郎杜甫墓誌銘

敍曰余讀詩至杜子美而知古人之才有所總萃焉始堯舜之君臣以賡歌相和是後詩人

繼作歷夏殷周千餘年仲尼緝拾選練取其干預敎化之尤者三百篇其餘無聞焉騷人作

而怨憤之態繁然猶去風雅日近尙相比擬秦漢以還采詩之官既廢天下妖謠民謳歌頌

諷賦曲度嬉戲之詞。亦隨時間作至漢武帝賦柏梁詩而七言之體具蘇子卿李少卿之徒。

尤工為五言雖句讀文律各異雅鄭之音亦雜而詞意闊遠指事言情自非有為而為則文

不妄作建安之後天下之士遭罹兵戰曹氏父子鞍馬間為文往往橫槊賦詩故其遒文壯

節抑揚怨哀悲離之作尤極於古晉世風槩稍存宋齊之間為文性靈流連光景之文也意義格力無取

舒徐相尚文章以風容色澤放曠精清為高蓋吟寫性靈流連光景之文也意義格力無取

焉陵遲至梁陳淫艷刻飾佻巧小碎之詞又宋齊之所不取唐興學官大振歷世之文能者

互出而又沈宋之流研練精切穩順聲勢諧之為律詩由是而后文體之變極焉而又好古

者遺近務華效齊梁則不逮於晉魏工樂府則力屈於五言律則骨格不存開眼

則纖穠莫備至于子美所謂上薄風雅下該沈宋言奪蘇李氣吞曹劉掩顏謝之孤高雜徐

庾之流麗盡得古今之體勢而兼昔人之所獨專矣如使仲尼考鍛其旨要尚不知賞其多

乎哉苟以為能所不能無可無不可則詩人已來未有如子美者是時山東人李白亦以奇

文取稱時人謂之李杜余觀其壯浪縱恣擺去拘束模寫物象及樂府歌詩誠亦差肩於子

美至若鋪陳終始排比聲韻大或千言次猶數百詞氣豪邁而風調清深屬對律切而脫棄

凡近則李尚不能歷其藩翰況堂奧乎余嘗欲條析其文體別相附與來者為之準病懶未

就爾適子美之孫嗣業啟子美之柩襄祔事於偃師途次於荊楚雅知余愛言其大父之為

文斬余爲誌辭不可絕余因系其官閥而銘其卒葬云
系曰晉當陽侯杜氏下十世而生依藝今家於鞏依藝生審言審言善詩官至膳部員外郎
審言生閑閑生甫爲奉天令甫字子美天寶中獻三大禮賦明皇奇之命宰相試文文善授
率府曹屬京師亂步謁行在授左拾遺歲餘以直言失官出爲華州司功尋遷京兆功曹劍
南節度使嚴武拔爲工部員外參謀軍事旋又棄其官扁舟下荊楚間竟以寓卒旅殯岳陽
享年五十九夫人弘農楊氏女父曰司農少卿怡四十九年終嗣子曰宗武病不克葬沒命
其子嗣業以家貧無以給喪收拾乞匃憔勞晝夜去子美沒後餘四十年然後卒先人之志
亦足爲難矣銘曰惟元和之癸巳粵某月某日之佳辰合窆我杜子美於首陽之山前嗚呼
千歲而下曰此文先生之古墳

司空圖

唐虞鄉人字表聖咸通進士累官禮部郎中避亂隱居中條山王官谷作休休亭號耐辱居士曰與名
僧高士遊詠其中朱全忠篡位召爲禮部尙書不起哀帝被弒圖不食卒著有詩文集又著詩品二十四首以四
言韻語寫其意境平奇濃澹無體不備爲論詩之名著

詩品

大用外腓眞體內充返虛入渾積健爲雄具備萬物橫絕太空荒荒油雲寥寥長風超以象
外得其環中持之匪强來之無窮雄渾以上

素處以默。妙機其微。飲之太和。獨鶴與飛。猶之惠風。荏荏在衣。閱音修篁。美曰載歸。遇之匪

深。卽之愈希。脫有形似。握手已違　沖澹（以上）

采采流水。蓬蓬遠春。窈窕深谷。時見美人。碧桃滿樹。風日水濱。柳陰路曲。流鶯比鄰　乘之愈

往識之愈眞。如將不盡。與古爲新　纖穠（以上）

綠杉野屋。落日氣清。脫巾獨步。時聞鳥聲。鴻雁不來。之子遠行。所思不遠。若爲平生　海風碧

雲。夜渚月明。如有佳語。大河前橫　沈著（以上）

畸人乘眞。手把芙蓉。泛彼浩劫。窅然空蹤。月出東斗。好風相從。太華夜碧。人聞清鐘。虛佇神

素。脫然畦封。黃唐在獨。落落元宗　高古（以上）

玉壺買春。賞雨茅屋。坐中佳士。左右修竹。白雲初晴。幽鳥相逐。眠琴綠陰。上有飛瀑落花無

言。人澹如菊。書之歲華。其曰可讀　典雅（以上）

猶鑛出金。如鉛出銀。超心煉冶。絕愛淄磷。空潭瀉春。古鏡照神。體素儲潔。乘月返眞　載瞻星

辰。載歌幽人。流水今日。明月前身　洗鍊（以上）

行神如空。行氣如虹。巫峽千尋。走雲連風。飲眞茹強。蓄素守中。喻彼行健。是謂存雄　天地與

立神化攸同。期之以實。御之以終　勁健（以上）

神存富貴。始輕黃金。濃盡必枯。澹者屢深。露餘山青。紅杏在林。月明華屋。畫橋碧陰。金尊酒

滿件客彈琴取之自足良殫美襟綺麗。以上

俯拾卽是不取諸鄰道適往著手成春如逢花開如瞻歲新眞予不奪強得易貧人空

山過雨朵蘋薄言情晤悠悠天鈞自然。以上

不著一字盡得風流語不涉難已不堪憂是有眞宰與之沈浮如淥滿酒花時返秋悠悠空

塵忽忽海漚淺深聚散萬取一收含蓄。以上

觀化匪禁吞吐大荒由道返氣處得以狂天風浪浪海山蒼蒼眞力彌滿萬象在旁前招三

辰後引鳳凰曉策六鼇濯足扶桑豪放。以上

欲返不盡相期與來明漚絕底奇花初胎青春鸚鵡楊柳樓臺碧山人來清酒滿杯生氣遠

出不著死灰妙造自然伊誰與裁精神。以上

是有眞跡如不可知意象欲生造化已奇水流花放清露未晞要路愈遠幽行爲遲語不欲

犯思不欲癡猶春於綠明月雪時續密。以上

惟性所宅眞取弗羈拾物自富與率爲期築屋松下脫帽看詩但知日暮不辨何時儻然適

意豈必有爲若其天放如是得之疎野。以上

娟娟羣松下有漪流晴雪滿汀隔溪漁舟可人如玉步履尋幽載行載止空碧悠悠神出古

異澹不可收如日之曙如氣之秋清奇

登彼太行翠遶羊腸杳靄流玉悠悠花香力之於時聲之於羌似往已回如幽匪藏水理漩

泬鵬風翱翔道不自器與之圓方委曲以上

取語甚直計思匪深忽逢幽人如見道心清淵之曲碧松之陰一客荷樵一客聽琴情性所

至妙不可尋遇之自天冷然希音實境以上

大風捲水林木為摧意苦若死招憩不來百歲如流富貴冷灰大道日往若為雄才壯士拂

劍浩然彌哀蕭蕭落葉漏雨蒼苔悲慨以上

絕佇靈素少迴清眞如覓水影如寫陽春風雲變態花草精神海之波瀾山之嶙峋俱似大

道妙契同塵離形得似庶幾斯人形容以上

匪神之靈匪機之微如將白雲清風與歸遠引若至臨之已非少有道契終與俗違亂山喬

木碧苔芳暉誦之思之其聲愈稀超詣以上

落落欲往矯矯不羣緱山之鶴華頂之雲高人畫中令色絪縕御風蓬葉泛彼無垠如不可

執如將有聞識者已領期之愈分飄逸以上

生著百歲相去幾何歡樂苦短憂愁實多何如尊酒日往煙蘿花覆茅簷疏雨相過倒酒既

盡杖藜行歌孰不有古南山峨峨曠達以上

若納水輨如轉丸珠夫豈可道假體遺愚荒荒坤軸悠悠天樞載要其端載同其符超超神

明。泛泛冥冥無來往千載是之謂乎。流動〔以上〕

與李生論詩書

文之難而詩之難尤難,古今之喻多矣。而愚以爲辨於味,而后可以言詩也。江嶺之南,凡足資於適口者,若醯非不酸也,止於酸而已;若醝非不鹹也,止於鹹而已。中華之人所以充飢而遽輟者,知其鹹酸之外,醇美者有所乏耳。彼江嶺之人,習之而不辨也,宜哉!詩貫六義,則諷諭抑揚,渟蓄淵雅,皆在其間矣。然直致所得,以格自奇。前輩諸集,亦不專工於此,矧其下者邪?王右丞、韋蘇州,澄澹精緻,格在其中,豈妨於道舉哉!賈閬仙誠有警句,然視其全篇意思殊餒,大抵務於寒澀,方可置才,亦爲體之不備也,矧其下者哉!噫!近而不浮,遠而不盡,然后可以言韻外之致耳。愚幼嘗自負,既久而愈覺缺然。然得於早春,則有「草嫩侵沙短,冰輕著雨消」;又「人家寒食月,花影午時天」。得於山中,則有「坡暖冬抽筍,松涼夏健人」;又「川明虹照雨,樹密鳥衝人」(上句云:隔谷見鷄,苗接楚田);又「雨微吟足思,花落夢無憀」。得於江南,則有「戍鼓和潮暗,船燈照島幽」;又「曲塘春盡雨,方響夜深船」;又「夜短猿悲減,風和鵲喜靈」。得於塞下,則有「馬色經寒慘,鵰聲帶晚饑」。得於喪亂,則有「驊騮思故第,鸚鵡失佳人」;又「鯨鯢人海涸,魑魅棘林幽」。得於道宮,則有「棋聲花院閉,幡影石壇高」。得於夏景,則有「地涼清鶴夢,林靜肅僧儀」。得於佛寺,則有「松日明金像,苔龕響木魚」;又「解吟僧亦俗,愛舞鶴終卑」。得於郊原,則有「遠坡春早燒⋯⋯

猶有水禽飛。暗上句云。綠樹連村得於樂府。則有晚粧留拜月。春睡更生香。得於寂寥。則有孤螢出荒池。落葉穿破屋。得於愜適。則有來客當意愜花發遇歌成雖庶幾不濱於淺涸亦未廢作者之譏訶也。七言云逃難人多分隙地放生鹿大出寒林又得劍乍如添健僕亡書久似憶良朋。又孤嶼池痕春漲滿小欄花韻午晴初又五更惆悵迴孤枕猶自殘鐙照落花句上云。故國春歸未有涯。又殷勤元日日戴午又明年。數上句云。甲子今重小欄高檻別人家。皆不拘於一概也。蓋絕句之作本於詣極此外千變萬狀不知所以神而自神也豈容易哉足下之詩時輩固有難色。儻復以全美為工卽知味外之旨矣勉旃某再拜。

梅聖兪詩集序

予聞世謂詩人少達而多窮夫豈然哉蓋世所傳詩者多出於古窮人之辭也凡士之蘊其所有而不得施於世者多喜自放於山巓水涯之外見蟲魚草木風雲鳥獸之狀類往往探其奇怪內有憂思感憤之鬱積其興於怨刺以道羇臣寡婦之所歎而寫人情之難言蓋愈窮則愈工然則非詩之能窮人殆窮者而後工也予友梅聖兪少以蔭補為吏累舉進士輒抑於有司困於州縣凡十餘年年今五十猶從辟書為人之佐鬱其所蓄不得奮見於事業其家宛陵幼習於詩自為童子出語已驚其長老既長學乎六經仁義之說其為文章簡古

純粹不求苟說於世世之人徒知其詩而已然時無賢愚語詩者必求之聖兪聖兪亦自以
其不得志者樂於詩而發之故其平生所作於詩尤多世既知之矣而未有薦於上者昔王
文康公嘗見而歎曰二百年無此作矣雖知之深亦不果薦也若使其幸得用於朝廷作爲
雅頌以歌詠大宋之功德薦之清廟而追商周魯頌之作者豈不偉歟奈何使其老不得志
而爲窮者之詩乃徒發於蟲魚物類羈愁感歎之言世徒喜其工不知其窮之久而將老也
可不惜哉聖兪詩既多不自收拾其妻之兄子謝景初懼其多而易失也取其自洛陽至於
吳興已來所作次爲十卷予嘗睹聖兪詩而患不能盡得之遽喜謝氏之能類次也輒序而
藏之其後十五年聖兪以疾卒於京師余既哭而銘之因索於其家得其遺稿千餘篇幷舊
所藏掇其尤者六百七十七篇爲一十五卷嗚呼吾於聖兪詩論之詳矣故不復云

書梅聖兪稿後

夫樂達天地之和而與人之氣相接故其疾徐奮動可以感於心歡欣惻愴可以察於聲五
聲單出於金石不能自和也而工者和之然抱其器知其聲節其廉肉而調其律呂如此者
聲之善也今指其器以問於工曰彼籩者虞者堛而編執而列者何也彼必曰鼗鼓鐘聲絲
工之善也今指其器以問於工曰彼清者濁者剛而奮柔而曼衍者或在郊或在廟堂之下而
管干戚也又語其聲以問之曰彼清者濁者剛而奮柔而曼衍者或在郊或在廟堂之下而
羅者何也彼必曰八音五聲六代之曲上者歌而下者舞也其聲器名物皆可以數而對也

然至於動盪血脈流通精神使人可以喜可以悲或歌或泣不知手足之將鼓舞之所然。問其何

以感之者則雖有善丁猶不知其所以然焉蓋不可得而言也樂之道深矣故工之善者必

得於心應於手而不可述之言也聽之善亦必得於心而會以意不可得而言也堯舜之時。

夔得之以和人神舞百獸三代春秋之際師襄師曠州鳩之徒得之為樂官理國家知興亡

周衰官失樂器淪亡散之河海逾千百歲間未聞有得之者其天地人之和氣相接者既不

得泄於金石疑其遂獨鍾於人故其人之得者雖不可和於樂尚能歌之為詩古者登歌清

廟太師掌之而諸侯之國亦各有詩以道其風土性情至於投壺饗射必使工歌以達其意

而為寶樂蓋詩者樂之苗裔與漢之蘇李魏之曹劉得其正始宋齊而下得其浮淫流洪唐

之時子昂李杜沈宋王維之徒或得其淳古淡泊之聲或得其舒和高暢之節而孟郊賈島

之徒又得其悲愁鬱湮之氣由是而下得者時有而不純焉今聖俞亦得之然其體長於本

人情狀風物英華雅正變態百出哆兮其似春淒兮其似秋使人讀之可以喜可以悲陶暢

酣適不知手足之將鼓舞也斯固得深者耶其感人之至所謂與樂同其苗裔者耶余嘗問

詩於聖俞其聲律之高下文語之疵病可以指而告余也至其心之所得者不可以言而告也

余亦將以心得意會而未能至之者也聖俞久在洛中其詩亦往往人皆有之今將告歸余

因求其稿而寫之然夫前所謂心之所得者如伯牙鼓琴子期聽之不相語而意相知也余

今得聖俞之稿猶伯牙之琴絃乎。

蘇軾　小傳見前詩十五家。

書黃子思詩集後

予嘗論書以謂鍾王之迹蕭散簡遠妙在筆畫之外。至唐顏柳始集古今筆法而盡發之極書之變蓋天下翕然以爲宗師而鍾王之法益微至於詩亦然蘇李之天成曹劉之自得陶謝之超然蓋亦至矣而李太白杜子美以英瑋絕世之姿淩跨百代古今詩人盡廢然魏晉以來高風絕塵亦少衰矣李杜之後詩人繼作雖間有遠韻而才不逮意獨韋應物柳宗元發纖穠於簡古寄至味於澹泊非餘子所及也唐末司空圖崎嶇亂兵之間而詩文高雅猶有承平之遺風其論詩曰梅止於酸鹽止於鹹飲食不可無鹽梅而其美常在鹹酸之外蓋自列其詩之有得於文字之表者也二十四韻恨當時不識其妙予三復其言而悲之閒人黃子思慶歷皇祐間號能文者予嘗聞前輩詩每得佳句妙語反復數四乃識其所謂信乎表聖之言美在鹹酸之外可以一唱而三歎也予既與其子幾道其孫師是游得窺其家集而子思篤行高志爲吏有異材見於墓誌詳矣予不復論評其詩如此。

郭茂倩　宋須城人官侍讀學士著樂府詩集一百卷總括歷代歌詞上起陶唐下迄五代分爲十二類網羅殆博其題解序述源流尤爲詳備言樂府者以是集爲祖本猶漁獵之資山海焉

三〇六

宋書樂志曰古者天子聽政使公卿大夫獻詩耆艾修之而後王斟酌焉。然後被於聲於是

有採詩之官周室下衰官失其職漢魏之世詠歌雜興而詩之流乃有八名曰行曰引曰歌

曰謠曰吟曰詠曰怨曰歎皆詩人六義之餘也至其協聲律播金石而總謂之曲若夫均奏

之高下音節之緩急文辭之多少則繁乎作者才思之淺深與其風俗之薄厚當是時如司

馬相如曹植之徒所爲文章深厚爾雅猶有古之遺風焉自晉遷江左下逮隋唐德澤寖微

風化不競去聖逾遠繁音日滋艷曲興於南朝胡音生於北俗哀淫靡曼之辭迭作並起流

而忘反以至陵夷原其所由蓋不能制雅樂以相變大抵多溺於鄭衛由是新聲熾而雅音

廢矣昔晉平公說新聲而師曠知公室之將卑李延年善爲新聲變曲而聞者莫不感動其

後元帝自度曲被聲歌而漢業遂衰曹妙達等改易新聲而隋文不能救嗚呼新聲之感人

如此是以爲世所貴雖沿情之作或出一時而聲辭淺迫少復近古故蕭齊之將亡也有伴

侶高齊之將亡也有無愁陳之將亡也有玉樹後庭花隋之將亡也有泛龍舟所謂煩手淫

聲爭新怨衰此又新聲之弊也雜曲者歷代有之或心志之所存或情思之所感或宴游歡

樂之所發或憂愁憤怨之所興或敘離別悲傷之懷或言征戰行役之苦或緣於佛老或出

自夷虜兼收備載故總謂之雜曲自秦漢以來數千百歲文人才士作者非一千戈之後喪

亂之餘亡既多聲辭不具。故有名存義亡不見所起而有古辭可考者則若傷歌行生別
離長相思棄下何纂纂之類是也復有不見古辭而後人繼有擬述可以概見其義者則若
出自薊北門結客少年場秦王卷衣半渡溪空城雀齊謳吳趨會吟悲哉之類是也又如漢
阮瑀之駕出北郭門曹植之惟漢苦思欲遊南山事君車已駕桂之樹等行磐石驅車浮萍
種葛呼嗟蝦鱔等篇傅玄之雲中白子高前有一尊酒鴻雁生塞北行昔君飛塵車遙遙篇
陸機之置酒謝惠連之晨風鮑照之鴻雁如此之類其名甚多或因意命題或學古敍事其
辭具在故不復備論

新樂府辭序

樂府之名起於漢魏自孝惠帝時。夏侯寬爲樂府令始以名官至武帝乃立樂府采詩夜誦。
有趙代秦楚之謳則採歌謠被聲樂其來蓋亦遠矣凡樂府歌辭有因聲而作歌者若魏之
三調歌詩因弦管金石造歌以被之是也有因歌而造詩者若清商吳聲諸曲始皆徒歌既
而被之弦管是也有有聲有辭者若郊廟相和鐃歌橫吹等曲是也有有辭無聲者若後人
之所述作未必盡被於金石是也新樂府者皆唐世之新歌也以其辭實樂府而未常被於
聲故曰新樂府也元微之病後人沿襲古題唱和重複謂不如寓意古題刺美見事猶有詩
人引古以諷之義近代唯杜甫悲陳陶哀江頭兵車麗人等歌行率皆即事名篇無復倚傍

乃與白樂天李公垂輩謂是爲當遂不復更擬古題因劉猛李餘賦樂府詩咸有新意乃作

出門等行十餘篇其有雖用古題全無古義則出門行不言離別將進酒特書列女其或頗

同古義全創新詞則田家止述軍輸捉捕請先蠶蟻如此之類皆名樂府由是觀之自風雅

之作以至於今莫非諷興當時之是以貽後之審音者儻採歌謠以被聲樂則新樂府其庶

幾焉。

包恢　　南城人字宏父父揚與世父約叔父遜皆從朱熹陸九淵學恢少受家學嘉定中舉進士歷仕郡縣所至

有聲官至資政殿學士封南城縣侯卒諡文肅有敝帚稿略

答曾子華書

承近多作詩賦等欲以示拙者一觀雖未及觀然以子華平日之才華決知其有可觀者宏

齋一詩亦足以覘一斑矣但竊嘗以爲此等文不可輕易嘗試爲之蓋古人於詩不苟作不

多作而或一詩之出必極天下之至精狀理則理趣渾然狀事則事情昭然狀物則物態宛

然有窮智極力之所不能到者猶造化自然之聲也蓋天機自動天籟自鳴鼓以雷霆豫順

以動發自中節聲自成文此詩之至也蓋非虞之歌周之正風雅頌作樂

殷薦上帝之盛其孰能與於此哉其次則所謂未嘗爲詩而不能不爲詩亦顧其所遇如何

耳或遇感觸或遇扣擊而後詩出焉如詩之變風變雅與後世詩之高者是矣此蓋如草木

本無聲因有所觸而後鳴金石本無聲因有所擊而後鳴。非自鳴也。如草木無所觸而自發

聲則爲草木之妖矣。金石無所擊而自發聲則爲金石之妖矣。聞者或疑其爲鬼物。而掩耳

奔避之不暇矣。世之爲詩者鮮不類此。蓋本無情而牽強以起其情。本無意而妄想以立其

意。初非彼有所觸而此乘之。彼有所擊而此應之者。故言愈多而愈浮。詞愈工而愈拙。無以

異於草木金石之妖聲也。況在心爲志。發言爲詩。今日多不思詩自志出者也。不反求於志。

而徒外求於詩。猶表邪而求其影之正也。奚可得哉。志之所至。詩亦至焉。豈苟作者哉。後世

詩之高者若陶與李杜者難矣。陶之沖澹閒靜。自謂是羲皇上人。此其志也。種豆南山之詩。

其用志深矣。羲農去我久。一篇又直歎孔子之學不傳。而竊有志焉。惟其志如此。故其詩亦

如之。今人讀其詩。不知如何而讀之哉。如李如杜。同此其選也。李之宴坐寂不動。泯然冥眞

心杜之願聞第一義。回向心地。初雖未免雜於異端。其志亦高於人幾等矣。宜其詩至於能

泣鬼神驅癘瘧。非他人之所敢望也。今之言詩者。不知其果何如哉。近世名公嘗有言曰人

心惟危天命不易。學者於日用之間。如排浮萍畫流水隨止合則見於紙上。山小水淺無足

疑者。此可以言志與詩矣。子華之詩。謂因居閒處獨岑寂無聊而作。則亦不可謂無所擊觸

而自鳴者。此亦後世騷人文士之常也。然撥之以詩則有未然者居閒處獨不妨顏子陋巷

之樂何爲岑寂而無聊若如曾子之七日不火食果能歌聲若出金石乎陶淵明少學琴書

性愛閒靜。日結廬在人境而無車馬喧。曰閒居三十載。遂與塵事冥。彼方以居閒處獨爲樂。若有秋毫岑寂無聊之態。其能道此等語作此等詩乎。曰心遠地自偏。曰此中有眞意曰聞禽鳥變聲復欣然忘食。此其志高矣美矣。好詩者如進於此也。詩當自別矣太白常有超世之志。固非世態之所得而籠絡子美一生窮餓固不掩於詩而其志浩然未始一日少變故其詩之光燄不可磨滅不可不考也。

嚴羽　宋邵武人字儀卿。一字丹邱自號滄浪逋客與嚴仁嚴參齊名號三嚴其論詩以禪爲喻大旨主於妙悟著有滄浪詩集滄浪詩話

詩辨　滄浪詩話下同

禪家者流乘有小大家有南北道有邪正學者須從最上乘。具正法眼悟第一義若小乘禪。聲聞辟支果皆非正法也論詩如論禪漢魏晉與盛唐之詩則第一義也大曆以還之詩則小乘禪也已落第二義矣晚唐之詩則聲聞辟支果也學漢魏晉與盛唐詩者臨濟下也學大曆以還之詩者曹洞下也大抵禪道惟在妙悟詩道亦在妙悟且孟襄陽學力下韓退之遠甚而其詩獨出退之之上者一味妙悟而已唯悟乃爲當行乃爲本色然悟有淺深有分限有透徹之悟有但得一知半解之悟也謝靈運至盛唐諸公透徹之悟也他雖有悟者皆非第一義也吾評之非僭也辨之非妄也天下有可廢之人無可廢之言。

詩道如是也若以爲不然則是見詩之不廣參詩之不熟耳試取漢魏之詩而熟參之次取

晉宋之詩而熟參之次取南北之詩而熟參之次取沈宋王楊盧駱陳拾遺之詩而熟參之

次取開元天寶諸家之詩而熟參之次獨取李杜二公之詩而熟參之又盡取晚唐諸家之

詩而熟參之又取本朝蘇黃以下諸家之詩而熟參之其眞是非自有不能隱者儻猶於此

而無見焉則是野狐外道蒙蔽其眞識不可救藥終不悟也夫學詩者以識爲主入門須正

立志須高以漢魏晉盛唐爲師不作開元天寶以下人物若自退屈即有下劣詩魔入其肺

腑之間由立志之不高也行有未至可加工力路頭一差愈騖愈遠由入門之不正也故曰

學其上僅得其中斯爲下矣又曰見過于師僅堪傳授見與師齊減師半德也工夫

須從上做下不可從下做上先須熟讀楚辭朝夕諷詠以爲之本及讀古詩十九首樂府四

篇李陵蘇武漢魏五言皆須熟讀即以李杜二集枕籍觀之如今人之治經然後博取盛唐

名家醞釀胸中久之自然悟入雖學之不至亦不失正路此乃是從頂上做來謂之向上

一路謂之直截根源謂之頓門謂之單刀直入也詩之法有五曰體製曰格力曰氣象曰興

趣曰音節詩之品有九曰高曰古曰深曰遠曰長曰雄渾曰飄逸曰悲壯曰淒婉其用工有

三曰起結曰句法曰字眼其大槩有二曰優游不迫曰沈着痛快詩之極致有一曰入神詩

而入神至矣蔑以加矣唯李杜得之他人得之蓋寡也夫詩有別材非關書也詩有別趣非

關理也。然非多讀書多窮理則不能極其至。所謂不涉理路不落言筌者上也。詩者吟詠情性也。盛唐諸人惟在興趣羚羊挂角無跡可求。故其妙處透徹玲瓏不可湊泊如空中之音。相中之色水中之月鏡中之象言有盡而意無窮。近代諸公乃作奇特解會遂以文字爲詩。以才學爲詩以議論爲詩夫豈不工終非古人之詩也。蓋於一唱三歎之音有所歡焉且其作多務使事不問興致用字必有來歷押韻必有出處讀之反覆終篇不知着到何在其末流甚者叫噪怒張殊乖忠厚之風殆以罵詈爲詩詩而至此可謂一厄也。然則近代之詩無取乎。曰有之。吾取其合于古人者而已。國初之詩尚沿襲唐人。王黃州學白樂天楊文公劉中山學李商隱盛文肅學韋蘇州歐陽公學韓退之古詩梅聖俞學唐人平淡處至東坡山谷始自出己意以爲詩唐人之詩變矣。山谷用工尤爲深刻其後法席盛行海內稱爲江西宗派。近世趙紫芝翁靈舒輩獨喜賈島姚合之詩稍稍復就清苦之風江湖詩人多效其體一時自謂之唐宗。不知止入聲聞辟支之果豈盛唐諸公大乘正法眼者哉。嗟乎正法眼之無傳久矣。唐詩之說未唱唐詩之道或有時而明也。今既倡其體曰唐詩矣則學者謂唐詩誠止於是耳。得非詩道之重不幸耶。故予不自度量輒定詩之宗旨。且借禪以爲喻推原漢魏以來而截然當以盛唐爲法雖獲罪于世之君子不辭也。後拾漢魏而獨言盛唐者謂古律之體備也。

詩體

風雅頌既亡，一變而爲離騷，再變而爲西漢五言，三變而爲歌行雜體，四變而爲沈宋律詩。

五言起于李陵蘇武⟨或云枚乘⟩，七言起于漢武柏梁，四言起於漢楚王傅韋孟，六言起於漢司農谷永，三言起于晉夏侯湛，九言起于高貴鄉公。以時而論則有建安體⟨漢末年號，曹子建父子及鄴中七子之詩⟩，黃初體⟨魏年號，與建安相接，其體一也⟩，正始體⟨魏年號，阮嗣宗諸公之詩⟩，太康體⟨晉二年號，左思潘岳二張二陸諸公之詩⟩，元嘉體⟨宋年號，顏鮑謝諸公之詩⟩，永明體⟨齊年號，齊諸公之詩⟩，齊梁體⟨通兩朝而言之⟩，南北朝體⟨通魏周齊梁陳而言之⟩，唐初體⟨唐初猶襲陳隋之體⟩，盛唐體⟨景雲以後，開元天寶諸公之詩⟩，大曆體⟨大曆十才子之詩⟩，元和體⟨元白諸公⟩，晚唐體，本朝體⟨通前後而言之⟩，元祐體⟨蘇黃陳諸公⟩，江西宗派體⟨山谷爲之宗⟩。

以人而論則有蘇李體⟨李陵蘇武也⟩，曹劉體⟨子建公幹也⟩，陶體⟨淵明也⟩，謝體⟨靈運也⟩，徐庾體⟨徐陵庾信也⟩，沈宋體⟨佺期之問也⟩，陳拾遺體⟨陳子昂也⟩，王楊盧駱體⟨王勃楊炯盧照鄰駱賓王也⟩，張曲江體⟨燕公九齡也⟩，少陵體，太白體，高達夫體⟨高常侍適也⟩，孟浩然體，岑嘉州體⟨岑參也⟩，王右丞體⟨王維也⟩，韋蘇州體⟨韋應物也⟩，韓昌黎體，柳子厚體，韋柳體⟨蘇州與儀曹合言之⟩，李長吉體，李商隱體⟨即西崑體也⟩，盧仝體，白樂天體，元白體⟨微之樂天其體一也⟩，杜牧之體，張籍王建體⟨謂樂府之體同也⟩，賈閬仙體，孟東野體，杜荀鶴體，東坡體，山谷體，后山體⟨后山本學杜，其語似之者但數篇，他或似而不全，又其初學諸家之詩，今人但見其格高，而不見其初之所自⟩，王荊公體⟨公絕句最高，其得意處高出唐人，與唐諸公相頡頏，然未免有不自在者⟩，邵康節體，陳簡齋體⟨陳去非與義也，亦江西之派而小異⟩，楊誠齋體⟨其初學半山后山，最後亦學絕句於唐人，已而盡棄諸家之體，而別出機杼，蓋其自序如此也⟩。

此又有所謂選體⟨選詩時代不同，體製隨異，今人例用五言古詩爲選體，縛矣⟩，及柏梁體⟨漢武帝與群臣共賦七言，每句用韻。後人謂此體爲柏梁⟩，玉臺體⟨玉臺集乃徐陵所序，漢魏六朝之詩皆有之。或者但謂纖豔者爲玉臺體，其實則不然⟩，西崑體⟨即本朝楊劉諸公，然兼溫庭筠李商隱諸公而名之也⟩，及香奩體。

韓偓之語有香奩集，裾脂宮體，梁簡文製以傷於輕靡，時號宮體，其他體製尚多，名亦不一，故今略舉其名而已。

以物而論，則有宮詞、香奩、宮體。

雜言，有三五七言，有一字至七字。有三句之歌，有兩句之歌，有一句之歌。有古詩，有近體，有絕句，有半五六言，有三句，有兩句，有一句之白。

晉傅玄之擬鴈也，生有一字至七字。

之歌，皆高三祖是也，大風之風也。有一字至七字，古人詩不出此。秋風、荊軻、商歌又。

有一句之歌，有楚辭（楚辭者，屈原以下倣楚辭者皆謂之楚辭。漢武帝秋風辭，樂府之所由作也）。又

詞有一句之歌，有楚辭。

之歌皆高三祖，是大風之風也。漢書枚乘、董仲舒、東方朔、孔臧、武帝、淮南王、牧乘、辛德源作可祀。鄭所被樂府雜曲，凡此者五句七言月花草何等篇，不是此秋風也。又

有琴操（古有水仙操、辛德源作。別鶴操，高陵牧子所作）。

有樂府（選有樂府，漢武帝定郊祀歌，立樂府，采齊楚趙魏之聲以入樂，故有樂府之號。又樂府者，漢武帝定郊祀，立樂府，采詩夜誦，有趙代秦楚之謳，以是觀之，樂府之作，於是始也。又樂府，古詩之流也）。

有謠（沈休文曰：有韻者文，無韻者筆。謠乃徒歌也。古漁父謠、白雲謠之類）。

有琴，有樂府，別古選詞，選有樂府名，所謂辨樂府之文，沈休文選有樂府，選辨其定名，皆文從字順，音韻鏗鏘。

有馬融笛賦、嵇康琴賦、仙人王子喬之類。

有兩句之歌，有一句之歌，漢馬融荊州時作。漢時馬荊時易，法乃隨女歌，故不應詔，又列於此。

曰長調，曰短調，又有四聲，顧所設周顒、沈約辨四聲、八病。

曰曲（四聲，顧所設烏棲曲、梁鴈蓉曲、白君楚妃琵琶之類）。

有八病（紐，正紐，休文辨其病）。

曰引（上尾、鶴膝，選有飛龍引、箜篌引之類）。

以別名者，曰哀（選有七哀，少陵有八哀，謂平怨樂之體）。曰怨（古辭有寒夜怨、玉階怨之類，別有新家怨以）。

曰唱（采齊昌、炳靈、趙魏古樂府、穆王體入）。曰號（或八句，或四句，皆詩也）。

女兒子之類，古詩樂入。

有琴操，有謠，有兩句之歌。有口號。

有歌，有行，有歌行，有詠。

別有婚，有全篇雙聲疊韻者（東坡經字韻詩是也）。有律詩上下句雙用韻者（第一、第三、第五、第七句各隔用韻）。

愁名者（古詞有愁玉階，有寒夜以思）。有全篇字皆平聲者（天隨子夏日詩四十字皆平聲）。有全篇字皆仄聲者。

學者不可不知。韻不可從事律文有寒夜以思。有全篇字皆平聲者。

曰長調，曰短調，又有四聲，顧所設烏棲曲、梁鴈蓉曲、白君楚妃以紐，正紐之。

篇字皆仄聲者（漫以是備其體耳，又第四、六、八句，第三、五、七句皆別子是也，押一唐一進）。有退韻者。

此體之不足為法，四句仄入列之于此，無關詩道，今皆不取。有進有退韻者，一退一進有第。

平入之體四句仄入之體，漫列於此以備其體耳。

古詩一韻兩用者，文選祖曹子建美女篇「兩人卿」字，其後多字，有後康之。有古詩一韻三用者，文選任彥昇哭詩三用。

情韻者，韓退之此韻，則故可惜入他，是也。韻者，古曲古也，有律詩至百五十韻者，李益詩驚公當漢家今朝上郡王黃秦四塞詩平。有古詩重用二十許韻者，即前人所謂有古詩旁取六七韻者也。

許人退之此韻，則故可惜入他，是也。有古詩旁取六七。

唐人有曲六長，是也。有律詩徹首尾對者，曹子建詩不少陵多此體，有律詩徹首尾不對者，孟浩然詩。

城有雲日六長慘，無風來盛沙往接西江潮間，此我聖上朝不適戰然四詩平長席橋東坐南看看霞色晚水疑國白迢石城轆轤標又水涉。有律詩止三韻者，有。

韻者，古曲古少明惜女賦夢娟盡物鏗妙鑄昭君送，此日劉春夜一虛用惜此詩用，有古律諸公昂二友韻可是也八有今律有頷聯有頸。

國詩無文邊際之篇又太白李諸公當漢間此我聖上郡王彧之詩贈建國。

律詩徹首尾不對者。

者無對偶之篇，今如何孟浩然天台訪石橋坐南看霞色晚水疑石城標又水涉。有後章字接前章者，有八句折腰者，有擬古，有集句，有四句通義。

古者如文從邊際之篇又太白韓退之選詩也。有絕句折腰者，有借韻，有古律諸公昂二友韻可是也，八有今律有頷聯有頸。

用人少明惜女峰娟盡物一古韓退之選詩也。有分韻，有和韻，有借韻，有古律諸。

某古曲留情怨夢鏗妙昭君送，此日劉春夜一虛用惜此詩用，又古韓退之選詩。

韻協分題得某物也。古韻退之選詩日夜春花竹寂浴于雞黍之。有十字對，有借對也北望。有扇對。有分。有十字句。

聯有發端，有落句，有古韻。有十字對。有扇對。有分。

用某人分題或各賦一物也。有今韻，有古韻。有古韻。有分韻。

三是也。句也又以第二句對第四句。如少陵上句述其語歌之類。則多用此體，如古子龍光射牛斗之佑孤徐孺下陳蕃。

句對乃就論雜體則有風人夜歌讀曲歌之類。如古飛鳥勃鶯既摘還從此水須雲母花碓溪。

四字第對。句對乃就論雜體則有風人。

飛上天。詞隱語也。五雜俎。見樂府。兩頭纖纖樂府。亦見。盤中作。玉臺集有此詩。蘇伯玉妻。迴文織錦於竇滔之妻。

也。反覆舉一字而誦皆成句。無不押韻。反覆離合。字字相折。不合成文。孔融漁父。其體屈製。其上亦譎。惠洪

為其法。甚佳。蓋建除本工詩。非因建除之體平滿而佳也。字謎人名卦名數名藥名花名以上亦諧謔不足。蓋洪天其天只

鮑明遠有成。李公詩。每句詩首冠以此建除二十字。今皆削之。近世有李公詩格。泛而不備者。

又有六甲十屬之類及藏頭歇後等語。廚禁欷歟。最為誤人。今此卷有旁參二書備者。

可是易易也。

元好問　小傳見前詩十五家。

陶然集詩序

貞祐南渡後詩學為盛洛西辛敬之淄川楊叔能。太原李長源龍坊雷伯威北平王子正之

等不啻十數人稱號專門。就諸人中其死生於詩者汝海楊飛卿一人而已。李內翰欽叔工

篇翰而飛卿從之游。初得樹古葉黃早。僧閑頭白遲之句。大為欽叔所推激。從是游道日廣

而學亦大進。客居東平。將二十年有詩近二千首號陶然集。所賦青梅瑞蓮餅聲雪意或多

至十餘首。其立之之卓鑽之之堅得之之難積之之多乃如此。此其所以為貴也歟。歲庚戌

東平好事者求此集刊布之飛卿。每作詩必以示予相去千餘里。亦以見寄其所

能知之飛卿於海內詩人獨以予為知己。故以集引見託或病吾飛卿追琢功夫太過者予頗

釋之曰詩之極致可以動天地感鬼神。故傳之師本之經真積之力久而有不能復古者自

匪我愆期子無良媒自伯之東。首如飛蓬愛而不見搔首踟躕既見復關載笑載言之什觀

之皆以小夫賤婦滿心而發肆口而成見取於采詩之官而聖人刪詩亦不敢盡廢後世雖

傳之師本之經眞積力久而不能止焉者何古今難易不相侔之如是耶蓋秦以前民俗醇

厚去先王之澤未遠賀則野故肆口成文不害爲合理使今世小夫賤婦滿心而發肆口

而成適足以污簡牘尚可辱采詩官之求取耶故文字以來詩爲難魏晉以來復古爲難唐

以來合規矩準繩尤難夫因事以陳辭辭不迫切而意獨至不爲難後世以不得不難爲

難耳古律歌行篇章操引吟詠謳謠詞調怨嘆詩之目既廣而詩評詩品詩說詩式亦不可

勝讀大槩以脫棄凡近澡雪塵翳驅駕聲勢破碎陳腐敵囚鎖怪變軒豁幽籠絡今古移奪

造化爲工鈍滯僻澀淺露浮躁狂縱淫靡詭誕瑣

細佳句法如何新詩改罷自長吟語不驚人死不休杜陵語如

賊莫經心薛許昌語也乾坤有清氣散入詩人脾千人萬人中一人兩人知貫休師語也看

似尋常最奇崛成如容易卻艱難半山翁語也詩律傷嚴近寡恩唐子西語也子西又言吾

於它文不至寒澁惟作詩極艱苦悲吟累日僅自成篇初讀時未見可羞處姑置之後數日

取讀便覺瑕疵百出輒復悲吟累日反復改定比之前作稍有加焉後數日復取讀疵病復

出凡如此數四乃敢示人然終不能工李賀母謂賀必欲嘔出心乃已非過論也今就子美

而下論之後世果以詩爲專門之學求追配古人欲不死生於詩其可已乎雖然方外之學

有爲道日損之說又有學至於無學之說詩家亦有之子美藥州以後樂天香山以後東坡

海南以後皆不煩繩削而自合非技進於道者能之乎詩家所以異於方外者渠輩談道不

在文字不離文字詩家聖處不離文字不在文字唐賢所爲情性之外不知有文字云耳以

吾飛卿立之之卓鑽之之堅得之之難異時霜降水落自有涯涘吾見其溯石樓歷雲堂問

津斜川之上萬慮洗然深入空寂盪元氣於筆端寄妙理於言外彼悠悠者可復以昔之隱

几者見待耶陶然後編請取此序證之必有以予爲不妄許者重九日遺山真隱序

論詩三十首

漢謠魏什久紛紜正體無人與細論誰是詩中疏鑿手暫教涇渭各清渾

曹劉坐嘯虎生風四海無人角兩雄可惜并州劉越石不教橫槊建安中

鄴下風流在晉多壯懷猶見鐵壺歌風雲最恨張華少溫李新聲奈爾何　鍾嶸評張華詩恨其兒女情多。風雲少。

一語天然萬古新豪華落盡見真淳南窗白日羲皇上未害淵明是晉人　柳子厚晉之謝靈運。陶淵明唐之白。

縱橫詩筆見高情何物能澆塊磊平老阮不狂誰會得出門一笑大江橫

心畫心聲總失眞文章仍復見爲人。高情千古閑居賦。爭信安仁拜路塵。薤露見世說。潘靜

慷慨歌謠絕不傳穹廬一曲本天然。中州萬古英雄氣。也到陰山敕勒川。

沈宋橫馳翰墨場風流初不廢齊梁。論功若準平吳例。合着黃金鑄子昂。

鬬靡誇多費覽觀陸文猶恨翳於潘。心聲只要傳心了。布穀瀾翻可是難。語見元稹說。

排比鋪張特一途藩籬如此亦區區。少陵自有連城璧。爭奈微之識砥砆。子美墓誌

眼處心生句自神暗中摸索總非眞。畫圖臨出秦川景。親到長安有幾人。

望帝春心託杜鵑佳人錦瑟怨華年。詩家總愛西崑好。只恨無人作鄭箋。

萬古文章有坦途縱橫誰似玉川盧。眞書不入今人眼。兒輩從教鬼畫符。

出處殊途聽所安山林何得賤衣冠。華歆一擲金隨重大是渠儂被眼謾。

筆底銀河落九天何曾顯頓飯山前世間東抹西塗手。枉着書生待魯連。

切切秋蟲萬古情燈前山鬼淚縱橫。鑑湖春好無人賦。岸夾桃花錦浪生。

切響浮聲發巧深研摩雖苦果何心。浪翁水樂無宮徵。自是雲山韶濩音。水樂次山事。又其乃曲云。停橈靜聽曲中意。好是雲山韶濩音。

東野窮愁死不休高天厚地一詩囚。江山萬古潮陽筆。合在元龍百尺樓。天隨子詩無多藥。在南榮。合有新

萬古幽人在澗阿。百年孤憤竟如何。無人說與天隨子。春草輸贏校幾多。草

茜次第恐生。稚子不知名
品上。恐隨春草鬥輸贏。

謝客風容映古今發源誰似柳州深朱絃一拂遺音在卻是當年寂寞心。
窘步相仍死不前唱酬無復見前賢縱橫正有淩雲筆俯仰隨人亦可憐。
奇外無奇又出奇一波纔動萬波隨只知詩到蘇黃盡滄海橫流卻是誰。
曲學虛荒小說欺俳諧怒罵豈詩宜今人合笑古人拙除卻雅言都不知。
有情芍藥含春淚無力薔薇臥晚枝拈出退之山石句始知渠是女郎詩。
亂後玄都失故基看花詩在只堪悲劉郎也是人間客枉向春風怨兔葵。
金入洪鑪不厭頻計受纖瑕門果有忠臣在肯放坡詩百態新。
百年纔覺古風迴元祐諸人次第來譚學金陵猶有說竟將何罪廢歐梅。
古雅難將子美親精純全失義山真論詩寧下涪翁拜未作江西社裏人。
池塘春草謝家春萬古千秋五字新傳語閉門陳正字可憐無補費精神。
撼樹蚍蜉自覺狂書生技癢愛論量老來留得詩千首卻被何人校短長

自題中州集後五首

鄴下曹劉氣儘豪江東諸謝韻尤高若從華實評詩品未便吳儂得錦袍。
陶謝風流到百家半山老眼淨無花北人不拾江西唾未要曾郎借齒牙

萬古騷人嘔肺肝乾坤清氣得來難詩家亦有長沙帖莫作宣和閣本看

文章得失寸心知千古朱絃屬子期愛殺溪南辛老子相從何止十年遲

平世何曾有稗官亂來史筆亦燒殘百年遺藁失留在抱向空山掩淚看

宋濂

明浦江人字景濂元末隱居龍門山著書歷十餘年明初以書幣徵除江南儒學提舉命授太子經修元史累轉至翰林學士承旨知制誥以老致仕卒年七十二諡文憲濂博極羣書其文醇深演迤爲有明一代之宗匠有宋學士全集

答章秀才論詩書

濂白秀才足下承書知學詩弗倦且疑歷代詩人皆不相師旁引曲證疊疊數百言自以爲確乎弗拔之論濂竊以謂世之善論詩者其有出於足下乎雖然不敢從也濂非能詩者自漢魏以至於今諸家之什不可謂不攻習也薦紳先生之前亦不可謂不磨切也揆於足下之論容或有未盡者請以所聞質之可乎三百篇勿論矣姑以漢言之蘇子卿李少卿非作者之首乎觀二子之所著紆曲淒愴實宗國風與楚人之詞二子既沒繼者絕少下逮建安黃初曹子建父子起而振之劉公幹王仲宣力從而輔翼之正始之間稽阮又疊作詩道於是乎大盛然皆師少卿而馳騁於風雅者也自是厥後正音衰微至太康復中興陸士衡兄弟則傚子建潘安仁張茂先張景陽則學仲宣左太沖張季鷹則法公幹獨陶元亮天分之

高其先雖出於太沖景陽究其所自得直超建安而上之高情遠韻殆猶大羹充鉶不綴醯

醢而至味自存者也元嘉以還三謝顏鮑爲之首三謝亦本子建而雜參於郭景純延之則

祖士衡明遠則效景陽而氣骨淵然騤騤有西漢風餘或傷於刻鏤而乏雄渾之氣載之太

康則有間矣永明而下抑有甚焉沈休文拘於聲韻王元長局於褊迫江文通過於摹儗陰

子堅涉於淺易何仲言流於瑣碎至於徐孝穆庾子山一以婉麗爲宗詩之變極矣然而諸

人雖或遠式子建越石近宗靈玄暉方之元嘉則又有不逮者焉唐初承陳隋之弊多尊

徐庾遂致頹靡不振張子壽蘇廷碩張道濟相繼而興各以風雅爲師而盧昇之王子安務

欲淩跨三謝希夷王昌齡沈雲卿宋少連亦欲蹴駕江薛固無不可者奈何溺於久習

不能改其舊甚至以律法相高矣有四聲八病之嫌矣惟陳伯玉痛懲其弊專師漢魏而友

景純淵明可謂挺然不羣之士復古之功於是爲大開元天寶中杜子美復繼出上薄風雅

下該沈宋才奪蘇李氣吞曹劉掩顏謝之孤高雜徐庾之流麗眞所謂集大成者而諸作皆

廢矣並時而作有李太白宗風騷及建安七子其格極高其變化若神龍之不可羈有王摩

詰依倣淵明雖運詞清雅而萎弱少風骨有韋應物祖襲靈運能一寄穠鮮於簡淡之中淵

明以來蓋一人而已他如岑參高達夫劉長卿孟浩然元次山之屬咸以興寄相高取法建

安至於大歷之際錢郎遠師沈宋而苗崔盧耿吉李諸家亦皆本伯玉而宗黃初詩道於是

爲最盛韓柳起於元和之間。韓初效建安晚自成家勢若掀雷抉電撑決於天地之垠。柳斡
酌陶謝之中而措辭俊逸清妍應物而下亦一人而已元白近於輕俗王張過於浮麗要皆
同師於古樂府賈浪仙獨變入僻以矯豔於元白劉夢得步驟少陵而氣韻不足杜牧之沈
涵靈運而句意尚奇孟東野陰祖沈謝而流於蹇澀盧仝則又自出新意而涉於怪詭至於
李長吉溫飛卿李商隱段成式專誇靡蔓雖人人各有所師而詩之變又極矣比之大曆尚
有所不逮況元開元哉此以往若朱慶餘項子遷李文山鄭守愚杜彥之吳子華輩則
又駁乎不足議也宋初襲晚唐五季之弊以來晏同叔錢希聖劉子儀楊大年數人亦
思有以革之第師於義山全乖古雅之風迨王元之以邁世之豪術就繩尺以樂天爲法。
歐陽永叔痛矯西崑以退之爲宗蘇子美梅聖兪介乎其間梅之覃思精微學孟東野蘇之
筆力橫絕宗杜子美亦頗號爲詩道中興至若王禹玉之躓微之盛公量之祖應物石延年
之效牧之王介甫之原三謝雖不絕似皆嘗得其髣髴者元祐之間蘇黃挺出雖曰共師李
杜而競以己意相高而諸作又廢矣自此以後詩人迭起或波瀾富而句律疏或煆煉精而
情性遠大抵不出於二家觀於蘇門四學士及江西宗派諸詩蓋可見矣陳去非雖晚出乃
能因崔德符而歸宿於少陵有不爲流俗之所移易馴至隆興乾道之時尤延之之清婉楊
廷秀之深刻范致能之宏麗陸務觀之敷腴亦皆有可觀者然終不離天聖元祐之故步去

盛麗爲益遠下王蕭趙二氏氣局荒類而音節促迫則其變又極矣由此觀之詩之格力崇

卑固若隨世而變遷然謂其皆不相師可乎第所謂相師者或有異焉其上焉者師其意辭

固不似而氣象無不同其下焉者師其辭辭則似矣求其精神之所寓固未嘗近也然性深

於比興者乃能察知之耳雖然爲詩當自名家然後可傳於不朽若體規畫圓準方作矩終

爲人之臣僕尚烏得謂之師哉何者詩乃吟詠性情之具而所謂風雅頌者皆出於吾之一

心特因事感觸而成非智力之所能增損也古之人其初雖有所沿襲末復自成一家言又

豈規規然必於相師者哉嗚呼此未易爲初學道也近來學者類多自高操觚未能成章輒

閱視前古爲無物且揚言曰曹劉李杜蘇黃諸作雖佳不必師吾卽師吾心耳故其所作

往往猖狂無倫以揚沙走石爲豪而不復知有純和沖粹之音可勝歎哉可勝歎哉濂非能

詩者因足下之言姑略誦所聞如此惟足下裁擇焉不宣濂白

胡翰　明金華人字仲申元末避地南華山著書自適以文章名洪武初起爲衢州敎授尋修元史書成受職歸

居北山而卒有春秋集義胡仲子集長山先生集

古樂府詩類編序

太原郭茂倩裒次樂府詩一百卷予采其可傳者更定爲集若干卷復論之曰周衰禮樂崩

壞而樂爲尤甚自制氏爲時樂官能紀其鏗鏘鼓舞而不能言其意則天下之知者鮮矣況

先王之聲音度數不止其所謂鏗鏘鼓舞其人固不能盡紀也以是言之豈不難哉若聲詩

者古之樂章也雅鄭得失存乎其詞辨其意可見非若聲音度數之難知而國家之制

作民俗之歌謠詩人之諷詠至於後世遂無復雅頌之音雖用之郊廟朝廷被之鄉人邦國

者猶世俗之樂耳何也蓋詩之為用猶史也史言一代之事直而無隱詩繫一代之政婉而

有章辭義不同由世而異中古之盛政善民安化成俗美人情舒而不迫風氣淳而不散其

言莊以簡和以平用而不匱廣而不宣直而有曲體順成而和動是謂德音及其衰也列國

之言各殊儉者多嗇強者多悍淫亂者忘反憂深者思蹙其或好樂而無主困敝而思治亦

隨其俗之所尚政之所本人情風氣之所感故古詩之體有美有刺有正有變聖人並存而

不廢惟所以用之郊廟朝廷非清廟我將之頌不得奏於升歌宗祀非鹿鳴四牡大明文王

之雅不得陳於會朝燕享內之為閨門外之為鄉黨非關雎麟趾則鵲巢騶虞之風情深而

文明氣盛而化神故可以感鬼神和上下美教化移風俗今茂倩之所次有是哉以其所謂

郊祀安世黃門鼓吹鐃歌橫吹相和琴操雜考之漢辭質而近古其降也為魏魏辭溫厚

而益趨於文其晉之東其辭麗遂變而為南北南音多豔曲北俗雜胡戎而隋唐

受之其唐初之辭婉麗詳整其中宏偉精奇其末纖巧而不振雖人竭其才家尚其學追琢

變積曾不能希列國之風而況欲反乎雅頌之正滋不易矣是以郊廟祭祀則非有祖宗之

事美盛德告成功之實會朝燕享君臣之間則非有齋莊和悅之意以發先王之德盡羣下之情哇聲俚曲若秦楚之謳巴渝之舞涼伊之技莫不雜出以爲中國朝廷之用惱心盈耳不復知其爲敎化風俗之蠹夫民不幸不見先王之禮樂考其聲詩蓋有足言者然以唐虞之盛不能無憾焉吾於此見其風氣之淳人情之泰政治俗尚之美皆非古矣其治亂得失是非邪正雖去之千數百載不待其言之著而今皆可見者則詩之爲用豈不猶史之事哉故合而論之以寓吾去取之意將望於後之作者焉

高棅

明長樂人字彥恢更名廷禮永樂初以布衣召入翰林爲待詔選典籍善飮工書尤專於詩與林鴻鄭定王襄唐泰王恭陳亮王偁及鴻弟子周元黃元稱爲閩中十才子其所選唐詩品彙九十卷標擧唐音以救元末纖仄之弊終明之世館閣言詩者皆以其詩爲宗

唐詩品彙序

有唐三百年詩衆體備矣故有近體往體長短篇五七言律絕句等製莫不興於始成於中流於變而降之於終至於聲律與象文詞理致各有品格高下之不同略而言之則有初唐盛唐晚唐之殊詳而分之貞觀永徽之時虞魏諸公稍離舊習王楊盧駱因加美麗劉希夷有閨帷之作上官儀有婉媚之體此初唐之始製也神龍以還洎開元初陳子昂古風雅正李巨山文章宿老沈宋之新聲蘇張之大手筆此初唐之漸盛也開元天寶間則有李翰林

之飄逸杜工部之沈鬱孟襄陽之清雅王右丞之精緻儲光羲之眞率王昌齡之雋俊高適

岑參之悲壯李頎常建之超凡此盛唐之盛者也大歷貞元中則有韋蘇州之雅澹劉隨州

之閒曠錢郎之清瞻皇甫之沖秀秦公緒之山林李從一之臺閣此中唐之再盛也下暨元

和之際則有柳愚溪之超然復古韓昌黎之博大其詞張王樂府得其故實元白序事務在

分明與夫李賀盧仝之鬼怪孟郊賈島之飢寒此晚唐之變也降而開成以後則有杜牧之

豪縱溫飛卿之綺靡李義山之隱僻許用晦之偶對他若劉滄馬戴李羣玉李頻輩尙能

黽勉氣格埒邁時流此晚唐變態之極而遺風餘韻猶有存者焉是皆名家擅場馳騁當世

或稱才子或推詩豪或謂五言長城或爲律詩龜鑑或號詩人冠冕或尊海內文宗靡不有

精粗邪正長短高下之不同觀者苟非窮精闡微超神人化玲瓏透徹之悟則莫能得其門

而臻其壺奧也今試以數十百篇之詩隱其姓名以示學者必能識得何者爲王楊盧駱又

何者爲沈宋又何者爲陳拾遺又何者爲李杜又何者爲孟爲儲爲二王爲高岑爲常劉韋

柳爲韓李張王元白郊島之製辨諸家剖析毫芒斯可以言詩矣予夙耽於詩恆欲窺唐

人之藩籬首踵其域如墮終南萬疊間茫然弗知其所往然後左攀右涉晨躋夕覽下上陟

頓進退周旋歷十數年厥中僻蹊迤莊高門邃室歷歷可指數故不自揆竊顧偶心前喆採

撫羣英芟夷繁蕪裒成一集以爲學唐詩者之門徑載觀諸家選本詳略不侔英華以類見

拘。樂府爲題所界是皆略於盛唐而詳於晚唐他如朝英國秀篋中丹陽英靈閒氣極玄又玄詩府詩統三體衆妙等集立意造論各該一端惟近代襄城楊伯謙氏唐音集頗能別體製之始終審音律之正變可謂得唐人之徑路矣然而李杜大家不錄岑劉古調無存張籍王建許渾李商隱律詩載諸正音渤海高適江寧王昌齡五言稍見遺響每一披讀未嘗不歎息於斯也綠是遠覽窮搜審詳取捨以一二大家十數名家與夫善鳴者殆將數百校其體裁分體從類隨定其品目因別其上下始終正變各立序論以弁其端爰自貞觀至天祐通得六百二十人共詩五千七百六十九首分爲九十卷總題曰唐詩品彙嗚呼唐詩之倡弗傳久矣唐詩之道或時以明誠使吟詠性情之士觀詩以求其人因人以知其時因時以辨其文章之高下詞氣之盛衰本乎始以達其終審其變而歸於正則溫柔敦厚之教未必無小補云

何景明

何景明　明信陽人字仲默弘治進士正德間歷官陝西提學副使志操耿介與李夢陽並有國士風兩人所爲詩文初相得甚歡名成後互相詆謀然天下語詩文必並稱何李又與邊貢徐禎卿並稱四傑卒年三十九有何大復集

與李空同論詩書

敬奉華牘省誦連日初憮然若遺既渙渙然若有釋也婆迷徹悟愛助激成空同予功德我

者厚矣僕自念離析以來單處寡類格人逖德程缺元龜去道符爽是故述作靡式而進退

失步也空同子曰子必有謵謵之評夫空同子何有於僕謵謵也然僕有所自志者何可弗

一質之追昔爲詩空同子刻意古範鑄形宿鑊而獨守尺寸僕則欲富於材積領會神情臨

景構結不倣形迹詩曰惟其有之是以似之以有求似僕之愚也近詩以盛唐爲尚宋人似

蒼老而實疏鹵元人似秀峻而實淺俗今僕詩不免元習而空同近作間入於宋僕固窒拙

薄劣何敢自列於古人空同方雄視數代立振古之作乃亦至此何也凡物有則弗及者及

而退者與過焉者均謂之不至譬之爲詩僕則可謂弗及者空同求之則過矣夫意象應

曰合意象乖曰離是故乾坤之卦體天地之撰意象盡矣空同內寅間詩爲合江西以後詩

爲離譬之樂衆響赴會條理乃貫一音獨奏成章則難故絲竹之音要眇木革之音殺直若

獨取殺直而幷棄眇之聲何以窮極至妙感飾聽也試取丙寅間作叩其音尙中金石

而江西以後之作辭艱者意反近意苦者辭反常色澹黯而中理披慢讀之若搖鞭鐸耳空

同貶清俊響亮而明柔澹沈著含蓄典厚之義此詩家要旨大體也然究之作者命意敷辭

兼於諸義不設自具若閒緩寂寞以爲柔澹著艱詰晦塞以爲含蓄野俚

藝積以爲典厚豈惟繆於諸義亦倂其俊語亮節悉失之矣鴻荒邈矣書契以來人文漸朗

孔子斯爲折中之聖自餘諸子悉成一家之言體物雜撰言辭各殊君子不例而同之也取

其善焉已爾故曹劉阮陸下及李杜異曲同工各擅其時並稱能言何也詞有高下皆能擬

議以成變化也若必例其同曲夫然後取則既主曹劉阮陸矣李杜卽不得更登詩壇何以

謂千載獨步也僕嘗謂詩文有不可易之法者辭斷而意屬聯類而比物也上考古聖立言

中徵秦漢緒論下采魏晉聲詩莫之有易也夫文靡於隋韓力振之然古文之法亡於韓詩

溺於陶謝力振之然古詩之法亦亡於謝比空同嘗稱陸謝僕參詳其作陸詩俳體不俳

也謝則體語俱俳矣未可以其語似遂得並例也故法同則語不必同矣僕觀堯舜周孔子

思孟氏之書皆不相沿襲而相發明是故德日新而道廣此實聖聖傳授之心也後世俗儒

專守訓詁執其一端終身弗解相傳之意背矣今爲詩不推類極變明其未發泯其擬議之

迹以成神聖之功徒敘其已陳修飾成文稍離舊本便自机桯如小兒倚物能行獨趨顧仆

雖由此卽曹劉卽阮陸卽李杜且何以益於道化也佛有筏喻言舍筏則達岸矣達岸則舍

筏矣今空同之才足以命世其志金石可斷又有超代軼俗之見自僕遊從獲覩作述今且

十餘年矣其高者不能外前人也下焉者已踐近代矣自創一堂室開一戶牖成一家之言

以傳不朽者非空同撰焉誰也易大傳曰神而明之存乎德行成性存道義之門是故可

以通古今可以攝衆妙可以出萬有是故殊途百慮而一致同歸夫聲以竅生色以質麗虛

其竅不假聲矣實其質不假色矣苟實其竅虛其質而求之聲色之末則終於無有矣北風

便冀反復鄙說幸甚。

李夢陽

明慶陽人徙開封字獻吉弘治進士授戶部主事武宗時代尚書韓文屬章劾劉瑾下獄免歸瑾誅起官江西提學副使以事奪職家居跡弛負氣自號空同子卒年五十九夢陽才思雄傑工詩古文弘治時宰相李東陽主文柄天下翕然宗之夢陽獨讚其萎翕倡言文必秦漢詩必盛唐非是者弗道與何景明徐禎卿邊貢朱應登顧璘陳沂鄭善夫康海王九思等號十才子又與景明禎卿貢海九思王廷相號七才子皆卑視一世而夢陽尤甚迨嘉靖朝李攀龍王世貞復奉以為宗天下推李何王李為四大家無不爭效其體然後有譏夢陽詩文者則謂其摹擬剽剟得史遷少陵之似而失其真為有空同子集。

駁何氏論文書

某再拜大復先生足下前屢覽君作頗疑有乖於先法於是為書敢再拜獻足下冀足下改玉趨也乃足下不改玉趨也而即摘僕文之乖者以復我其言辯以肆其氣傲以豪其旨軒翕而崢嶸僕始而讀之謂君我詆也已而思之我規也夫規人者非謂其人卑也人之見有同不同僕之才不高於君天下所共聞也乃一日不量而慮子乖於先法茲其情無他也子摘我文曰子高處是古人影子耳其下者已落近代之口又曰未見子自築一堂奧突開一戶牖而何以急於不朽此非仲默之言短僕而誃仲默之言也短僕者必曰李某豈善文者但能守古而尺尺寸寸之耳必如仲默出入由己乃為舍筏而登岸斯言也禍

子者也古之工如倕如班堂非不殊戶非同也至其爲方也圓也弗能舍規矩何也規矩者法也僕之尺尺而寸寸之者固法也假令僕竊古之意盜古之形剽截古辭以爲文謂之影子誠可若以我之情述今之事尺寸古法閭襲其辭猶班圓倕之圓倕方班之方而倕之木非班之木也此奚不可也夫筏我二也猶兔之蹄魚之筌舍之可也規矩者方班之自也即欲舍之烏乎舍子試築一堂開一戶措規矩而能之乎措規矩而能之必并方圓而遺之可矣何有於法何有於規矩故爲斯言者禍子者也禍文之道也不知其言禍已與禍文之道而反規之於法者是攻子亦可謂操戈入室者矣子又曰孔思孟不同言而同至誠如尺寸古人則詩主曹劉阮陸足矣李杜卽不得更登於詩壇詩云人知其一莫知其他予之同法也堯舜之道不以仁政不能平治天下者也子以我之尺寸子言也覽子之作於法焉蔑矣宜其惑之麗解也阿房之巨靈光之巋臨春結綺之侈麗揚亭葛廬之幽之寂未必皆倕與班爲之也乃其爲之也大小鮮不中方圓也何也有必同者也獲所必同寂可也可也佟以麗可也歸可也互可也守之不易久而推移因質順勢融鎔而不自知於是爲曹爲劉爲阮爲陸爲李爲杜卽令爲何大復何不可哉此變化之要也故不泥法而法嘗由不求異而其言人人殊易曰同歸而殊途一致而百慮謂此也非自築一堂奧自開一戶牖而後爲道也故予嘗曰作文如作字歐虞顏柳字不同而同筆筆不同非字矣不同者何也

肥也瘦也長也短也疏也密也故六者勢也字之體也。非筆之精也精者何也應諸心而本

諸法者也不窺其精不足以爲字而矧文之能爲文猶不能爲而矧能道之爲仲默曰夫爲

文有不可易之法。辭斷而意屬聯物而比類以茲爲法宜其惑之難解而謏之者易搖也假

令僕卽今爲文一通能辭不屬意不斷物聯而類也然於中情思澀語嶮而硬音生節

拗質直而麗讚露骨爰癡爰枯則子取之乎故辭斷而意屬者其體也文之勢也聯而比

之者事也柔澹者思也含蓄者意也典厚者義也高古者格也宛亮者調也沈著雄麗清峻

閒雅者才之類也而發於辭辭之暢者其氣也中和者氣之最也夫然又華之以色永之以

味溢之以音是以古之文者一揮而衆善具也然其翕嚙頓挫尺尺而寸寸之未始無法也

所謂圓規而方矩者也且士之文也猶醫之脈脈濡弱緊數遲緩相似而實不同前予以柔

澹沈著含蓄典厚諸義進規於子而救俊亮之偏而子則曰必閒寂以爲柔澹濁切以爲沈

著艱窒以爲含蓄俚藝以爲典厚豈惟謬於諸義并俊語亮節悉失之矣吾子於是乎失言

矣子以爲濡可爲數遲可爲緩邪懦弱緊數遲緩不可相爲則閒寂獨可爲柔澹

濁切可爲沈著艱窒可爲含蓄俚藝可爲典厚邪吁吾子於是乎失言矣以是而論文子於

文乎病矣蓋子徒以僕規子者過言靡量而遂肆爲哮謬之談摘僕之乖以攻我而不知僕

之心無他也僕之文千瘡百孔者何敢以加於子也誠使僕妄自以閒寂濁切艱窒俚藝爲

柔澹沈著含蓄典厚而為言黯慘。有如搖轤舉鐸子何不求柔澹沈著含蓄典厚之真為之。

而遽以俊語亮節自安邪此尤惑之甚者也僕聰明衰矣恆念子貢振世之才而僕叨通家

肉骨之烈於是規之以進其極而後極論以冀其自反實非自高以加於子傳曰改玉改行。

子誠持堅白不相下願再書以復我。

再與何氏書

前書與子論文備矣然僕猶謂不證諸事則空言不切不切不信夫子近作乖於先法者何

也蓋其詩讀之若摶沙弄泥散而不瑩又龐者弗雅也如月蝕詩妖遮赤道行是耳然闊大

者鮮把持又無鍼線古人之作其法雖多端大抵前疏者後必密半闊者半必細一實者必

一虛疊景者意必二此予之所謂法圓規而方矩者也沈約亦云若前有浮聲則後須切響。

一簡之內音韻殊異兩句之中輕重悉異即如人身以魄載魂生有此體即有此法也詩云

有物有則故曹劉阮陸李杜能用之而不能異之而不能不同今人止見其異而不見

其同宜其謂守法者為影子而支離失真者以舍筏登岸自寬也夫文與字一也今人摹臨

古帖即太似不嫌反曰能書何獨至於文而欲自立一門戶邪自立一門戶必如陶之不冶

冶之不匠如孔之不墨墨之不楊邪此亦足以類推矣且仲默神女賦帝妃篇南游曰北上

年四句接用古有此法乎水亭菡萏風殿薜蘿意不一乎蓋君詩徒知神情會處下筆成章

為高而不知高而不法其勢如搏巨蛇駕風颿步驟卽奇不足訓也君詩結語太咄易七言

律與絕句等更不成篇亦寡音節百年萬里何其層見而疊出也七言若覇得上二字言何

必七也僕非知詩者劇談偏見幸君自裁之耳君必苦讀子昂必簡詩庶獲不遠之復亦知

予言之不妄不然終身野狐外道耳狂悖弗自覺縷縷至此悚懼悚懼

錢謙益

清常熟人字受之號牧齋明萬歷進士官至禮部侍郎削籍福王時召為禮部尚書多鐸定江

南謙益迎降授禮部右侍郎旋歸鄉里以文章標榜江南後進奉為壇坫嘗輯明人詩為列朝詩集於李夢陽王

世貞輩所作詆其務為詰詘之辭以相高仿古而無實排斥最力著有初學有學二集乾隆時以其語涉譏謗版

被禁燬清末始有印行者

徐元歎詩序

自古論詩者莫精於少陵別裁偽體之一言當少陵之時其所謂偽體者吾不得而知之矣

宋之學者祖述少陵立魯直為宗子遂有江西宗派之說嚴羽卿辭而闢之而以盛唐為宗

信羽卿之有功於詩也自羽卿之說行本朝奉以為律令談詩者必學杜必漢魏盛唐而詩

道之榛蕪彌甚羽卿之言二百年來遂若塗鼓之毒藥甚矣偽體之多而別裁之不可以易

也嗚呼詩難言也不識古學之從來不知古人之用心徇人封己而於其所知此所謂以大

海內於牛跡者也王楊盧駱見哂於輕薄者今猶是也亦知其所以劣漢魏而近風騷者乎

鉤剔抉摘。人自以爲長吉亦知其所以爲騷之苗裔者乎。低頭東野懂而師其寒餓，亦知其所謂橫空硬磬安帖排臭者乎。敷跨代之才力則李杜之外誰可當鯨魚碧海之目論詩人之體製則溫李之類咸不免風雲兒女之譏先河後海窮源遡流而後僞體始窮別裁之能事始畢雖然此盆未易言也其必有所以導之之法維何亦反其所以爲詩者而已書不云乎詩言志歌永言詩不本於言志非詩也歌不足以永言非歌也宣己諭物言志之方也文從字順永言之則也寧質而無俳寧正而無傾寧賞而無僿寧爲長天晴日無爲盲風澀雨寧爲淸渠細流無爲濁沙惡潦寧爲鶉衣短褐無爲天吳紫鳳之補坼寧爲蟲糯之果腹無爲荼蕈之螯屑寧爲書生之步趨無爲巫師之鼓舞寧爲老生之莊語無爲酒徒之狂置寧病而呻吟無夢而厭穰寧人而寢貌無鬼而假面寧木客而宵吟無幽獨君而畫語導之於晦蒙狂易之日而徐反諸言志詠言之故詩之道其庶幾乎徐元歎少工爲詩隱長城藝香山中築室奉母數年而其詩盆進元歎之爲人淡於榮利篤於交友。苦心於讀書而感憤於世道皆用以資爲詩者也元歎之詩爲一世之所宗則夫別裁僞體使學者志於古學而不昧其所從元歎之責也余故於元歎之刻其詩而舉以告之且以爲學元歎之詩者告焉嗟乎江西之宗不百年而羽卿關之本朝之學詩者三變而榛蕪彌甚元歎之不辭而闢之者何也

顧炎武　清崑山人字寧人號亭林明諸生康熙間薦舉鴻博修明史皆不就晚年卜居華陰著述甚富而日知

錄尤有名爲淸代樸學之宗論詩文之語皆根本經史切中肯要卒年七十

論詩五則　日知錄

五經中多有用韻　古人之文化工也自然而合於音則雖無韻之文而往往有韻苟其不

然則雖有韻之文而時亦不用韻絡不以韻而害意也三百篇之詩有韻之文也乃一章之

中有二三句不用韻者如瞻彼洛矣維水泱泱之類是矣一篇之中有全章不用韻者如思

齊之四章五章召旻之四章是矣又有全篇無韻者周頌淸廟維天之命昊天有成命時邁

武諸篇是矣說者以爲當有餘聲然以餘聲相協而不入正文此則所謂不以韻而害意者

也孔子贊易十篇其象象傳卦五篇用韻然其中無韻者亦十之一文言繫辭說卦序卦

五篇不用韻然亦間有一二如鼓之以雷霆潤之以風雨日月運行一寒一暑乾道成男坤

道成女君子知微知彰知柔知剛萬夫之望此所謂化工之文自然而合者固未嘗有心於

用韻也尙書之體本不用韻而大禹謨帝德廣運乃聖乃神乃武乃文皇天眷命奄有四海

爲天下君伊訓聖謨洋洋嘉言孔彰惟上帝不常作善降之百祥作不善降之百殃爾惟德

罔小萬邦惟慶爾惟不德罔大墜厥宗太誓我武惟揚侵于之疆取彼凶殘我伐用張于湯

有光洪範無偏無陂遵王之義無有作好遵王之道無有作惡遵王之路無偏無黨王道蕩

蕩。無黨無偏。王道平平。無反無側。王道正直。皆用韻。又如曲禮行前朱鳥而後元武左青龍

而右白虎招搖在上急繕其怒禮運元酒在室醴泉在堂澄酒在下陳其犧牲備

其鼎俎列其琴瑟管磬鐘鼓修其祝嘏以降上神與其先祖以正君臣以篤父子以睦兄弟

以齊上下夫婦有所所謂承天之祜樂記夫古者天地順而四時當民有德而五穀昌疾疢

不作而無妖祥此之謂大當然後聖人作爲父子君臣以爲紀綱中庸故君子不可以不修

身思修身不可以不事親思事親不可以不知人思知人不可以不知天孟子師行而糧食

饑者弗食勞者弗息眄眄胥讒民乃作方命虐民飲食若流流連荒亡爲諸侯憂凡此之

類在秦漢以前諸子書並有之太史公作贊亦時一用韻而漢人樂府詩反有不用韻者

古詩用韻之法　　古詩用韻之法大約有三首句次句連用韻隔第三句而於第四句用韻

者關雎之首章是也凡漢以下詩及唐人律詩之首句用韻者源於此一起即隔句用韻者

卷耳之首章是也凡漢以下詩及唐人律詩之首句不用韻者源於此自首至末句句用韻

者若考槃清人還著十畝之間月出冠素諸篇又如卷耳之二章三章四章車攻之一章二

章三章七章長發之一章二章三章四章五章是也凡漢以下詩若魏文帝燕歌行之類源

於此自是而變則轉韻矣轉韻之始亦有連用隔用之別而錯綜變化不可以一體拘於是

有上下各自爲韻若兔罝及采薇之首章魚麗之前三章卷阿之首章者有首末自爲一韻。

中間自爲一韻若車攻之五章者。有隔半章自爲韻若生命之卒章者。有首提二韻下分二

節承之若有醫之篇者此皆詩之變格。然亦莫非出於自然。非有意爲之也。

詩有無韻之句　詩以義爲主音從之必盡一韻無可用之字。然後旁通他韻又不得於他

韻則寧無韻苟其義之至當而不可易。下句云老翁踰牆走老婦出門看則無韻矣。亦至當不可

有吏夜捉人兩韻也。至當而不可以他字易則無韻不害漢以上往往有之暮投石壕村

易古辭紫騮馬歌中有春穀持作飯採葵持作羹二句無韻李太白天馬歌中有白雲在青

天丘陵遠崔嵬二句無韻野田黃雀行首二句游莫逐炎洲翠樓莫近吳宮燕無韻行行且

游獵篇首二句邊城兒生年不讀一字書無韻

古人不用長句成篇　古人有八言者胡瞻爾庭有縣貆兮是也。有九言者凜乎若朽索之

馭六馬是也。然無用爲全章者。不特以其不便於歌也。長則意多宂字多懈七言排律所以

從來少作。作亦不工者何也。意多宂也字多懈也爲七言者必使其不可裁而後工也。此漢

人所以難之也。

詩體代降　三百篇之不能不降而楚辭。楚辭之不能不降而漢魏。漢魏之不能不降而六

朝六朝之不能不降而唐也。勢也。用一代之體則必似一代之文而後爲合格。詩文之所以

代變有不得不變者。一代之文沿襲已久不容人人皆道此語。今且千數百年矣。而猶取古

人之陳言一一而摹倣之以是爲詩可乎故不似則失其所以爲吾李

杜之詩所以獨高於唐人者以其未嘗不似而未嘗似也知此者可與言詩也已矣

侯方域　清商邱人字朝宗性豪爽多大略明末隨父居京師與桐城方以智如皋冒襄宜興陳貞慧稱四公子

以東都清議自持入清中順治副榜初放意聲伎已而悔之發憤爲古文才氣橫溢與長洲汪琬寧都魏禧稱三

大家卒年三十七有壯悔堂文集

陳其年詩序

陳其年有著述材尤工詩往余居梁園去義興千餘里其年再以書來屬余爲論序余報之

曰風雅之道於今絕矣得子誠未易此非可卒卒筆墨盡也行當渡江爲吾子言之後三年

而余至其年之詩已成數百篇典則高華風致特勝余歎絕謂其年子知明詩之所以盛與

所以衰乎當其盛也北地信陽爲之宗而郎邪歷下之輩相與鼓吹而羽翼之夫人之所知

也其衰也則公安竟陵無所逃罪吳趨諸君即數十年來更變迭出而猶存乎蓬艾之間余

家中原稍稍解此者蓋中原風氣僕遫人多邊巡不敢爲詩惟其不爲詩詩之所以存也其

年乃獨於揚波導沸之中傑然以古作者自命豈不異哉往雲間有陳黃門李舍人皆起榛

蕪以才情橫絕一世得其年而三然則風雅之道又未嘗不在吳趨也丁丑余與黃門論詩

燕邸己卯與舍人論詩金陵自以爲盡意無復遺恨由今思之歎有不得起二君於九原者

幸其年獨在是天以鼓吹羽翼之功私其年也夫詩之爲道格調欲雄放意思欲含蓄神韻欲閒遠骨采欲蒼堅波瀾欲頓挫境界欲如深山大澤章法欲清空一氣杜少陵云讀書破萬卷下筆有如神不讀萬卷豈易言清不破萬卷豈易言空哉侯子言未畢其年改容起曰二公固讀萬卷者也然則吾子所謂歎不得起之於九原者吾知之矣吾知之矣因憶余與二君談時秋浦吳次尾在坐默不語心甚怪之次尾雅能詩其年爲收藏其遺集急取讀一過乃知次尾詩與三君雖互有得失而了見大意顧蚤於余者十年此昔所以默不語也余與其年別八載而良友如三君者皆已死其年幸各爲識之以續八哀夫少陵一集而古今天下之治亂興亡離合存沒莫不畢具豈僅僅一詠一吟足以盡風雅也嗚呼非其年其又誰知之

王士禎　小傳見前詩十五家。

戲倣元遺山論詩絕句三十二首

巾角彈棋妙五官搔頭傅粉對邯鄲風流濁世佳公子復有才名壓建安。

五字清晨登隴首羌無故實耐人思定知妙不關文字已是千秋幼婦詞。

青蓮才筆九州橫六代淫哇總廢聲白紵青山魂魄在一生低首謝宣城。

挂席名山都未逢潯陽喜見香爐峯高情合受維摩詰浣筆爲圖寫孟公。

杜家箋傳太紛拏。虞趙諸賢盡守株。苦爲南華求向郭。前惟山谷後錢盧。

漫耶生及開元日。與世聲牙古性情。誰嗣匲中冰雪句。谷音一卷獨錚錚。

風懷澄澹推韋柳。佳處多從五字求。解識無聲弦指妙。柳州那得並蘇州。

中興高步屬錢郎。拈得維摩一瓣香。不解雌黃高仲武。長城何意貶文房。

草堂樂府擅奇才。老杜哀時託興微。元白張王皆古意。不曾辛苦學妃豨。

廣大居然太傅宜。沙中金屑苦難披。詩名流播雖林遠。獨媿文章替左司。

獺祭曾驚博奧殫。一篇錦瑟解人難。千年毛鄭功臣在。猶有彌天釋道安。

涪翁掉臂自清新。未許傳衣躡後塵。卻笑兒孫媚初祖。強將配饗杜陵人。

詩人一字苦冥搜。論古應象罔求。不是臨川王介甫。誰知暝色赴春愁。

苦學昌黎未賞音。偶恩螺蛤見公心。平生自貢盧山作。才盡禪房花木深。

林際春申語太顛。園林半樹景幽偏。豫章孤詣誰能解。不是曉人休浪傳。

鐵厓樂府氣淋漓。淵潁歌行格儘奇。耳食紛紛說開寶。幾人眼見宋元詩。

藐姑神人何大復。致兼南雅更王風。論交獨直江西獄。不獨文場角兩雄。

三代而還盡好名。文人從古善相輕。君看少谷山人死。獨有平生王子衡。

正德何如天寶年。寇燹三輔血成川。鄭公變雅非關杜。聽直應須辨古賢。

十載鈐山冰雪情青詞自媚可憐生彥回不作中書死更遺匆匆唱渭城。

接跡風人明月篇何郎妙悟本從天王楊盧駱當時體莫逐刀圭誤後賢。

翩翩安定四瓊枝司直司勳絕妙詞底事濟南高月旦僅存水部數篇詩。

中州何李並登壇弘治文流竟並肩詎識蘇門高吏部嘯臺鸞鳳獨逌然。

文章烟月語原卑一見空同迥自奇天馬行空脫羈靮更憐譚藝是吾師。

濟南文獻百年稀白雪樓空宿草菲未及尚書有邊習猶傳林雨忽沾衣。

楓落吳江妙入神思君流水是天眞何因點竄澄江練笑殺談詩謝茂秦。

來禽夫子本神清香茗才華未讓兄徐庾文章建安作悔教書法掩詩名。

海雪崎人死抱琴朱弦疏越有遺音九疑淚竹娥皇廟字字離騷屈宋心。

澹雲微雨小姑祠菊秀蘭衰八月時記得朝鮮使臣果然東國解聲詩。

溪水碧於前渡日桃花紅是去年時江南腸斷何人會只有崔郎七字詩。自注。太倉崔華字不雕。

曾聽巴渝里社詞三閭哀怨此中遺詩情合在空舲峽冷雁哀猿和竹枝。

九歲詩名銅雀臺三年留滯楚江隈不如解唱黃鸞者新自王戎墓下來。

朱彝尊 清秀水人字竹垞博極羣書考據詩文無不工勝康熙間以布衣舉鴻博授檢討與修明史體例多從

其議卒年八十一。有經義考明詩綜詞綜曝書亭集。

與高念祖論詩書

京師苦寒念祖無恙伏承手教再諄諄以詩律下問。念祖年齊於僕而謙以自牧若此又

處客途窮乏之時飢寒奔走無一足以勤其心維風雅之是務豈當世之士所能冀及者。

故輒陳萬一之得於左右維高明擇之。僕之於詩非有良師執友爲之指誨也蓋嘗反覆求

之。其始若瞀之無相倀倀乎墜於淵谷而不知如是者十年。不敢自逸然後古人若引我於

周行而作者之意庶幾其遇之矣。書曰詩言志記曰志之所至詩亦至焉古之君子其懽愉

悲憤之思感於中發之爲詩今所存三百五篇有美有刺皆詩之不可已者也夫維出於不

可已故好色而不淫怨悱而不亂言之者無罪聞之者足以戒後之君子誦之世事之汙隆

政治之得失皆可考見故不學者比之牆面學者斯授之以政使於四方蓋詩之爲教如此。

魏晉而下指詩爲緣情之作專以綺靡爲事一出乎閨房兒女子之思而無恭儉好禮廉靜

疏達之遺惡在其爲詩也唐之世二百年詩稱極盛然其間作者類多長於賦景而略於言

志其狀草木鳥獸甚工顧於事父事君之際或闕焉不講惟杜子美之詩其出之也有本無

一不關乎綱常倫紀之目而寫時狀景之妙自有不期工而工者然則善學詩者舍子美其

誰師也與明詩之盛無過正德而李獻吉鄭繼之二子深得子美之旨論者或詆其時非天

寶事異唐代而強效子美之憂時嗟乎武宗之時何時哉使二子安於耽樂而不知憂患則

其詩雖不作可也今世之爲詩者。或漫無所感於中。惟用之往來酬酢之際。僕嘗病之以爲

有賦而無比與。有頌而無風雅。其長篇排律聲愈高而曲愈下。辭未終而意已盡。四始六義

闕焉。而猶謂之詩。此則僕之所不識也。而念祖以未能工此爲慮。是何足道哉。比得念祖所

爲述祖德詩諷詠數過。深有合乎古人恭儉好禮廉靜疏達之義。此非有本者不能爲也。而

又謙以自牧。無一足以動其心其進於古也不難耳。

陳祖范　清常熟人字亦韓號見復雍正舉人乾隆中薦經學授國子監司業銜卒於家有經吼學錄司業集。

詩集自序

古無詩人三百篇可知誰作者十止得一二。蓋夫人而能爲詩夫詩而皆有係於時也古之

制田功既畢男女同巷夜績有所怨恨相從而歌飢者歌其食勞者歌其事男女老而無子

者官衣食之使之民間求詩以備太史之采是故王者不出戶牖盡知天下所苦樂此風詩

之所由興也大抵詩之作出於無心則其情眞又必各有所爲故其義實情眞義實故一國

之事係一人之本而四夫匹婦之歌吟可以察治忽後之詩人則異是彼既以詩自命人

亦以詩相屬於是外物爲主而詩役爲詩心則異其心特牽於詩

耳詩於是無眞性情以外物役詩則作如不作特緣於外耳詩於是無眞比與然而情實彌

隱詞朵彌工義理彌消波瀾彌富而又格律以繩之派別以嚴之時代以區分之回視詩敎

之本來其然乎其不然乎古之詩男女自言其傷而關盛衰後之詩文人學士弊精勞神期
以鼓吹風雅反或無與於得失其故何哉誠僞之分醇醨之判也予於斯事不求甚解而竊
好反尋其本收拾舊稿其無爲而作者去之其爲人而作者又去之止存其自吟自止用適
己事者工拙所不計也

沈德潛

沈德潛　清長洲人字確士號歸愚乾隆間成進士年巳將七十高宗稱爲老名士召對論詩學源流升降
大賞之命値南書房擢爲禮部侍郎以年力就衰許告歸原銜食俸高宗賜書極多入都祝嘏與錢陳羣並與香
山九老會稱大老年九十七卒諡文慤著有歸愚詩文鈔評選有唐宋八家文讀本古詩源唐詩別裁明詩別裁
國朝詩別裁（坊刻有五朝詩別裁則以德潛所選之唐明清三種而益以張景星所選之宋元二朝詩也）

重訂唐詩別裁集序　拜凡例六則附國朝詩凡例四則

新城王阮亭尙書選唐賢三昧集取司空表聖不著一字盡得風流嚴滄浪羚羊挂角無迹
可求之意蓋味在鹹酸外也而於杜少陵所云鯨魚碧海韓昌黎所云巨刃摩天者或未之
及余因取杜韓語意定唐詩別裁而新城所取亦兼及焉鐫版問世巳四十餘年矣第當時
采錄未竟同學陳子樹滋攜至廣南就體格有遺倫學詩者性情所喜欲爲步趨而選
中偏未之及恐不免如望洋而返也因而增入諸家如王楊盧駱唐初一體老杜亦云不廢
江河萬古流也白傅諷諭有補世道人心本傳所云箴時之病補政之缺也張王樂府委折

深婉曲道人情李青蓮後之變體也長吉嘔心荒陂古奧怨懟愁悲杜牧之許爲楚騷之苗
裔也又五言試帖前選略見今爲制科所需檢擇佳篇垂示準則爲入春秋闈者導夫先路
也他如任華盧仝之粗野和凝香奩詩之藝嫚與夫一切生梗僻澀及貢媚獻諛之辭概排
斥焉且前此詩人未立小傳未錄詩話今爲補入前此評釋亦從簡略今較詳明俾學者讀
其詩知其爲人抑因評釋而窺作者之用心今人與古人之心可如相告語矣成詩二十卷
得詩一千九百二十八章詩雖未備要藉以扶掖雅正使人知唐詩中有鯨魚碧海巨刃摩
天之觀未必不由乎此至於詩敎之尊可以和性情厚人倫匡政治感神明以及作詩之先
審宗指繼論體裁論音節繼論神韻而一歸於中正和平前序與凡例中論之已詳不復
更述乾隆癸未秋七月長州沈德潛題於鰺水之清曠樓

凡例

讀詩者心平氣和涵泳浸漬則意味自出不宜自立意見勉強求合也况古人之言包含
無盡後人讀之隨其性情淺深高下各有會心如好晨風而慈父感悟講鹿鳴而兄弟同
食斯爲得之董子云詩無達詁此物此志也評點箋釋皆後人方隅之見此本不廢評點
間存箋釋略示軌途俾讀者知所從入耳識者諒諸
朱子云楚辭不皆是怨君被後人多說成怨君此言最中病痛如唐人中少陵固多忠愛

之詞義山間作風刺之語。然必動輒牽入。卽小小賦物。對境詠懷。亦必云某詩指某事某

詩刺某人。水月鏡花多成粘皮帶骨。亦何取鈔中蘗爲刪卻。

詩不可無法亂雜而無章非詩也。然所謂法者。行所不得不行止所不止而起伏照

應承接轉換自神明變化於其中。若泥定此處應如何。彼處應如何。則死法矣。玆於評釋

中偶示紀律要不以一定之法繩之。試看天地間水流自行雲生自起。何處更著得死法。

詩貴渾渾灝灝元氣結成乍讀之不見其佳久而味之骨幹開張意趣洋溢斯爲上乘若

但工於琢句巧於著詞全局必多不振故有不著圈點而氣味渾成者收之有佳句可傳

而中多敗闕者汰之領略此意便可讀漢魏人詩

詩本六籍之一王者以之觀民風考得失非爲豔情發也雖三百以後離騷與美人之思

平子有定情之詠然詞則託之男女義關乎君臣友朋自子夜讀曲專詠豔情而唐末

香奩體抑又甚焉去風人遠矣集中所載間及夫婦男女之詞要得好色不淫之旨而淫

哇私褻褻從闕如

唐人詩雖各出機杼實憲章八代如李陵錄別開陽關三疊之先聲王粲七哀爲垂老別

無家別之祖武子昂原本於阮公左司嗣音夫彭澤挹厥由來精神符合讀唐詩而不更

求其所從出猶登山不造五嶽觀水不窮崑崙也選唐人詩外舊有古詩源選本更當尋

味焉。

詩之道不外孔子教小子教伯魚數言而其立言一歸於溫柔敦厚無古今一也。

詩必原本性情關乎人倫日用及古今成敗興壞之故者方爲可存所謂其言有物也若一無關係徒辨浮華又或叫號撞搪以出之非風人之指矣尤有甚者動作溫柔鄉語如王次回疑雨集之類最足壞人心術一概不存。

詩不能離理然貴有理趣不貴下理語陶淵明汲汲魯中叟彌縫使其淳聖人袭章六經二語足以盡之杜少陵江山如有待花柳自無私天地化育萬物二語足以形之邵康節二語足以盡之明儒太極圈兒大先生帽子高眞使人笑來也選中近此類者。

詩直頭說盡有何興會至倶從芟薙。

唐詩蘊蓄宋詩發露蘊蓄則韻流言外發露則意盡言中愚未嘗貶斥宋詩而趣向舊在唐詩故所選風調音節倶近唐賢從所尙也若樂府及四言有越唐人而竊攀六代漢魏者所云雖不能至心嚮往之詩別裁凡例并附於此。

袁枚　清錢塘人字子才號簡齋乾隆進士出知溧水浦江沭陽江寧四縣年四十卽告歸築隨園於江寧小倉山下賓客四集以吟詠倡和爲樂其詩主性靈務縱其才力所至與武進趙翼鉛山蔣士銓稱三大家而枚之負盛名最久卒年八十二有隨園全集數十種。

與沈大宗伯論詩書

先生誚浙詩謂沿宋習敗唐風者自樊榭爲厲階枚浙人也亦雅憎浙詩樊榭短於七古凡

集中此體數典而已索索然寡真氣先生非之甚當然其近體清妙於近今偶先生持論

粹然尚復何說然鄙意有未盡同者敢質之左右嘗謂詩有工拙而無今古自葛天氏之歌

至今日皆有工有拙未必古人皆工今人皆拙卽三百篇中頗有未工不必學者不徒漢晉

唐宋也今人詩有極工極宜學者亦不徒漢晉唐宋也然格律莫備於古學者宗師自有淵

源至於性情遭際人人有我在焉不可貌古人而襲之畏古人而不變則雖造物有所不能

鶯花乎然而不得謂今無鶯花也今之絲竹豈古之絲竹乎然而不得謂今無絲竹也天籟

一日不斷則人籟一日不絕孟子曰今之樂猶古之樂卽詩也唐人學漢魏變漢魏宋學

唐變唐其變也非有心於變也乃不得不變也則不足以爲唐不足以爲宋也子孫

之貌莫不本於祖父然變而美者有之變而醜者有之若必禁其不變則雖造物有所不能

先生許唐人之變漢魏而獨不許宋人之變唐惑也且先生亦知唐人之自變其詩與宋人

無與乎初盛一變中晚再變至皮陸二家已浸淫乎宋氏矣風會所趨聰明所極有不期其

然而然者故枚嘗謂變堯舜者湯武也然學堯舜者莫善於湯武不善於燕噲變唐詩者宋

元也然學唐詩者莫善於宋元莫不善於明七子何也當變而變其相傳者心也當變而不

變。其拘守者迹也鸜鵒能言而不能得其所以言夫非以迹乎哉大抵古之人先讀書而後

作詩後之人先立門戶而後作詩唐宋分界之說宋元無有明初亦無有成宏後始有之其

時議禮講學皆立門戶以為名高七子狃於此習遂皮傅盛唐搜挽自矜殊實識然而牧

齋之排之則又已甚何也七子未嘗無佳詩卽公安竟陵亦然使掩姓氏偶舉其詞未必牧

齋不嘉與又或使七子酒沈無名則牧齋必搜訪而存之無疑也惟其有意於摩壘奪幟乃

不暇平心公論此亦門戶之見先生不喜樊榭詩而選則存之所見過牧齋遠矣至所云詩

貴溫柔不可說盡又必關係人倫日用此數語有襄衣大裯氣象僕口不敢非先生而心不

敢是先生何也孔子之言戴經不足據也惟論語為足據子曰可以興可以羣此指含畜者

言之如柏舟中谷是也曰可以觀此指說盡者言之如豔妻煽方處界投畀豺虎之類

是也曰邇之事父遠之事君此詩之有關係者也曰多識於鳥獸草木之名此詩之無關係

者也僕讀詩常折衷於孔子故持論不得不小異於先生計必不以為僭

再與沈大宗伯書

聞別裁中獨不選王次回詩以為豔體不足垂教僕又疑焉夫關雎卽豔詩也以求淑女之

故至於展轉反側使文王生於今遇先生危矣哉易曰一陰一陽之謂道又曰有夫婦然後

有父子陰陽夫婦豔詩之祖也傅翕觚善言兒女之情而臺閣生風其人君子也沈約事兩

朝佞佛有綺語之懺其人小人也次回才藻豔絕阮亭集中時時竊之先生最尊阮亭不容

都不考也選詩之道與作史同一代人才其應傳者皆宜列傳無庸拘見而狹取之宋人謂

蔡琰失節范史不當置列女中此陋說也夫列女者猶云女之列傳云爾非必貞烈之謂或

賢或才或關係國家皆可列傳猶之傳公卿不必盡死難也詩之奇平豔樸皆可采取亦不

必盡莊語也杜少陵聖於詩者也豈屑屑為王楊盧駱哉然尊四子以為萬古江河矣黃山谷

奧於詩者也豈屑屑為楊劉哉然尊西崑以為一朝郛郭矣宣尼至聖而亦取滄浪童子之詩

所以然者非古人心虛往往舍己從人亦非古人愛博故意濫收之蓋實見夫詩之道大而

遠如地之有八音天之有萬竅擇其善鳴者而賞其鳴足矣不必尊宮商而賤角羽進金石

而棄絃匏也且夫古人成名各就其詣之所極原不必兼衆體而論詩者則不可不兼收之

以相題之所宜卽以唐論廟堂典重沈宋所宜也使郊島為之陋矣山水閒適王孟所宜

也使溫李為之靡矣邊塞風雲名山古蹟李杜所宜也使王孟為之薄矣撞萬石之鐘

鬪百韻之險韓孟所宜也使韋柳為之弱矣傷往悼來感時記事王元白所宜也使錢

劉為之則仄矣題香襟當舞所絃工吹師低徊容與溫李冬郎所宜也使韓孟為之則亢矣

天地間不能一日無諸題則古今來不可一日無諸詩人學焉而各得其性之所近要在用

其所長而藏己之所短則可護其所短而毀人之所長則不可豔詩宮體自是詩家一格孔

子不刪鄭衞之詩。而先生獨刪次回之詩。不已過乎。至於盧仝李賀險怪一流。似亦不必擯體

斥兩家所祖從大招天問來。與易之龍戰詩之天妹同波異瀾非臆撰也。一集中不特豔體

宜收卽險體亦宜收。然後詩之體備而選之道全謹以鄙意私於先生願與門下諸賢共詳

之也。

紀昀

清河間人。字曉嵐乾隆進士官至協辦大學士貫徹儒籍旁通百家其學在辨漢宋儒學之是非析詩文

流派之正。僞主持風會爲世所宗任四庫全書總纂官作總目提要二百卷又詔撰簡明目錄二十卷校訂評隲

皆稱精審卒年八十二諡文達所著有遺集閱微草堂筆記評點有文心雕龍史通削繁瀛奎律髓刊誤

瀛奎律髓刊誤序

文人無行至方虛谷而極矣周草窗之所記不忍卒讀之而所選瀛奎律髓乃至今猶傳其

書非盡無可取而聘其私意率臆成篇其選詩之大弊有三一曰矯語古淡一曰標題句眼

一曰好尙生新夫古質無如漢氏沖淡莫過陶公然而抒寫性情取裁風雅樸而實綺清而

實腴下逮王孟儲韋典型具在虛谷乃以生硬爲高格以枯槁爲老境以鄙俚粗率爲雅音

名爲遵奉工部而工部之精神面目迥相左也。是可以爲古淡乎朱華冒綠池始見子建悠

然見南山亦曰淵明響字之說古人不廢暨乎唐代煆煉彌工然其興象之深微寄託之高

遠則固別有在也虛谷置其本原而拈其末節每篇標舉一聯每句標舉一字將舉天下之

人而致力於是所謂溫柔敦厚之旨蔑如也所謂文外曲致思表纖巧旨亦茫如也後人纖巧之學非虛谷階之屬也耶贊皇論文謂譬如日月終古常見而光景常新人生境遇不同寄託各異心靈漸發其變無窮初不必刻鏤瑣事以為巧捃摭僻字以為異也虛谷以長江武功一派標為寫景之宗一蟲一魚一草一木規規然摹其性情寫其形狀務求為前人所未道而按以作詩之意則不必相涉也騷雅之本意果若是耶是皆江西一派先入為主變本加厲遂偏駁而不知返也至其論詩之弊一日黨援堅持一祖三宗之說一字一句莫敢異議雖茶山之粗野居仁之淺滑誠齋之頹唐宗派苟同無不祖庇而晚唐崑體江湖四靈之屬則吹索不遺餘力是門戶之見非是非之公也一日攀附元祐之正人洛閩之道學不論其詩之工拙一槩引之以自重本為詩品置而論人是依附名譽之私非別裁偽體之道也一日矯激鐘鼎山林各隨所遇亦各行所安巢由之遁不必定賢於皋夔沮溺之耕不必果高於洙泗論人且爾況於論詩乃詞涉富貴則排斥立加語類幽樓則吹噓備至不問其人之賢否併不計其語之真偽是直詭託清高以自掩其穢行耳又豈論詩之道耶凡此數端皆足以疑誤後生瞀亂詩學不可不亟加刊正然其書行世有年村塾既奉為典型莫敢訾議而知詩法者又往往不屑論之謬種益蔓延而不已惟海虞馮氏嘗有批本曾於門人姚考功左垣家借閱顧虛谷左祖江西二馮又左祖晚唐冰炭相激負氣詬爭遂併其精確之

論無不深文以詆之矯枉過正亦未免轉惑後人因於暇日細爲點勘別白是非各於句下

箋之命曰瀛奎律髓刊誤雖一知半解未必遽窺作者之本源且卷帙浩繁牴牾亦難自保

而平心以論無所愛憎於其間方氏之僻馮氏之激或庶乎其免耳乾隆辛卯十二月二十

一日觀弈道人紀昀記

姚鼐　清桐城人字姬傳乾隆進士散館主事遷郎中告歸主講鍾山書院工書尤長於古文弟子知名著甚衆。世目爲桐城派嘉慶朝重宴鹿鳴卒年八十五有惜抱軒文集古文辭類纂今體詩選等

答翁學士書

昨相見承勉以爲文之法蚤起又得手書勸挾益至非相愛深欲增進所不逮曷爲若此鼐

誠感荷不敢忘雖然竊聞今天下之善射者其法曰平肩臂正腔腰以上直腰以下反句磬

折支左詘右其釋矢出身如槁木苟非是不可以射師弟子相授受皆若此而已及至索倫

蒙古人之射傾首欲肩僂背發則口目皆動見者莫不笑之然而索倫蒙古之射遠貫深而

命中世之射者常不逮也然則射非有定法亦明矣夫道有是非而技有美惡詩文皆技也

技之精者必近道故詩文美者命意必善文字者猶人之言語也有氣以充之則觀其文也

雖百世而後如立其人而與言於此無氣則積字焉而已意與氣相御而爲辭然後有聲音

節奏高下抗墜之度反復進退之態朵色之華故聲色之美因乎意與氣而時變者也是安

得有定法哉自漢魏晉宋齊梁陳隋唐趙宋元明及今日能爲詩者殆數千而最工者數十
人此數十人其體製固不同所同者意與氣足主乎辭而已人情執其學所從入者爲是而
以人之學皆非也及易人而觀之則亦然譬之知擊棹者欲廢車知操轡者欲廢舟不知其
不可也藹誠不工於詩然爲之數十年矣至京師見諸才賢之作不同夫亦各有所善也就
其常相見者五六人皆藹所欲取其善以爲師雖然使藹舍其平生而惟一人之法則藹尚
未知所適從也承先生吐胸臆相教而藹深藏所懷而不以陳是欺也竊所不敢故卒布其
愚伏惟諒察。

潘德輿　清山陽人字彥輔一字四農道光舉人博學工文章其學以克己有恥爲歸尤喜言治術客遊京師名
甚著以大挑補安徽知縣未赴卒有養一齋詩文集詩話

論詩二則　養一齋詩話

詩言志思無邪詩之能事畢矣人人知之而不肯述之者懼人笑其迂而不便於己之私也
雖然漢魏六朝唐宋元明之詩物之不齊也言志無邪之旨權度立而物之輕重長
短不得遁矣言志無邪之旨立而詩之美惡不得遁矣詩之私心不肯述者定理夫詩
亦簡而易明者矣言志無邪者不爲人是故古人之詩本之於性天養之以經籍
内無怵迫苟且之心外無夸張淺露之狀天地之間風雨日月人情物態無往非吾詩之所

自出與之貫輸於無窮。此即深造自得居安資深左右逢源之說也不爲人故也後世之士。

若不爲人則不復學詩撦管之先祇求勝人多作之後遂思傳世雖久而成集閱之幾無一

言之可存何也彼原未嘗學詩也分曹詠物之作酬和疊韻之體誶誦悅人之篇餖訂考古

之製窮工極巧瀰漫浩汗何益於身心何禪於政教作者詡能手誦者稱國工名家不能揣

飆尋不置哉雖者曰爲已自得學也學詩必要諸聖不迂則僭曰子知詩宜辨雅俗乎曰

除餘子倚爲活計紛紛籍籍皆孔子所謂爲人者也此烏得有自得之一時使人一唱三歎

知之曰知之則無疑予言之迂且僭也夫所謂雅者非第詞之雅馴而已其作此詩之由必

脫棄勢利而後謂之雅也今種種斸靡騁妍之詩皆趨勢弋利之心所流露也詞縱雅而心

不雅矣心不雅則詞亦不能掩矣不雅由於爲人而不自得然則子欲畫雅俗之界舍爲已

自得之說又何從辨之三百篇漢人之詩委巷婦孺亦厠其中彼豈嘗探得聖學者特其詩

不爲人而自得故予於此求之則知予非好作頭巾語矣不審乎此而震驚時俗

之同然依傍他人之門戶無志無識終於苟焉耳何詩之可言

仕而不知爲人學而不知爲已本是通病何責於詩即以詩論此病亦不起於一時西晉以

降陸機謝靈運顏延年輩業已斸靡騁妍求悅人而無真氣一千五百年來相沿相襲雖有

超世復古之士不能盡滌悅人之念則亦不能盡洗斸靡騁妍之詩而又何憾焉雖然傳之

愈久則正之愈難。正之愈難則挽回之心愈不可已。此吾所以不量其力發憤抒詞。甘受人之笑罵而不顧也。阿諛誹謗戲謔淫蕩夸詐邪誕之詩作而詩教熄。故理語不必入詩中詩之笑罵而不顧也。阿諛誹謗戲謔淫蕩夸詐邪誕之詩作而詩教熄。故理語不必入詩中詩境不可出理外謂詩有別趣。非關理也。如禪宗之餘唾。非風雅之正傳。

用長短句製樂府歌辭由漢迄南北朝皆然唐初以詩被樂填詞入調則自開元天寶始逮五代十國作者漸多遂有花間尊前家宴等集。宋之初太宗洞曉音律製大小曲及因舊曲造新聲施之教坊舞隊曲凡三百九十又琵琶一器有八十四調。仁宗於禁中度曲時則有若柳永徽宗以大晟名樂時則有若周邦彥曹組辛次膺萬俟雅言皆明於宮調無相奪倫者也。迨乎南渡家各有詞雖道學如朱仲晦眞希元亦能倚聲中律呂而姜夔審音尤精絕宋之世樂章大備四聲二十八調多至千餘曲。有引有序有令有慢有近有犯有賺有頭有促拍有攤破有摘遍有大遍有小遍有轉踏有轉調有增減字有偷聲惟因劉昺所編宴樂新書失傳而八十四調圖譜不見於世雖有歌師板師無從知當日之琴趣簫譜矣。姚江樓上舍儻若工於詞蒐留京師輯詞鴈一書業開雕揭行既而悔之告於予曰詩變而為

詞．詞變而為曲歷世久遠聲律之分合均奏之高下音節之緩急過度既不得盡知至若作

者才思之淺深初不係文字之多寡顧世之作譜者類從歸字諧鈌累寸積及於鶯啼序而

止中有調名則一而字之長短分殊安能各得其所莫如論宮調之可知者敍於前餘以時

代先後為次序斯世運之升降可以觀焉予曰旨哉子之言詞乎上舍請易書名予名之曰

羣雅集蓋昔賢論詞必出於雅正是故曾慥錄雅詞倜陽居士輯復雅也譜既成以段安節

樂府雜錄王灼碧雞漫志及宋元高麗諸史所載存詞佚者具載之并以張炎沈伯時樂

府指迷冠於卷首學者觀此何異過涉大水之獲舟梁焉是為序

張惠言

清武進人字皋文嘉慶進士官編修深易禮之學工古文辭與同邑惲敬齊名世稱陽湖派又工詞與

敬錢季重丁履恆陸繼輅左輔李兆洛黃景仁鄭善長等相倡和世稱常州詞派有茗柯文集詞選七十家賦鈔

詞選序

凡詞四十四家一百十六首敍曰詞者蓋出於唐之詩人採樂府之音以制新律因繫其詞．

故曰詞傳曰意內而言外謂之詞其緣情造端興於微言以相感動極命風謠里巷男女哀

樂以道賢人君子幽約怨悱不能自言之情低徊要眇以喻其致蓋詩之比興變風之義騷

人之歌則近之矣然以其文小其聲哀放者為之或淫蕩靡曼雜以昌狂俳優然要其至者

莫不惻隱盱愉感物而發觸類條鬯各有所歸不徒為雕琢曼飾而已自唐之詞人李白為

首。其後韋應物王建顧况白居易劉禹錫皇甫淞司空圖韓偓並有述造。而溫庭筠最高其
言深美閎約。五代之際孟氏李氏君臣爲詭詞之雜流由此起矣。至其工者往往
絕倫亦如齊梁五言依託魏晉近古然也宋之詞家號爲極盛然張先蘇軾秦觀周邦彥辛
棄疾姜夔王沂孫張炎淵淵乎文有其質焉其溢而不反傲而不理枝而不物柳永黃庭堅
劉過吳文英之倫亦各引一端以取重於當世而前數子者又不免有一時放浪通脫之言
出於其間後進彌以馳逐不務原其指意破析乖剌壞亂而不可紀故自宋之亡而正聲絕
亢之末而規矩墮以至於今四百餘年作者十數諒其所是互有繁變皆可謂安蔽乖方迷
不知門戶者也今第錄此篇都爲二卷義有幽隱並爲指發幾以塞其下流導其淵源無使
風雅之士懲於鄙俗之音不敢與詩賦之流同類而諷誦之也嘉慶二年八月武進張惠言

金應珪 　清歙人張惠言弟子

詞選後序

詞選二卷吾師張皋文翰風兩先生之所錄也夫楚謠漢賦既殊風雅齊歌唐律亦乖蘇李
何者古愈遠則愈殺聲彌近則彌悲此由音調所成故亦淵源莫二二譬之纂繡異製而合度
於蠻蛾眉各盼而同美於魂故知法不虛呆神不虛黲其揆一也樂府既衰塤詞斯作三唐
引其緒五季暢其支兩宋名公尤工此體莫不飛聲尊組之上引節絲管之間然乃瓈樓玉

宇。天子識其忠言斜陽煙柳。壽皇指爲怨曲造口之璧比之詩史太學之詠傳其主文舉此
一隅合諸四始途歸所會斷可識矣。近世爲詞厥有三蔽義非宋玉而獨賦蓬髮諫謝淳于
而唯陳履舃揣摩床第汚穢中菁是謂淫詞其蔽一也猛起奮末分言析字詼嘲則俳優之
末流叫嘯則市儈之盛氣此猶巴人振喉以和陽春詎蟻怒嗌以調疏越是謂鄙詞其蔽二
也。規模物類依託歌舞哀樂不衷其性慮歎無與乎情連章累篇義不出乎花鳥感物指事
理不外乎酬應旣而不豔斯有句而無章是謂游詞其蔽三也原其所昧厥亦有由童
蒙擷其粗而失其精達士小其文而忽其義故論詩則古近有祖禰談詞則風騷若河漢非
其惑歟昔之選詞者蜀則花間宋有草堂下降元明種別十數推其好尙亦有優劣然皆雅
鄭無別朱紫同貫是以乖方之士罔識別裁蓋折楊皇荂概而同悅申椒蕭艾雜而不芳今
欲塞其歧途必且嚴其科律此詞選之所以止於一百十六首也先生以所託旣未知音蓋
希雖復關彼窀宭且擬棄諸巾篋珪竊不敏以爲先路有覺來哲誣昭明之選不與則六
代文賦宗風蓋息乎乃校而刻之序其後云爾嘉慶二年八月日歙金應珪

中華經典套書－語文類

國學治要 第六編 詩詞治要

作　　者／張文治　編
主　　編／劉郁君
美術編輯／中華書局編輯部

出 版 者／中華書局
發 行 人／張敏君
行銷經理／王新君
地　　址／11494 台北市內湖區舊宗路二段181巷8號5樓
客服專線／02-8797-8396　　傳　真／02-8797-8909
網　　址／www.chunghwabook.com.tw
匯款帳號／華南商業銀行　　西湖分行
　　　　　179-10-002693-1　中華書局股份有限公司

法律顧問／安侯法律事務所
製版印刷／維中科技有限公司　海瑞印刷品有限公司
出版日期／2015年11月三版一刷
版本備註／據1971年12月二版復刻重製
定　　價／NTD 400（平裝）

國家圖書館出版品預行編目（CIP）資料

國學治要：第六編 詩詞治要 ／ 張文治編. --
三版. -- 臺北市：中華書局, 2015.11
　冊　；公分. --（中華語文叢書）
　ISBN 978-957-43-2891-8(第6冊 ：平裝)

1.漢學

030　　　　　　　　　　　　　104020474